本书受教育部人文社会科学研究专项任务项目
"以民俗文化推进新农村乡风文明建设的机理及路径研究"
（批准号：16JD710045）资助

民俗文化

万远英 著

新农村乡风文明建设

MINSU WENHUA

Xinnongcun Xiangfeng

Wenming Jianshe

图书在版编目（CIP）数据

民俗文化：新农村乡风文明建设/万远英著.—北京：中国社会科学出版社，2018.9
ISBN 978-7-5203-3307-8

Ⅰ.①民… Ⅱ.①万… Ⅲ.①农村—精神文明建设—研究—中国 Ⅳ.①D422.62

中国版本图书馆 CIP 数据核字（2018）第 225229 号

出 版 人	赵剑英
责任编辑	卢小生
责任校对	周晓东
责任印制	王 超

出　　版	中国社会科学出版社
社　　址	北京鼓楼西大街甲 158 号
邮　　编	100720
网　　址	http://www.csspw.cn
发 行 部	010-84083685
门 市 部	010-84029450
经　　销	新华书店及其他书店

印　　刷	北京明恒达印务有限公司
装　　订	廊坊市广阳区广增装订厂
版　　次	2018 年 9 月第 1 版
印　　次	2018 年 9 月第 1 次印刷

开　　本	710×1000　1/16
印　　张	17
插　　页	2
字　　数	262 千字
定　　价	76.00 元

前　言

　　乡风文明是社会主义新农村建设的重要内容，是乡村振兴的一项重要指标。2005 年 10 月，党的十六届五中全会提出了"建设社会主义新农村是我国现代化进程中的重大历史任务"，并提出了"生产发展、生活宽裕、乡风文明、村容整洁、管理民主"的新农村建设要求。2017 年 10 月，党的十九大首次提出了乡村振兴战略，并将乡村振兴战略写入了《中国共产党章程》。党的十九大提出，要"坚持农业农村优先发展，按照产业兴旺、生态宜居、乡风文明、治理有效、生活富裕的总要求，建立健全城乡融合发展体制机制和政策体系，加快推进农业农村现代化"。这不仅为农业农村改革发展指明了方向，也为农村精神文明建设工作提供了根本遵循。两相对照，从"生产发展"到"产业兴旺"、从"生活宽裕"到"生活富裕"、从"村容整洁"到"生态宜居"、从"管理民主"到"治理有效"，不难看出，在中国特色社会主义进入新时代、"三农"事业获得长足发展的新形势下，农业和农村发展的战略要求也与时俱进地进行了"升级"，从而更符合广大人民群众日益增长的美好生活需要。

　　中国是一个农业大国，农村人口基数庞大。根据 2014 年第六次全国人口普查数据，农村居民为 6.74 亿人，居住在乡村的人口占总人口的 50.32%。中国要美农村必须美，农村要美精神风貌必须美。农民是农村建设的主体力量，农民的精神状态、思想文化素质、生产生活状况直接影响到农村和农业的发展，影响到全面建成小康社会的重大问题。乡风文明是社会主义新农村经济、政治、文化、生态建设成就和成果的外在体现，也是社会主义新农村精神文明建设的价值取向。在我国的社会主义新农村建设工作中，乡风文明作为建设社会主义新农村的重要目标，凸显了精神文明在社会主义新农村建设中的重要作用，揭示了精神文明在新农村建设中所赋予的新内涵。适应社会的发展要求，能否建设好社会主义新农村，能否打造美丽乡村，其中，乡风文明建设具有举足轻重的作用，它是实施乡村振兴战略、建设社会主义新农村的灵魂。2017 年 12 月，习近平总书记在江苏徐州考察时指出："实施乡村振兴战略要物质文明和精神文明一起抓，特别要注重提升农民精神风貌。"只有乡风文明了，广大农民的生活才能更加稳定、和谐、幸福。因此，必须重视乡风文明建设，采取多种方式方法引导、教育农民，使农民逐步形成良好的生活、行为习惯和蓬勃的精神风貌，营造出友善互助的和睦村风，让文明乡风助力乡村振兴。

乡风文明是实施乡村振兴战略的核心内容，也是难点所在。经过相当长时间的努力，我国农村的精神文化生活已经取得了较大改善，农村文化建设呈现较快、较好的发展态势。但是，长期以来，由于乡村建设存在重经济发展、轻文化建设的倾向，农村文化建设的现状与农民实际精神文化需求之间还存在较大的差异和不协调，农村文化建设与当下农村社会经济发展情况也有不相适应的地方。一些地方村落共同体解体、干群关系紧张、邻里矛盾突出、诚信缺失、德孝文化削弱、守望相助传统消失，乡村增加了不和谐的音符，各种矛盾的积累甚至成为社会不稳定的因素。因此，建设乡风文明，既是乡村建设的重要内容，也是中国社会文明建设的重要基础。

乡风文明建设是一项复杂的系统工程，它涉及农村社会的各个领域和农民生产生活的各个方面，不能通过急功近利的运动方式和搞"花架子"式的形式主义来实现，而是要把优秀传统文化和现代文化融为一体，潜移默化地渗透到乡村生产和社会生活方式中，并转变成人们的自觉行动，内化为人们的信仰和习惯。这就需要把乡风文明建设作为一个系统工程，长期坚持，需要通过各种渠道，综合运用各种措施，全方位、多领域地推进。

本书以民俗文化为切入口，研究新农村乡风文明建设问题，旨在通过揭示以民俗文化推进新农村乡风文明建设的内在机理，研究如何有效地利用优秀民俗文化来促进新农村乡风文明建设。

本书遵循"历史回顾—理论分析—实证调研—对策建议"的技术路线。首先，通过广泛深入的调研，以新农村乡风文明建设面临的问题为导向，发现民俗文化产生影响的切入点，并从历史回顾中考察民俗文化影响农村乡风文明的程度和范围；其次，立足新农村乡风文明建设的现实，揭示民俗文化推进新农村乡风文明建设的内在机理；最后，结合民俗的分类，通过民间信仰、传统村落、乡贤文化、传统节日文化等研究，在实证调研和资料收集的基础上，就如何有效地利用各类民俗文化，以推进新农村乡风文明建设提出了对策建议。

本书主要内容包括七章：第一章古朴悠久的民俗文化；第二章乡风文明：社会主义新农村建设的灵魂；第三章内在机理：新农村乡风文明建设的系统性研究；第四章民间信仰与乡村和谐；第五章传统村落与新村建设；第六章乡贤文化与现代乡村治理；第七章传统节日文化与社会主义核心价值观培育。

本书是教育部人文社会科学研究专项任务项目（中国特色社会主义理论体系研究）"以民俗文化推进新农村乡风文明建设的机理及路径研究"（16JD710045）的最终研究成果。本书的学术价值在于：一是从历史维度研究我国农村地区的民俗文化变迁过程，展现民俗文化的变迁、保护与传承，从而拓宽民俗学的研究视域；二是研究民俗文化与乡风文明的内在关联，从历史与逻辑相统一的维度，论证民俗文化推进新农村乡风文明建设的内在机理，丰富精神文明理论和民俗学理论。在整个研究过程中，四川新农村乡风文明建设研究中心为本书提供了良好的研究平台，课题组成员对于本书的写作给予了极大的支持和帮助，在此一并表示感谢。由于水平有限，书中有许多值得进一步深入研究的地方，存在的不足在所难免，敬请专家、读者指正和谅解。

万远英

2018 年夏于西华大学

目 录

第一章　古朴悠久的民俗文化

纵观人类发展的历史，民俗文化古朴悠久，源远流长。"民俗，即民间风俗，指一个国家或民族中广大民众所创造、享用和传承的生活文化。……民俗一旦形成，就成为规范人们的行为、语言和心理的一种基本力量，同时也是民众习得、传承和积累文化创造成果的一种重要方式。"① 它作为民间最广泛的传承文化，以它悠久的历史、深厚的内涵和特有的功能，在社会发展的历史长河中，始终影响着人类群体的物质生产、生活方式和思维观念。民俗文化是人类社会实践活动的产物，是一个国家、民族、地区中集居的民众所创造、共享、传承的风俗生活习惯。作为一种习惯，在生活中，透过人们的衣食住行、娱乐礼俗、宗教信仰，我们到处可以体察其形影相随的踪迹。

中国民俗文化是东方艺术中一颗璀璨的明珠，是中国五千年历史的积淀，承载着中国悠久的文化历史内容，是我国历代劳动人民智慧的结晶。早在《汉书·王吉传》一书中就有"百里不同风，千里不同俗"的记载。我国古代诗歌总集《诗经》中的《风》，就是古代各民族之间流传的民歌。这些民歌，反映了古代人民的风俗习惯，包含着大量的古代民俗事象，对研究我国古民俗具有重要价值。随着社会的发展和进步，民俗文化的形态和功能不断地演变和扩大，其内涵和外延也不断地丰富和扩展。

---

① 钟敬文：《民俗学概论》，高等教育出版社 2010 年版，第 3 页。

第一节　民俗的发生与传播

中国古代，民俗又称风俗。《周礼》曰："俗者，习也，上所化曰风，下所习曰俗。"应劭在《风俗通义》序曰："风者，天气有寒暖，地形有险易，水泉有善恶，草木有刚柔也。俗者，含血之类，像之而生，故言语歌谣异声，鼓舞动作殊形，或直或邪，或善或淫也。"班固在《汉书·地理志》亦曰："凡民禀五常之性，而其刚柔缓急音声不同，系水土之风气，故谓之风；好恶取舍，动静无常，随君上之情欲，故谓之俗。"

在西方，民俗的拉丁语为 Tradition Populaire，即"民间传统"之意。1846 年，英国考古学家、民俗学家威廉·汤姆斯（W. J. Thoms）首先使用 Folklore（民间的智慧）来称谓民俗。他指出，民俗是在普通人中流传的，即民间的；是传统的信仰、传说及风俗；这些传统信仰、传说和风俗大都是精神的。日本将 Folklore 译为"民俗"，周作人等留学日本归来后，便使用了"民俗"一词。

20 世纪初，在"眼光向下""自上而下"的社会思潮中，"民俗"一词开始被广泛地加以应用，逐步被国际学术界所通用。在相当长的一段时间内，"民俗即古俗"似乎是无须争议的常识；"泛民俗"的理念盛行于 20 世纪八九十年代，此时"民俗"的外延变得几乎与"文化"一样广阔；"大民俗"的理念则是在 20 世纪 90 年代末以后，随着学术界"自下而上""上下交流"研究模式的出现而渐成声势，它并不讳言民俗与经济、政治、宗教、法律等范畴之间千丝万缕的联系，并强调应以此为出发点，在民俗与其他社会文化范畴的关系中理解民俗，关注民俗如何与之一起推进社会历史的发展。

一　民俗的发生

民俗是在人们固有的客观环境、生活状况以及赖以生存的物质生产活动中产生的。众所周知，人的发展处在双重的进化中，即生物的进化和文化的进化。在物质生产和种族繁衍基础上滋生的民俗，是文化习俗最初的也是最基本的形态。在历史的长河中，民俗是一个从原始民俗到古代民俗，进而发展为现代民俗的不断发展过程。原始民俗产生、萌芽于原始人类的生产活动和蒙昧意识。原始人类对自然的认识水平低下，对自然现象、日月星辰、风雨雷电等客观现实，既不可抗拒，也不能理解，对生老病死、风雨雷电等自然现象的不理解与不可抗拒产生恐惧心理和愚昧崇拜，由此萌发了人类最早的民俗——神话和巫术，以求生存和发展。因而原始人类在社会生产生活中具有双重性：一方面信仰因炽热地崇拜而加以形象化了的神灵；另一方面又试图通过巫术、占卜、禁忌等，以控制自然，保护自己。

首先，民俗是在人自身的生产活动中发生的。人类祖先在征服自然、改造自然的同时，也在挣脱兽性，改造人类自己，以求得生存。人生古俗的源起，正是人类祖先对自己生存和发展的一种自我约束，自我保护。著名作家巴尔扎克有一句名言：什么是人？一半是天使，一半是野兽。人最初是从高等动物类人猿发展过来的。从猿到人，经历了一个从兽—半人半兽—人的进化过程，即使成了人，原始的兽性还不能完全排除。人在摆脱兽性的漫长历程中，人类的祖先在为发展自己、繁衍后代的两性生活中，逐步构建并遵守一定的言行规矩，最初的人生礼俗便应运而生。人生礼俗，就是人类在由兽向人进化过程中出现的。人类最早的两性关系，在相当长的时间内仍然沿用动物界里没有任何规范约束的杂乱群居婚。此时的两性关系，是一种兽性的表现。为争夺异性，常常发生大规模的拼死搏斗。为性而无休止地争斗，瓦解了群体的团结和生存力，严重的甚至会毁灭整个群体的生命。人类史上曾有这样的记录：考古学家发现，十万年前，欧洲有一个种族，学术界称其为尼德特人，遗留的骨髓化石表明，该人种体魄强健，在原始人群中颇有先天的优势，可是，后来他们神秘地消失了。科学家百思不得其解，他们到哪里去了？他们的后裔是现在欧洲民族中的哪个部分？追根溯源，可就是找不到，现代欧洲民族哪一个似乎都与他们没有关系。经过考古和人类学家、民俗学家的共同努力，谜终于逐步被解开，消失的原因之一，既不是天灾，也不是病魔，而是两性生活无规则的恶果。无约束的杂婚，为争夺异性而相互拼斗残杀，成批年轻力壮的男女死在性的争斗中。最后，终于一蹶不振，日趋衰落，直至消亡。先民逐步觉察直系血亲、联姻带来的人种退化，意识到两性生活无约束的危害，人类不摆脱这种兽性的杂乱群婚，是难以延续发展的。因此，不得不对兽性式的两性关系进行一定的禁忌、限制。这些禁忌、限制获得了公认，遂成了种种的婚姻习俗。可以说，人生古俗的源起，都与先民努力保护自己、积极开拓自己、发展自己有关。

其次，民俗是在物质资料的生产活动中发生的。综观中国的民俗，都是与一些物质生产、生活方式相适应的，与一定的自然环境相一致。比如，黄土高原民居形态之一的窑洞、崇明岛传统民房的独家独势、江南水乡传统饮食中的饭稻羹鱼、古吴地中心苏州乡间农妇别致的嵌拼花衣裤，还有西南傣族的竹楼、北方的火炕等，无一不与一地居民的生态环境、民众秉性有着直接的关系。随着人类历史的发展，原始人类从渔猎采集进入农耕阶段，年复一年的生产活动产生了雨水、春分等岁时风俗和日常习俗。随着社会和生产的发展，在现实的环境和生产活动中，民俗越来越多，比如，在中华大地上，不仅创造了岁时风俗，还形成了龙凤崇拜、十二生肖、春节、元宵、中秋、端午、重阳等别具一格、誉满全球的特殊习俗。在数千年社会生产生活的变迁中，民俗迭经变化，至近现代，一些旧的民俗失去了生存土壤，逐渐被淘汰或更新，新的民俗不断形成，人们依然活动在民俗制约中。可以说，"民俗作为社会的传承文化，始终处在变迁的过程中。它随着社会的发展和生活的更新而不断地消长演进，始终适应并引导着人们的生活需要。"①

二 民俗的分类

民俗是民族传统文化的沉淀，其涉及的领域非常广泛，对于民俗的分类，学术界有不同的划分：有的依照有形和无形将民俗文化分为物质民俗和精神民俗两大类；有的依照个体和社会将民俗文化分为人生交际民俗和社会民俗两大类；有的根据人类社会的生产与生活将民

---

① 陶思炎：《都市民俗学》，东南大学出版社 2004 年版，第 1 页。

俗分为生产民俗和生活民俗两大类。这些"一分为二"的分类方法都符合逻辑分类的规则，但却未必有利于人们认识和了解民俗文化。同时，因为民俗文化的"团块"性质，导致了民俗文化分类的相对性。民俗文化不同类别之间时有交叉和重叠，所以，在实际操作中，人们往往根据民俗文化存在和流传的客观情况，突出民俗文化的主要内容。① 目前，我国学术界基本上将民俗划分为生活民俗、社会民俗、信仰民俗和游艺民俗四大类别。具体细分情况如下：②

生活民俗
├ 村落
│　├ 名称类别：山村、农村、牧村、渔村、猎村、茶村、菜村
│　├ 形成原因：土著、迁移、族居、杂姓居
│　├ 村名来历：姓氏、地名、生产性质
│　└ 其　他：与村落有关的传说故事
├ 生产
│　├ 方　式：采集、狩猎、饲养、种植、伐木、农耕
│　├ 工　具：质料、形状、功用、地方特点
│　├ 职业团体：生产性质、组织形式、活动方式
│　└ 团体规矩：制度、仪式、行话、隐语、禁忌、幌子
└ 消费
　　├ 交　换：集市、物种、集市组织、方式（货币、实物、中间人）
　　├ 居　住：方式（房、窑洞、毡包）、布局
　　├ 饮　食：名称、食法、来历、制作、土特产、饮食礼俗、习惯
　　└ 服　饰：特点、仪礼服饰

---

① 柯玲：《中国民俗文化》，北京大学出版社 2011 年版，第 16 页。
② 章沧授：《中国民俗文化》，安徽大学出版社 2014 年版，第 4 页。

社会民俗
- 家庭
  - 来历：土著、移民
  - 血缘：直系、旁系、姻亲
  - 家规：宗祠、祭祖、家谱、家产、家教
  - 称谓：太公、祖母、父母、姨、舅、姑、叔
- 人生
  - 成长：诞生、满月、命名、成人、祝寿
  - 婚嫁：仪式、方式
  - 丧葬：仪式、类型
- 往来
  - 交往方式：走访、互助、答谢
  - 乡规民约：内容、发展演变、执行方法

信仰民俗
- 节日
  - 节日名称：春节、七夕、重阳
  - 行事方式：衣食住行、庆祭、玩乐
- 前兆：自然现象征兆、生物征兆
- 梦兆：梦兆、梦占
- 流行方式：占卜法、除灾法、禳除法、巫术、魔胜法、避邪法
- 称谓：算命、测字、占卜、打卦、巫医

游艺民俗
- 文艺
  - 形式：神话、故事、诗歌、谚语、谜语、曲艺、小戏
  - 表演方式：时间、环境、仪式、流传地域
  - 内容：历史、信仰、心理、风俗
  - 艺人：生平、经历、身份
- 游艺
  - 种类：杂技、武术、耍狮子、龙灯、焰火
  - 乐器：名称、特征
  - 组织：名称、规模、方式、场合
- 工艺
  - 种类：漆艺、陶瓷、纺织、编织、印花、刺绣、泥塑
  - 制作方式：样式、风格、制作工艺
  - 美术种类：年画、版画、剪纸、窗花
  - 艺人：生平、经历、功业

生活民俗是民俗文化中最基本的内容，因而也是司空见惯、最容

易视而不见的。它是人们在为生存和发展自身的长期的物质实践活动中，努力使物质为自身服务而形成的使用各类看得见、摸得着的生产工具、衣冠服饰、饮料食品、居住交通等物品的生活习俗。这些民俗物往往为某地所固有，一般是就地取材，经过众人长期使用、反复改进而逐渐定型，并在以后的实践中为人们所习惯应用而很少发生改变。在汉代的壁画中，农夫使用有柄的铁耙翻地松土，直到现在，江南农村中仍在普遍使用竹柄铁耙，俗称铁镨，两千多年来并无多大变化。在我国，农业翻地的工具还有一种"耒"。在河姆渡遗址中发掘出来的木柄木耒和现在农村还在广泛使用的木柄铁镨形状一模一样，只是下部已由木头变成了铁器。①

　　人的一生大致经过诞生成长、结婚成家和年老死亡三个阶段，这是人生发生重大变化的三个阶段，是每个人都要经历的，因而引起人们的极大关注。所以，每当一个新生命降临人间时，看似无拘无束、无牵无挂，其实不然。人之初，呱呱坠地来到这个世界，可谓红尘滚滚，即被特定地域的民俗风情所包裹：满月、百天、生日，一个又一个习俗接踵而至；在这个过程中，他已悄悄地融入饮食民俗与服饰民俗之中；长大后，婚姻民俗的洗礼又在等待着他……迎接他到来的人生社会，早已备好了一套又一套的规矩，即社会民俗，为他做出不由他的熏陶和选择。每个人的一生，都面临着既有民俗对他的塑造，直至生命结束，企图摆脱习俗规范的努力是不易的。② 这种围绕人而产生的丰富的社会民俗，蕴含着深厚的文化内涵。中国民俗文化中，待人接物、走亲访友、欢聚惜别等场合所有言行举止都得依俗而行。抓周的风俗在汉族民间流传已久，现在仍广泛流传。抓周，又叫"试儿""试晬"，孩子出生一周岁时举行，这是一种预测幼儿性情、志趣或未来前途的民间仪式。抓周，在北齐时就已经形成。北齐颜之推《颜氏家训·风操》载："江南风俗，儿生一期（一周岁），为制新衣，盥浴装饰，男则用弓矢纸笔，女则用刀尺针缕，并加饮食之物及

---

① 柯玲：《中国民俗文化》，北京大学出版社 2011 年版，第 16 页。
② 陈勤建：《中国民俗学》，华东师范大学出版社 2014 年版，第 122 页。

珍宝服玩，置之儿前，观其发意所取，以验贪廉愚智，名之为试儿。"家谱，是记录家世历史发展的一种人生谱表，俗谓宗谱、族谱、家牒、家乘等，以血亲延续系统为主要内容。当前，家谱在农村姓氏村落中多有流传。

信仰民俗是民俗文化的一种重要表现形式，它是以信仰为核心并包括各种禁忌在内的反映在心理上的习俗，是民间流行的偏重于崇拜心理的各式俗信。民间信仰的产生与原始初民的"万物有灵论"有关，古往今来，每一个人、每一个民族都有不同的信仰，都带有神秘的宗教色彩，即对超出人自身以外的种种神灵的崇拜。我国传统的民俗信仰文化主要表现为对自然神的信仰、对动植物神的信仰、对人间神的信仰及禁忌观念。① 我国古代有天公地母的传说神话，天公就是天上的玉皇大帝，地母就是土地神。玉皇大帝是天地间至高无上的神。对玉皇大帝的崇拜和信仰，成为国家、道教、民间所共有。汉代开始，人们就在全国各地修建了许多玉皇阁，供奉玉皇大帝，祈求保佑。土地神是乡土的保护神，所以，各地乡村多有土地庙，至今一些乡村仍有。传统的信仰民俗，多有迷信的色彩、不科学的因素，当今的人们已认识到这一点，但在人类还不能完全战胜自然的时候，各行各业的人们总是希望有个好运气，在心理上或多或少地有所依恋，总是期望各类神灵能够保佑自己和家人平平安安。

游艺民俗是中国民俗中最为生气勃勃且具有独特魅力的部分。游艺民俗是指民众在生产、生活中为了娱乐消遣而创作的各种文化娱乐事象。主要包括民间文艺、民间游艺、民间工艺。我国历史悠久、地域广袤、民族众多，广大民众充分利用各地天时、地利、乡土物产创造出来的游艺民俗文化事象空前的富有，其类型众多、内容丰富、意蕴丰厚，是其他民俗文化所不可相比的。比如，在中国传统的崇龙习俗中，我们衍化出了许多有关龙的游乐和竞技活动。著名的龙舞，发轫于中国民众崇龙的心理行为，具有悠久的历史，民间俗称"玩龙灯"。它通常就用民间的竹、木、布、纸扎成，形式多样。按质地分，

---

① 章沧授：《中国民俗文化》，安徽大学出版社 2014 年版，第 284 页。

有刨花扎成的"木花龙"、乡间长板凳首尾相连而成的"板凳龙"、稻草或茅草扎成的草龙、门内燃烟花爆竹的"火龙"等；按体积量分，有的龙多达几百节，要数十人集体挥舞，小的仅两节，前后两个人挨家挨户游耍。还有划龙船与崇龙有关的游艺竞技。游艺民俗是非常珍贵的文化遗产，联合国教科文组织非常重视保护这类民俗文化，并于2001年5月18日首次颁布了《人类口述和非物质文化遗产代表名录》。我国蒙古族长调民歌、木卡姆艺术、昆曲、古琴艺术等都被列入这类遗产名录。

三　民俗文化的社会功能

民俗文化作为民间最广泛的传承文化，以它悠久的历史、深厚的内涵和特有的功能，在社会发展的历史长河中始终制约和影响着人们的思维观念、生活方式和物质生产活动。民俗学者在考察和研究历史上各民族丰富多彩的民俗事象和大量的文化遗存、古迹后认为，民俗文化的社会功能是多方面的，主要具有社会认知、道德规范、心理调适等社会功能，这些功能与当下的主流社会意识形态有很多契合之处，这对于培养人们的爱国情感、规范道德、维护社会和谐、提升生活质量、培育审美意识具有十分重要的作用。尤其是在一定的历史时期，民俗文化传统对亿万民众的民族凝聚力、向心力，往往起着不可估量的作用。这一基本观点，已成为民俗学界普遍的共识。

（一）社会认知功能

人类不仅生活在特定的时代与地域，也生活在特定的民俗之中。因此，对民俗事象的考察、研究，使我们对特定时代和特定地域人们的思想意识、精神追求、价值取向及其心路历程有着更加深入的了解；对特定时代和特定地域人们的生活水平和生产力发展水平有着更加清晰的认识。例如，在岁时节日民俗中，春节的年画往往越是以莲花、鲤鱼、蛟龙、彩凤为素材，越会受到人们的欢迎。因为这类素材在满足人们的审美需要的同时，也表达了人们追求吉祥如意、向往美好生活的心理。在服饰民俗中，以麻棉、丝绸取代树叶，以玉质、金属饰物取代打磨的兽骨饰物，诸如此类，既是社会文明进步的体现，又是生产力水平、人类生存能力提升的标志。总之，透过民俗事象，使我们看到的不仅是潜在的、深邃的民俗文化内蕴，还有先人在征服自然、战胜猛兽、谋求生存与发展进程中艰辛跋涉的足迹。正是从这个意义上说，民俗文化是认知社会生活的一面镜子，也是认知社会生活的重要抓手。对于青年学生，民俗文化教育有着其他学科教育不可替代的作用。将民俗文化纳入学校教育，使学生了解中华民族的风尚、礼节、习惯，特别律己修身、仁爱孝悌、诚信好礼、精忠报国、天下为公、自强不息等传统美德，培养和激发他们的民族自尊心、自信心和民族自豪感，培养他们的民族精神和爱国主义情感。用民俗文化教育青年树起民族文化的旗帜，并以此引领他们的行动，肩负起传承和发扬中华民族五千年灿烂文化的历史使命。

（二）道德规范功能

道德规范作为调整人与人之间关系的一种特殊行为规范，它"不是由政治的、行政的机构所制定，也不靠强力的、威胁的手段去维护，而是由人们约定俗成"，"并且是靠人们的内心信念和社会舆论来维护"。① 民俗文化的道德规范功能，是指民俗文化对社会群体中每个成员的行为方式所具有的制约作用。

"民俗社会中经常使用的不成文法或习惯法，它对民众的思想和生活产生强大的约束力量，迫使人们在一定的道德和习惯规范中行事，以得到心理和环境的协调和平衡。"② 自古以来，中国人就特别重视民俗文化中所具有的道德教化功能。孔子在论礼时曾曰："移风易俗，莫善于乐；安上治民，莫善于礼。"其中所渗透的就是民俗文化在社会安定和控制中的作用。荀子说："论礼乐，正身行；广教化，美风俗。"这就是强调要运用民俗文化所具有的约束力，对民众个体进行教育和规范，以摒弃陋习，发扬良好风气，塑造某个民众群体所认同的高尚的个人品质和行为。魏晋时期，阮籍在《乐论》中将风俗释为："造始之教谓之风，习而行之谓之俗。"意即："民俗主要是由

---

① 罗国杰：《伦理学》，人民出版社 1989 年版，第 7 页。
② 钟敬文：《民俗学概论》，高等教育出版社 2010 年版，第 24 页。

下层民众创造，人人传习自我教化的习俗。"① 民俗文化就是一种约束面较广的社会行为规范。在民俗活动中，人们通过参与，明辨善与恶，规范自身行为，人们就在这些年复一年的活动中反复得到道德强化。比如，在丰富多彩的春节民俗文化活动中，就有通过拜年活动表现出来的尊老爱幼、通过除尘活动表现出来的爱卫生、通过吃年夜饭表现出来的家庭和睦等多方面的道德内容。

正因为民俗文化是具有约束力的一种社会行为规范，自然也就具有了社会控制的作用。古往今来，诚实守信、精忠报国、父慈子孝等都是对真善美的传播与弘扬，通过这种传统民俗文化，对道德主体进行规范，实现自我人格的完善与塑造。据有关民俗专家调查，在一些地方，尤其是经济比较落后的地方，村民能和睦相处，就是因为有村民仍默认和遵守的习惯法则、道德规范和民间信仰。这些道德规范和民间信仰，规范着人们的思想和行为，对社会的稳定和发展、民族和国家的凝聚力的加强，起着积极的整合与促进作用。千百年来，正是通过不断的积累、传承，形成了传统美德，有仁爱孝悌的道德精神、谦和好礼的立身处世的美德、诚信知报的品德、克己奉公的集体主义精神、修己慎独的道德修养等。可以说，这些美德从民俗中产生，在民俗中传播、完善，渗透到我们生活中的方方面面，成为人们立身处世的准则和行为规范。

（三）心理调适功能

生活需要调适，调适的目的在于休闲愉悦；调适的过程是通过一定的方式、方法或手段满足人们的主观需求；调适的结果的检验取决于人们的心理是否得到满足及其满足程度。所有这些，包括民俗信仰、民间文学、民间艺术、民间游戏娱乐在内的民俗文化发挥着不可替代的作用。通常情况下，民俗文化的调适包括两种：一种是群体调适。通过群体一致的形式消除疲劳和紧张，满足自身的心理需求。比如，劳动号子就是典型的例子，它经常出现于归楞木头的林场、打夯的基建工地，尽管内容朴实无华、旋律粗犷浑厚，却能在统一步调、

---

① 唐家路：《民间艺术的文化生态论》，清华大学出版社 2006 年版，第 129 页。

统一节奏过程中消除紧张与疲劳。这种调适有助于焕发团队精神，增强了集体荣誉感，使人际关系更加和谐。另一种是自我调适。通过茶馆听书、梨园赏戏等形式，在热闹祥和的氛围中，物我两忘，陶醉于民间艺术之美，达到自我心理的快乐和舒适。此外，自我调适还体现在民俗信仰上。例如，通过对神灵、图腾、祖先的祭祀、朝拜、供奉，企盼赐福祛灾、逢凶化吉、保佑平安，实现心理慰藉。①

四 中国民俗自觉意识的发生和民俗学科的兴起

民俗学源自英语的"Folklore"，民俗学作为一门人文科学，肇端于 19 世纪中叶的英国。1846 年，英国民俗学会创始人之一威廉·汤姆斯在写给《雅典娜神庙》杂志的信中提出用"Folklore"一词来概括这一崭新的学科。此时，民俗学的研究对象为生活中留存的传统性口头文学（民间文学）和生活方式（民俗）。1878 年，英国民俗学会成立，并出版会刊《民俗杂志》（1890 年改名为《民俗学》）。继英国之后，美国、法国、西班牙、德国等国家先后成立了民俗学会；1913 年，日本也成立了民俗学会。自此以后，民俗学风靡欧洲，并作为一门新兴学科在世界范围内传播开来。

文明古老的中国，远在春秋战国时期就有了民俗的文字表述。儒家经典著作《礼记·缁衣》云："故君民者，章好以示民俗，慎恶以御民之淫，则民不惑矣。"国人重视民俗文化的悠久传统是中国民俗学产生的渊源。我国至少从周代就有重视民风民俗的文化传统，从古代典文中可见一斑。例如，《山海经》《诗经》《风俗通义》《史记·货殖列传》《汉书·地理志》《荆楚岁时记》等。《礼记·王制》曾言："命太师陈诗以观民风。"《汉书·艺文志》云："该古有采诗之官，王者所以观风俗，知得失，自考正也。"《汉书·食货志》亦云："孟春之月，群居者将散，行人振木铎徇于路以采诗，献之太师，比其音律，以闻于天子。"可见，早在我国的周代，统治者就已意识到民俗的政治价值，并注意民间风谣的收集，通过民歌、民谣了解民情民意，以及时调整其统治政策。直到两汉时期，政府仍设乐府机构负

---

① 尹伊君、王国武：《民俗文化的特征、功能与传承》，《学术交流》2009 年第 1 期。

责收集、整理民间歌谣。我国封建时代的文人也特别热衷于对民俗资料的收集整理工作。早在春秋时期，孔子就将古代歌谣"弦而歌之"，删订了"诗三百"，其中的《国风》部分即属于民间歌谣。比较集中地记录了民俗资料（包括民间文学）的古代典籍，有宗懔的《荆楚岁时记》，干宝的《搜神记》，陈元靓的《岁时广记》，段成式的《酉阳杂俎》，冯梦龙的《山歌》《挂枝儿》，等等；许多民俗资料还散见于《史记》《汉书》《后汉书》等历史著作；唐《两京新记》，宋《东京梦华录》《武林旧事》等前人笔记，清《河南通志》《博县志》等地方志著作，也保存了不少民俗资料。一些古代典籍除保存了大量的民俗资料外，还对民俗做了初步研究，如王充在《论衡》中对民间信仰习俗做了评价性工作，应劭在《风俗通义》中对许多民俗现象做了探源性研究。我国古代的思想家、政治家、文学家对民俗文化也都特别重视。思想家主张"以俗化民"，政治家强调移风易俗，文学家则注重向民间文艺学习，从中汲取养分。总之，我国有重视民俗文化的悠久传统，这一传统正是我国现代民俗学产生的渊源。

　　虽然长期以来中国不乏有人对民俗的关注，但是，20世纪初以前，尚没有把它作为一门科学进行研究的民俗自觉意识。所谓民俗自觉意识，即是从学科角度对民俗的真切认识和整体把握。作为一门现代学科，我国民俗学的调查与研究是伴随着"五四"新文化运动的大潮而兴起的，1918年2月北京大学发起的征集全国近世歌谣活动，就是中国的民俗学运动这一民俗自觉意识的典范。随着百年前中国社会的裂变转型，思想文化萌发重大变革的前夜，一股由中国著名学者倡导，开宗明义以乡土歌谣、民情风习、民间生活文化为学科研究对象的民俗学激流，从京师的高等学府北京大学喷泻而出，冲向全国，融汇成"五四"新文化运动的洪流，在中国现代思想文化史的大江中卷起一阵阵的浪潮。1918年2月1日《北京大学日刊》登载了《北京大学征集全国近世歌谣简章》，号召师生和全国教育界人士关心或实际开展收集歌谣的工作。简章要求歌谣收集者必须对方言俗语加上注音，对历史地理背景给予注明，对歌曲要谱记其音乐等。此后，我国民间文艺的收集整理进入了科学的新阶段。1920年，北京大学成立歌谣研究会；1922 年 12 月，创办了我国历史上第一个民俗学刊物《歌谣》周刊。周刊的《发刊词》明确地说明了收集歌谣的两个目的：一是为了民俗学的研究，认为"歌谣是民俗学上的一种重要资料"，而"民俗学的研究在现今的中国却是很重要的一件事业"；二是为了发现歌谣的文艺价值，使新的"民族的诗产生"。北京大学"歌谣学运动"发起人第一次旗帜鲜明地把民俗作为学术研究的对象，第一次倡导以科学的方法记录、整理民间文学，第一次大规模地以科学方法研究民俗学问题，无疑宣告了中国现代民俗学科的产生。

民俗学在我国已经走过了将近一个世纪的历程。从宏观角度来看，民俗学发展至今已经有近百年的学科历史。若以严谨的态度来界定，只能说是最近 30 多年才发展成熟起来的。由最初多学科学者的"业余"爱好发展成专业的人才队伍；由非正式学科体制发展成为国家学科建制中的一个专业；由偏重文史的人文学科嬗变为社会科学；由侧重文本分析转向重视实地调研分析，进而剖析社会变化与民俗传统的传承之间的文化建构关系。现如今，曾经所谓"难登大雅之堂"的乡土文化已经登堂入室。比如，在民间美术方面，目不识丁的农村老妪成为国内国际的高等学府的座上宾，为莘莘学子现场演绎乡间淳朴的剪纸等民间技艺。民间美术作品中某些介质可以充分彰显中国元素。研究民俗事象和理论的"民俗学"作为社会科学中一门独立的学科，与文化人类学、民族学、社会学、历史学等学科有着极其密切的亲缘关系，如考古学要借助民俗学揭开古代社会神秘的面纱，民俗学要借助考古学提供古代传承文化的实证。"只有民族的才是世界的"，只有民族的才是独一无二的，才是其他民族所无法炮制的。在新的历史征程上，我们应该从社会发展的需求出发，积极开拓中国民俗学的新路，坚定中国特色社会主义的文化自信。

第二节　中国民俗文化的特点

中国地域辽阔，环境复杂，历史悠久，民族众多。在 960 万平方千米的大地上萌生的中国民俗，是中华民族在长期的共同生产实践和社会生活中逐渐形成并世代传承的一种较为稳定的生活文化现象，它作为民众习得、传承和积累文化创造成果的一种重要方式，具体反映在中华民族的生产、岁时节日、婚姻丧葬、文娱活动、道德礼仪等方面。它一方面从属于世界民俗文化之林，体现着民俗文化的一般特征和本质，同时也因为它的"中国特色"而格外引人注目。中国民俗文化，从性质来看，具有神秘性与实用性；从形态来看，具有多样性与共享性；从表现形式来看，具有象征性与模式性；从传承方式来看，具有稳定性与变异性。在这里，我们主要分析中国民俗文化的神秘性、实用性、多样性、稳定性等特点。

一　神秘性

中国民俗文化古拙质朴，源远流长。在中国，看似平凡普通的一般民俗事象，很可能已经流传了好几百年甚至上千年。一些家喻户晓的民俗，历史根基往往更加深远，动辄千年以上，很多风俗一直可以追溯到人类初期，这在世界上是较为少见的。比如，江浙一带，我国不少地区的民众仍有过腊八节的风俗。这一天，家家户户从坛坛罐罐内，各取一些红豆、绿豆、黄豆、糯米等，加上糖，熬成一大锅又香又甜又糯的"腊八粥"，供全家老小食用，俗称"吃腊八粥"。关于腊八民俗的起源，有不同的解释。一种解释说：腊八习俗是为了告诫人们生活要节俭，如果粮食丰收了就大肆浪费，坐吃山空，就会落到贫寒交迫、在旮旯儿里寻残粮度日的境地。在佛教信徒中则流传着另外一种说法：相传在古印度北部，佛祖释迦牟尼得道之前，痛感人类生老病死的苦恼，于是舍弃王族的富贵生活，出家修道。一天，他在尼连河畔，又饥又累，昏倒在地，一位放牧的女子看见了，就把身边带的杂粮和野果，用清泉水熬粥，喂他喝。释迦牟尼喝完粥后，立刻觉得精神一振，就在尼连河水中洗了个澡，静坐在菩提树下沉思，他终于在十二月初八这天得道成佛，成了佛教的始祖。后来，佛徒就把这一天称为佛教的"成道节"，佛寺常在这一天诵经，仿效牧女献粥的举动，煮粥敬佛，于是就有了喝腊八粥的习俗。这些不同说法，反映了腊八习俗在中国民众中的广泛影响，而事实上腊八习俗的本意并不是劝导人们要勤劳、要爱惜粮食，也不是因为它救了释迦牟尼并使他得道成佛而来的。据古书记载，中国腊八民俗最早的起源，是中国人的远古祖先为了祈求农事顺利，五谷丰登，感谢农神而举行的祭祀活动。这比释迦牟尼成佛的时间要早很多。今天的喝腊八粥习俗，实际上是延续了原始的腊八遗风。中国民俗文化中，类似腊八这样源远流长的民俗事象非常多，像端午赛龙舟、生肖属相、求子拔楔等习俗，都可以追溯到遥远的中国初民社会。①

中国民俗源远流长、古拙质朴的特点，奠定了中国民俗文化奇异神秘的基础。不少民俗本身就是古人在迷惑不解、高深莫测的境况中形成的，一开始就渗透了一些蹊跷怪诞的心理因素。如在中国民间流传甚广的星月崇拜就是如此。夜空中，明亮的月光，阴晴圆缺，循环往复。星星时隐时现，星光色泽复杂，间或还可见一颗流星突然一亮，划出一道弧光，随即熄灭。这一切，在先民的头脑中都是难以解开的谜团，人们将心比"物"，以人心推测星辰，认为星月也是具有人性的神灵，于是产生了寿星、福星、禄星、文曲星、吉星等分别掌管着人间某种命运的星宿，而且天上一颗星对应着地上一个人，流星落到哪里，哪里就会有人死去，甚至认为，看见流星就意味着要发生不幸。今天的现实生活中，明星、灾星、红星、克星、智多星、扫帚星等是人们的常用词语，可以看作古老的星月崇拜在现代汉语中留下的痕迹。

中国民俗文化的神秘性也体现在一些有形的民俗物上。比如，春节时的春联、鞭炮、年画，端午时的艾蒿、菖蒲，儿童服饰中的虎头童帽、童鞋，婚礼中的筷子、枣子、莲子等，一些在今天习以为常的民俗生活事象中，实际上蕴含着神秘的含义，寄托着人们的某种生活理想。

中国民俗文化的神秘性也体现在一些民俗活动本身表现出的一种神秘气氛。如各种驱邪赶鬼的神秘仪式等。神秘性在巫术民俗中表现得最为充分。巫术民俗源于某种神秘观念，它的施行也大多依赖某种

---

① 柯玲：《中国民俗文化》，北京大学出版社 2011 年版，第 10—11 页。

神秘行为，如鄂西"扛神"的法事活动就是一例。某家灾祸频发，或家人久病不愈，人们就要请端公做法事，名为"扛神"。端公在堂中陈列各种法器，叫"扎坛"。一般法事有四堂：①开坛；②放兵；③观灯；④送筛盘。① 从灯布、咒语、蚂蚱、鸡血等项目中，我们会感受到其中的原始与神秘气息。

咒语是巫术中最为神秘的部分之一，它依据的是一种语言魔力的信仰。在任何巫术仪式中，施术者都离不开咒语，只要念动咒语，似乎就有魔力发生。《西游记》中唐僧的紧箍咒就是这一类咒术的夸张描写。民间巫术中使用咒语的现象十分普遍，捕鱼者有捕鱼的咒语；狩猎者有狩猎的咒语，现存最早的狩猎咒语是古老的《弹歌》，"断竹，续竹，飞土，逐肉"；农耕者的咒词早在殷商卜辞中就已有记录，如"今日雨，其自西来雨！其自东来雨！其自北来雨！其自南来雨！"就是一首祈雨的咒词。② 此外，医者、工匠、术士各有行业咒语，其中医家的咒禁还是古代治病的方术之一。

中国民俗的神秘性虽然与民众的原始性心理密切关联，神秘心理与神秘行为在民俗事象中往往也是不可分离的。但民俗的神秘性长期存在的根本原因，是民众的经济文化生活条件仍有局限，人们尚无足够的能力保障自己的安全，应对自然与社会的挑战。因此，信奉神秘力量，使用神秘法术以缓解精神压力，服务现实生活的民俗必然会大量存在。当前，中国民俗的神秘性虽较以前大为淡化，但在社会底层或偏远乡村仍能切实可感。

二　实用性

实用性是中国民俗最本质的特点。中国民俗门类繁多、形态各异，但民俗事象无论多么复杂，目的只有一个，即服务于人们的生产与生活需要：人们依赖民俗结成相互关系，人们依赖民俗开展生产，人们依赖民俗繁衍后代，人们依赖民俗寻求精神愉悦。民众创造了民

---

① 参见萧放《中国民俗文化特征论》，《宝鸡文理学院学报》（社会科学版）2003 年第 2 期。

② 同上。

俗，民俗服务了民众。民俗是最基本的文化样式，它直接适应了民众精神与物质生活的需求，因此，每一个民俗现象都是为了满足人们某一个方面的需要而出现并保存下来的，由于这种有所为的实用性目的的存在，才使民俗文化的约定俗成和世代相传有了积极的思想基础。民俗具体表现在以下三个方面：

一是民俗在物质生活中的实用性。物质生活是人们生存与发展的第一需要，为了满足这一需要，形成了种种民俗。如中国有句俗语"民以食为天"，是说饮食对于普通百姓来说是一件非常重要的事情。饮食民俗是日常生活民俗的一个重要组成部分。从饮食文化角度看，饮食习惯的不同直接影响到文化的形态和特征。以米饭为主食与以面食为主食的人群的文化气质有明显差异，甚至喝绿茶与喝红茶、喝白酒与喝黄酒都代表着不同的区域文化。饮食不仅能够满足人们的生理需要，其所具有的丰富的文化内涵也能够在一定程度上满足人们的精神需求。中国饮食民俗文化，包括中国人日常生活的饮食习惯和民间节庆中的饮食民俗；中国的地方菜系、风味小吃和饮酒饮茶的习俗也是构成中国饮食民俗文化的重要内容。居住、交通民俗同样基于实用的需要，都是人们在适应自然中的一种主动创造，满足了人们的行旅需要。由此可见，人们的物质生活与自然地理环境密切相关，物质生活的民俗形态是人们在长期的生存活动中逐渐形成的，是人们与自然协调的产物。

二是民俗在社会生活中的实用性。人类的活动是群体的活动，民俗在维系氏族、部族或家庭的世系中起着巩固和强化作用。民俗增强氏族观念、祖宗观念和家庭意识。如图腾崇拜，就是维系氏族的纽带。祖先崇拜和祭祖活动的周期举行，是强化族系观念不可缺少的民俗活动。人生仪礼习俗，如婚俗、丧俗在缔结家庭关系、巩固家庭结构乃至亲属关系等方面，作用也相当明显。① 人们通过各种民俗活动加强群体的凝聚力，除婚丧大事中的互帮互助外，人们利用多种多样的民俗活动加强家族成员、社区成员之间的联系，如节日期间的往

---

① 张紫晨：《中国民俗与民俗学》，浙江人民出版社1988年版，第42页。

来、礼拜，民间社团的集体活动及乡村各式表演娱乐等，无不密切了人们之间的关系，增强了家族、社区的认同感。亲戚之间、乡邻之间在日常民俗事象中建立的这种互助的利益关系，维持了地方社会的稳定，有利于地方文化的传承与发展。民俗在整合地方社会中发挥了积极的作用。

三是民俗在精神生活中的实用性。人们除衣食住行的基本需求和人际交往的社会需求外，还有怡情悦志的精神需求。人们利用民间戏曲、游艺及各种形式的口头文学传递民众的精神产品，人们在参与创作和观赏民间文艺活动的同时，既愉悦了自己的情志，又表达了自己的精神诉求，民众的精神生活因而获得了充实和提高。另外，人们通过故事、笑话、歌谣、传说等形式扬善抑恶、褒贬正邪，传播着民间伦理文化。

三 多样性

中国是世界上民俗文化内容最为丰富的国家之一，民俗事象广泛地渗透到民众生活的各个领域。民俗文化作为某个地域的某一族群一种约定俗成的带有普遍意义和典型意义的文化现象，具有强烈的地域特征，由此，中国民俗不可避免地具有多样性的特征。地域生态、历史进程、民族文化传统是构成中国民俗多样性的基础与丰富的表现。

民俗文化属于文化体系中的基层文化，它具有与地理环境、人文环境密切相关的原生性质。从中国民俗文化整体的空间分布来看，有华北、东北、西北、中南、华东和西南六大区域，不同区域独特的自然环境、经济生活会形成地方性习俗，即使是一些通行习俗到了地方也会发生变化。比如，西北干旱地区居民与江南丰水地区居民所依赖的生存环境和生活资源截然不同，由此形成了不同的民俗文化形态。再如，广东境内分布着广府人、客家人和潮汕人三大族群，尽管这三大族群的居民都是由中原南迁而来，定居广东，但由于迁徙时间、居住地的人文地理等各种因素的影响，形成了不同的方言、生活习俗等。即使在海外，三个族群的移民仍保留了各自的生活习俗，体现了民俗文化强烈的地域性。民俗的多样性是以地方、历史、民族为主体的，地方性非常突出。如果我们做社会调查，一定要去了解地方的民俗、民情。"入竟（境）而问禁，入国而问俗，入门而问讳"① 到一个国家要了解它的法律，到一个地方要了解它的民俗，到别人家里要了解他家的禁忌。

民俗文化是多民族的文化创造。在 960 万平方千米的国土上生活着 56 个民族，每一个民族都共享并传承着自己独特的历史与文化，民族民俗文化异彩纷呈。民俗文化作为历史发展过程中积淀下来的生活形式，代表了群体或地域文化的特色，是人类文化多样性的体现，成为不同民族、不同群体之间的文化鉴别标志。由于地域的辽阔，即使是同一民族，也呈现"十里不同风、百里不同俗"的多样性特点。

四 稳定性

民俗文化因其传承的特殊性，在日常生活中，人相袭，代相传，具有相对稳定的特性。民俗只有稳定，才能显现它的特色，才能稳定传承它的文化形态。正如钟敬文所说："中国社会在数千年的发展中形成了自己的民俗文化特色。这种特色是通过我国民俗文化的稳定性体现出来的。比起世界上一些发达资本主义国家，我国的民俗文化的稳定性，主要是农业小生产制度的产物。"② 中国经历了几千年的农业社会，虽然发生了几十次大规模的王朝更迭的战争，但农业社会的基础并未动摇，几千年一以贯之的农业宗法社会性质没有发生大的改变，由此围绕着农耕社会所形成的大农业民俗得到相对稳定的传承。这种稳定性主要表现在以下三个方面：

一是家族观念的稳定性。"家"既是民众生产的基本单位，也是民众"生活的世界"。因此，维护家族利益及家族内部等级秩序的家族观念至关重要。人们很早就确立了"亲不亲一家人"的血亲原则与家系内"长幼有序"的伦理原则。人们利用种种民俗活动，强化家族意识，维持家族稳定，沿袭家族传统。祖先崇拜是支撑家族的精神支柱，人们通过各种祭祖活动，不断地增强"念祖追宗"的认同感。比如，在周期性的年节民俗中，祭祖先是一重要节俗项目。元日为一年

---

① 孙希旦：《礼记集解》卷四《曲礼》上第一之四，中华书局 1989 年版，第 91 页。
② 钟敬文：《民俗文化学·梗概与兴起》，中华书局 1996 年版，第 13 页。

之始，返本追宗，自然首先要祭奠先人。元日祭祖习俗起源甚早，在东汉的《四民月令》中就有记载："正月之旦，是谓'正日'。躬率妻孥，洁祀祖祢。"这种习俗一直传承于民间，春节期间，一定要在祖宗牌位前上香、叩拜，"每逢岁首'元日'各家男女均黎明即起，吃扁食，拜神祭祖。"① 目前，一些地方仍保持着这一祭祀习俗。

二是节俗传统的稳定性。依照农业生产活动的规律，中国很早就确立了岁时节俗传统。周秦时期，节俗开始萌芽，随着天文历法知识的进步，与天象、物候、人事相合的系统化的岁时节令逐渐走向成熟；汉魏时期，中国节俗的主干模式已经形成。南朝梁人宗懔的《荆楚岁时记》就是当时节俗的完整记录。除中秋节外，其他主要节日都已具备，固定的节期、确定的节日主旨为历代所沿用。虽然具体节俗各时代、各地区有所不同，但总体上没有脱离传统节俗的范围。上元张灯、社日聚饮、清明祭墓与踏青、端午驱疫与竞渡、中秋拜月与赏月、重阳避灾与登高、除夕祭祖与团聚等，很多节俗传袭千年至今仍在民间传承，并成为民族文化的重要表征。

三是人生仪礼习俗的稳定性。人生仪礼伴随着每个人的人生历程，它一般集中在诞生礼、成年礼、婚礼、丧礼等人生的几个关节点上。人生仪礼是社会民俗的重要组成部分，从仪式的程式与象征意义看，它表达了民众的心理期待与文化人格的要求。在传统社会里，民众十分看重仪礼民俗，很早就形成了一套完整的人生仪礼的民俗惯制，这种民俗惯制贯穿着农业——宗法社会的理念，仪礼观念与仪礼形式在传统社会中紧密结合、长期传承。如诞生礼，添丁进口在传统社会属家族大事，因为人丁兴旺是家族发达的标志，同时它也是家系传承的实际需要。所以，男孩的诞生礼十分隆重。成年礼，古称冠礼。《仪礼·士冠礼》记载了古代贵族男子的冠礼情况，成年男子在冠礼之后，有参与社会活动的权利，有承担社会责任的义务，"弃尔幼志，顺尔成德"；还由此获得娶妻生子的资格。

---

① 参见《中国地方志民俗资料汇编·中南卷》（上），书目文献出版社 1991 年版，第208 页。

当然，中国民俗的稳定性只是相对而言的，民俗作为一种基础文化，它在传承与传播过程中并非一成不变。相反，它随着时空的变化而不断地发生变异，形成了与稳定性相联系的变异性特征。正如顾炎武所言，"天下无不可变之风俗"。我们在讨论民俗的稳定特性时也应强调其变异的特性。民俗在传承中变异，在变异中传承。变异性是中国民俗的鲜明特征之一。"移风易俗与弘扬优秀的传统文化相结合，以达到更高层次的、民族民俗文化的稳定形态，这就是历史文化进步的法则。"①

第三节　乡村民俗文化的继承与创新

民俗文化作为中华民族灿烂的瑰宝，是中国传统文化的重要组成部分。针对当前民俗文化的发展现状，需要在实践工作中提高认识和觉悟，通过整合全社会各方力量，以此来促进民俗文化的传承和创新，为我国文化的大发展大繁荣提供精神动力和智能支持。

一　民俗文化的没落与遗失

民俗文化在中华民族文化的发展进程中，伴随着民族战争、民族迁徙、民族融合、灾难、时间与空间交替、沧海桑田，不断变化。同时也随着现代化、城镇化和全球化步伐的前进，民间文化赖以生存和发展的土壤越来越贫瘠，其中，大量的民族文化被遗失与没落。在贵州有 3 万多个自然村寨，生活着苗、瑶、侗、水、布依、土家、彝族等 17 个少数民族，只有 30% 的民俗文化被完好地保存下来，而 70% 的民俗文化则湮没在历史的记忆里，其中包括大量优秀的民俗文化。黄河流域是整个中华文明的发源地，其中，河南省是中原文明颇有代表性的省份。据《河南民俗志》记载，有 80% 以上的各种历史上出现过的神话故事、节日、歌舞、民俗礼仪风尚等没有流传到今天而只能成为历史的记忆。在一些富起来的地区，很多传统民居被拆除，被

① 钟敬文：《民俗文化学·梗概与兴起》，中华书局 1996 年版，第 13—14 页。

不伦不类的"小洋楼"取代。很多开发商将一些古村落变成景点，在村落里涂红抹绿，编一些伪民间故事。由于没有相关的保护法规，古董贩子乃至外国人在农村尤其是古村落肆意廉价地搜寻宝贵的文化遗存。尤其令人痛心的是，民间文化的传人——老艺人、匠人、乐师、歌手、舞者、故事家、民俗传人相继去世，很多经典文化已经无人传承。如今，民族语言在不少村寨已不复使用。如在黔东南地区，曾有32个村落说苗语，可现在，每年都有1—2个村落的人不再说苗语了。一些民族语言，如满语、赫哲语、塔塔尔语、达让语、阿侬语、普标语、仙岛语、苏龙语等，会使用的人更少。

社会是文化的载体，俗话说"俗随时变"，历来风俗的变迁总是和社会的变迁紧密地联系在一起的。中国正在经历从农耕文明到现代工业文明的转型，农耕文明架构下原有的一切文化都在迅速地瓦解、消失、涣散、泯灭。作为民众生活组成部分的风俗文化，适应社会的变迁，变得越来越五彩缤纷，目不暇接。民间艺术原本是一种地域的文化生活，一种民俗方式，当它转变为一种经济方式时，便在本质上发生了变异。从表面上看，好像只是题材与风格发生了变化，如唐老鸭与圣诞老人进入剪纸、迪斯科的动律渗入了民族舞蹈等。但是，从深层来看，民间艺术中那种自发的、淳朴的、天真的精神情感不见了，代之以涂红抹绿、添金加银、着力对主顾的招徕与诱惑。在它的特色被无度地夸张着的时候，它内在的灵魂和生命却没有了。过去，乡间妇女在缝布老虎时，心中想着的是生命的阳刚之气与避邪之威，现在却和批量地加工布娃娃没什么两样。这种貌似"茁壮成长"的民间艺术，在文化意义上却是本质性的消亡。这些民俗文化的变异，从表面上看，首先是衣、食、住、行等消费生活方式（即物质生活民俗方面）的巨大改变和与文化、文明、道德相悖的低级庸俗趣味的滋生蔓延。但从深层次来看，中国民众正在经历一场观念的转变，显现出传统社会范畴和现代社会范畴两种民俗文化的相容相斥的状态。

当前，在我国的一些领域和地方，家庭的宗法礼俗迅速复苏，海内外同姓宗亲活动十分活跃，立族谱、建族史、修祖陵的热潮正在升温；民间旧的信仰习俗经过半个世纪的休眠期，目前正普遍复旧并应运而生；对民族、家族始祖及古圣贤的祭典日益隆重，建新庙拜旧神，供奉各路神佛真人的寺庙宫观香火正旺；占卜、算命、看风水、请巫招魂、跳神驱鬼、大造豪华的"生人坟"侵占良田；某些商店餐馆取封建色彩、殖民地色彩的或格调低下的怪异另类的名字……这些都成了当今社会日常生活中司空见惯的不良民俗现象。当前我国民俗文化的发展现状存在不少问题，具体可以归纳为以下五个方面：

一是民俗文化的同化。我国的少数民族大多分布在祖国的边陲地区，与外界交流甚少，各民族的习俗文化原本可以得到很好的保留，但是，随着城镇代的推进，我们的民俗文化和传统在多种因素的作用下逐渐淡化，甚至消亡。

二是民俗文化的商品化。我国部分地区民俗文化独具特色，这也使其成为开发旅游的重要依仗。在巨大的商业利益推动下，民俗文化被当作一种旅游资源被开发利用，并以此来向游客出售。这就使民俗文化变成了一种商品，致使其失去了原本的意义，也在一定程度上制约了民俗文化的发展。

三是民俗文化的庸俗化。作为旅游资源的民俗文化，在具体开发过程中，为了能够更好地迎合游客的需要，宣传中存在夸大和不尊重少数民族宗教感情等现象。而且在旅游开发过程中，存在表现形式简单和生搬硬套的情况，无法将民俗文化的淳朴性和民族性有效地表现出来，导致民俗文化过于庸俗化。

四是民俗文化传承的断层。民俗文化用于旅游开发的资源，在具体开发过程中，存在生搬硬套的现象，民俗文化的淳朴性被消失。而且在旅游开发过程中，大部分原著居民的搬迁导致民俗文化的原生土壤受到破坏，使民俗文化的传承出现断层，甚至消失。

五是民俗文化认同感的弱化。民俗文化的发展依赖于人们对该文化的认同，而在旅游开发的过程中，一些民众受外来风气的影响，加上商品意识和货币观念的深入人心，民俗文化的认同感弱化，甚至消失。这就必然导致民俗文化的意识和没落，从而严重影响我国民俗文化的继续发展。

二 继承和创新农村民俗文化的基本思路

民俗文化作为一个延续文化的活体，也在文化的代际交替和传递中承接了良莠相杂的基因。其中，良性基因对于民俗文化、民族文化的健康成长以至社会的文明进步，往往起着正向的促进作用，而非良性的基因则通常起着反向的阻碍作用。因此，我们在开发、利用民俗文化资源之时，应以马克思主义文化观和历史唯物主义为指导，以发展先进的民俗文化和民族文化为目标，秉持科学的态度和强烈的责任感，以宽广的眼界、缜密细致的工作，认真提取民俗文化的精华和良性基因，为弘扬中华传统文化，促进社会主义精神文明，倡导健康文明的生活方式，提升综合国力中的"软实力"，繁荣中国特色社会主义文化事业而努力。

（一）科学认识中国民俗文化的精髓，传承传统民俗文化

民俗文化是一种有争议的文化形态，具有良莠不齐、鱼龙混杂的特点。因此，在传承传统民俗文化的过程中，要运用历史唯物主义的基本观点对悠久的民俗文化传统进行全面深刻的分析和研究，区分出糟粕和精华。没有真正理解传统文化的基本精神，就没有评价的资格，根本谈不上保持和发扬。例如，除夕放爆竹的民俗，既包含辞旧迎新、普天同庆、合家团圆、祈吉纳福的意愿，也有驱鬼辟邪的心理，还有恭迎天地诸神的动机；又如，中华民俗中崇龙、尊龙、爱龙的"龙"文化，既有熔铸群体意念和族缘关系的民族认同，有伦理纲常的遗风，有祈求风调雨顺的寄托，更有集娱乐喜庆、竞技、健身于一体的功能；再如，我国的民间灯俗和灯彩艺术，在其演化过程中，不断地与本土的古典文化艺术相结合，将诗文书画融为一体，既在审美情趣和延续传统的象征、寓意的表现形式方面得到加强，也保留了作为宗教活动道具和神仙信仰载体的某些功能。这些民间的各种风俗习惯，都是一种社会历史的产物。它们开始时都被认为是在当时条件下最合理、最美的生活方式而创造出来，流传开去，起过积极作用。所以，即使是一些落后的迷信民俗，也有它存在的深厚的社会历史渊源，甚至其中可能还包含着科学的内核和文化艺术的成果，需要用科学的态度去谨慎地、具体地分析它们，进而批判地继承，取其精华，

去其糟粕。中华民族文化的生命力主要表现在它的传承力上面，因为我们的传统文化一直以民族精神作为灵魂，不仅是现实有用的，也是永远保持与时俱进的。同时，我们要在更为广阔的文化参照系下，对中国传统民俗文化进行横向比较，即把传统民俗文化纳入世界文化发展的大链条中，进行全方位、多角度的比较，以寻求人类文明发展的结合点和共同趋势，使中华民族文化走向世界。

（二）发挥政府整合协调作用，保护传统民俗文化

民俗文化越是与时代同步，有鲜明的时代感，具有当代民众日常所需的实用性、审美性和本位性，其生命力就越强。政府需要整合和协调各方力量，促进优秀民俗文化的传承与发展。

一是加大经费投入。针对当前我国民俗文化发展的现状，政府需要加大对优秀民俗文化传统和发展经费的投入。当前，民俗文化传统危险的出现多与经济因素息息相关，因此，通过加大投入力度，并严格按照相关的法律法规来完善检查监督制度，做好具体的督导检查工作，及时发现问题，并进行处理，实现经费的合理利用，促进优秀民俗文化的传承和发展。当然，在这个过程中，一定要处理好投入与节约的关系。目前，关于建设节约型社会的理念，被越来越多的人所接受，但一般是从经济意义上来理解的。其实，如果从文化与社会发展的相互关系来思考，也许会有新的感悟。例如，有的地方通过大手笔、高密度的投入来策划组织规模宏大的"现代建庙造神运动"，所耗费的人力、物力、财力令人叹为观止。怎么把有限的资源投入到最需要的地方，有一个资源使用结构性优化的问题。

二是重视组建人才队伍。民俗文化的传承创新离不开专业人员的指导，当前民俗文化研究人员素质参差不齐，不仅专业学科设立不健全，而且人员相当缺乏，民俗文化优秀研究人员多集中于大城市的高等院校和科研机构，地方和基层民俗专业人才较少，因此，需要重视民俗文化专业人才队伍的建设工作，以此来为民俗文化的传承创新提供智力支持。

三是传承人要坚守文化传承理念，不断进行创新。民俗文化，作为一种与人们息息相关的生活方式，最宝贵的就是活态。其传承应以

传承人为核心，以持续传承为重点，特别是作为民俗传承主体的民间艺人，要以自己的思考和体验赋予民俗文化新生命，把厚重的文化内蕴与现代理念有机融合，产生既有传统文化内涵，又融入现代人文元素的艺术精品，从而既解决了生存的经济问题，又推动了民俗文化的传承与发展。当然，政府也应通过提高传承人的待遇，改善民间艺人的传承环境，以此来激发全民对民俗文化的传统和保护意识。

四是加大对传统村落的保护力度。传统村落作为民俗文化的土壤，一旦传统村落消失，不仅是大量农业文明的物质见证的泯灭，同时大量优秀的民俗文化也会随之没落。因此，当前政府部门需要加大对传统村落的抢救力度，为民俗文化的传承创新提供肥沃的土壤。

五是要充分发挥优秀民俗文化教育教化功能。政府要督促各级图书馆、文化馆、博物馆、科技馆等公共文化机构积极开展对民俗文化的传播和展示。教育部门和各级各类学校要逐步将优秀的、体现民族精神与民间特色的民俗文化内容编入有关教材，开展教学活动。鼓励和支持新闻出版、广播电视、互联网等媒体对民俗进行宣传展示，普及保护知识，培养保护意识，努力在全社会达成共识，营造保护民俗文化的良好氛围。

（三）注重对民俗文化的合理开发，利用好传统民俗文化

从 20 世纪 80 年代起，国内形成了一股开发民俗文化的热潮，各种民俗旅游景点如雨后春笋般在各地涌现。当代中国民俗文化的开发，已形成了以"民俗风情游"为主的方式。民俗与旅游交集是旅游活动伴随时代进步和商业发展的产物。一方面，民俗以不同地域的文化差异而带给异域文化的旅游者以新鲜的心理感受；另一方面，旅游活动又因其经济活动的属性和文化活动的内在要求而对民俗产生冲击、碰撞。即便是以活态形式存在于某地的民俗活动，一旦与旅游相结合，往往因旅游资源开发者和旅游活动从业者的经济利益需求及迎合消费心理需求的实际需要而不得不对该民俗进行充满想象和夸张的改造。换言之，旅游活动的经济属性决定了景区、景点当中的民俗活动的筹备、建设、经营、运作具备消费主义的指向，这种指向必然在一定程度上对民俗活动的展演、民俗风物的展览产生扭曲。具体表现

在：为了建构游客对该民俗的想象而进行全方位的民俗元素的嫁接、移植和包装；伪造、拼凑、搬弄、创作事实上并不存在的民俗事物和风物传说而形成"伪民俗"；将某地事实上存在但与民俗旅游活动地区毫无关联的民俗风物进行肢解挂靠或易名顶替；等等。

目前国内不少人造民俗村、民俗博物馆，开业之初的火爆景象已经淡化，客源渐呈减少之势。原因之一在于远离民俗文化存活的真实语境，以招揽城市文化群体为主要目的，强调民俗藏品、建筑、科学知识、科学研究价值一类的"静态展示"和舞台表演的人造民俗园区，难以避免舞台化、表演化色彩过浓的嫌疑。在交通网络日趋完善、个人可支配收入快速增长以及城市文化群体审美意识普遍增强的今天，游客更倾向于到旅游目的地民众的日常生活中去了解、体验原生态的民俗风情。如果说像深圳"锦绣中华"、深圳民俗博物馆这类大型民俗开发项目的运营状况尚且不容乐观，那么全国各地许多仓促、盲目上马，内容、形式雷同，不尊重民俗文化内涵的小项目则是惨淡经营了。总体而言，全国大大小小的开发项目不少，成功的例子却并不多见。主要原因在于未能真正将民俗文化主体的定位放到操作层面上。旅游者访问旅游地的重要目的之一在于观新赏异，体验异域风情，民俗文化的开发要体现新意，方有吸引力。

民俗文化的开发必须基于"民俗事实"这个现实基础之上，这就要求开发的民俗文化之呈现仍应达到"民""俗"浑融的层次。否则，民俗文化的开发便失去了其独有的魅力而终致失败。《2013—2017 年中国民俗文化产业发展进程与投资战略分析报告》显示，尽管国内采取了一系列的措施保护民俗文化，但仍主要集中于非物质文化保护国家制度的确立与学术界发起的"救亡图存"式的田野调查工作，而对于民俗文化的产业化开发及其在整体文化产业结构中的转化机制等方面的研究则明显不足。老艺人人老艺绝、老作坊推倒碾碎、老工艺失传掺假等现状层出不穷，即便是幸存的年画、皮影、剪纸等经典民间民俗文化艺术，也已日渐衰落。

由于总体战略的不够清晰、产业布局的混乱、产业创意力量的薄弱分散，我国民俗文化产业化发展与可持续发展已遭遇"瓶颈"。要实现民俗文化资源的可持续利用，在民俗文化的开发过程中，要着力处理好以下两个方面的关系：

一是开发与保护的关系。在民俗文化资源生态圈中，既有以精神文化为存在形式的无形资源，又有以物质文化为存在形式的有形资源，还有以制度文化为存在形式的第三形态资源。在这些资源当中，有的可以再生，有的则不可再生。例如，永昌县红山窑乡毛卜喇村的卍字灯。"卍"字灯会在华夏大地属独一无二，无论是从内容还是从形式上它都深深地根植于中华民族的文化传统，表现出浓厚的地方特色。闹灯期间的秧歌队充满浓厚的当地民俗风情。比如，老牛推车、雄狮舞、旱船、龙舞、熊舞、节子舞，等等，在唱腔上受地方戏剧的影响较大，演唱风格粗犷豪爽，处处都体现着中华民族的传统文化的独特魅力，具有自身独特的艺术价值和厚重的文化价值，被列为国家级非物质文化遗产。这些民俗文化资源，一旦被毁，将不可再生。另外，即使是无形的民俗文化遗产，如果不重视保护和抢救，也会随着时间的推移和社会的变迁所湮没。被人们称为"音乐活化石"的云南丽江留存至今的唐宋古乐，正是通过政府与民间的共同努力得以延续的例证。因此，对民俗文化资源，一定要处理好开发与利用的关系。要在保护中有序开发，在开发中促进保护。对于未采取相应举措保护民俗文化资源的，宁肯暂缓开发，直至条件具备再行开发。总之，要从完善立法和提高执行力入手，真正扭转"重开发、轻保护"的倾向。

二是传统与时尚的关系。民俗是活体的历史，是行动中的历史，是走进现代的历史，是不断更新传统的历史。在民俗文化的开发过程中，首先要着力发展农村特色文化，加强对农村优秀民族民间文化资源的系统发掘、整理和保护。授予秉承传统、技艺精湛的民间艺人"民间艺术大师""民间工艺大师"等称号，开展"民间艺术之乡""特色艺术之乡"命名活动。对农村传统文化生态保持较完整并具有特殊价值的村落或特定区域进行动态整体性保护，逐步建立科学有效的民族民间文化遗产传承机制。积极开发具有民族传统和地域特色的剪纸、绘画、陶瓷、泥塑、雕刻、编织等民间工艺项目，戏曲、杂技、花灯、龙舟、舞狮舞龙等民间艺术和民俗表演项目，古镇游、生态游、农家乐等民俗旅游项目。实施特色文化品牌战略，培育一批文化名镇、名村、名园、名人、名品。同时，运用好现代传播技术，助力传统民俗文化的开发。现代的资信手段和传播技术是最时尚的东西。但是，它与民俗文化的传播和延续是可以相容的。近几年来，在民间甚为流行的手机"短信问候""电子贺卡"等，也是给古老的礼仪风俗穿上了现代的新装，为民俗文化资源的可持续开发利用提供了技术和智力支持。因此，我们要善于在传统与时尚之间找到新的连接点，促进民俗文化资源的可持续开发利用。

民俗文化的有效保护与开发，只能在民俗文化主体活生生的现实世界中得以实现。这个实现过程要求开发者必须尊重民俗文化主体"文化拥有者"的主体地位，充分调动其参与到民俗文化开发、保护的活动中去，培养其主人翁意识。民俗文化主体主人翁意识的产生，源于民俗文化主体自身利益的保障，因此，民俗开发者还须避免充当外来"掠夺者"的角色，民俗文化的开发，必须应着眼于开发地民众生活水平的提高。只有当民俗文化主体在与开发者、游客的文化互动中得到实惠时，他们才会意识到自己的文化是有用的，进而从情感上珍视它。没有民俗文化主体对自身文化的"经营"和对开发行为的支持，投资开发者所追求的"利润""投资回报"大有可能落得个水中捞月的结局。总之，农村民俗文化建设是一项系统工程，必须从农民的日常生活中抓起，让文化融入村民的生活。只有这样，才能真正建设起乡风文明的社会主义新农村。

第二章　乡风文明：社会主义新农村建设的灵魂

　　乡风文明是社会主义新农村建设的重要内容，是乡村振兴的一项重要指标。党的十六届五中全会提出了"建设社会主义新农村是我国现代化进程中的重大历史任务"，并提出了"生产发展、生活宽裕、乡风文明、村容整洁、管理民主"的新农村建设要求。党的十九大首次提出了乡村振兴战略，并将乡村振兴战略写入了《中国共产党章程》。党的十九大提出："要坚持农业农村优先发展，按照产业兴旺、生态宜居、乡风文明、治理有效、生活富裕的总要求，建立健全城乡融合发展体制机制和政策体系，加快推进农业农村现代化。"[①] 这不仅为农业农村改革发展指明了方向，也为农村精神文明建设工作提供了根本保障。两相对照，从"生产发展"到"产业兴旺"，从"生活宽裕"到"生活富裕"，从"村容整洁"到"生态宜居"，从"管理民主"到"治理有效"，不难看出，在中国特色社会主义进入新时代、"三农"事业获得长足发展的新形势下，农业农村发展的战略要求也进行了"升级"，从而更符合广大农民群众日益增长的美好生活需要。

第一节　乡风与文明

一　乡风

　　"乡风"即乡里的风俗。从字面上看，对"乡风"的解释有几

---

　　① 习近平：《决胜全面建成小康社会　夺取新时代中国特色社会主义伟大胜利——在中国共产党第十九次全国代表大会上的报告》，人民出版社 2017 年版，第 32 页。

种：①乡里的风俗；地方风俗。宋苏轼《馈岁》诗："亦欲举乡风，独唱无人和。"②乡，通"向"，趋从教化。指政治上的归顺或对个人的敬仰。《管子版法》："万民乡风，且暮利之。"宋王安石《谢林中舍启》："乡风有年，修问无所。"③乡，通"向"，指趋向某种风气。章炳麟《校文士》："而后生信其（指袭自珍）进耀，以为巨子，诚以舒纵易效，又多淫丽之词，中其所嗜，故少年靡然乡风。"

乡风，从社会学意义上看，是由自然条件的不同或社会文化的差异而造成的特定乡村社区内人们共同遵守的行为模式或规范，是特定乡村社区内人们的观念、爱好、礼节、风俗、习惯、传统和行为方式等的总和，它在一定时期和一定范围内被人们仿效、传播并流行。①乡风作为一种习惯、风尚和爱好，既是特定乡村内人们在长年累月中沉淀下来的一种行为方式，也表现为这些行为方式背后的乡村成员的文化和价值观念，该地区人员群体的文化内涵和价值观念是该地区乡风得以形成的根本内在原因；而乡风所表现出来的习惯和风尚则是文化内涵和价值观念的具体体现，而且通常情况下，这种习惯和风尚经过相互作用还会对该地区人们形成无形的社会约束和行为规范。乡风是多年来本地区传承下来的不成文的约定，在发展过程中逐渐形成并凸显出其自身的特点，人们普遍遵循，很难改变。

（一）乡风的地域性

俗话说"一方水土养一方人"，农村的乡风在地理环境、经济发展水平等基础上展现出不同的地域特点。我国国土面积广阔，东西南北中，在我国广袤的土地上散落着无数的村落，这些村落在语言、历史传统、地位环境、经济发展水平等各个方面尽显不同，在乡风上也有所不同。比如，正月十五元宵节，各地的食俗就有很大的区别。在北方，饺子是元宵节不可缺少的节日食品。究其原因：一是饺子形如元宝，人们在春节吃饺子取"招财进宝"之音；二是饺子有馅，便于人们把各种吉祥的东西，比如，金如意、花生、糖、枣等包进馅里，以寄托人们对新年的祈望，吃到金如意、吃到糖的人来年的日子更甜

---

① 董欢：《乡风文明：建设社会主义新农村的灵魂》，《兰州学刊》2007 年第 3 期。

美；吃到花生的人将健康长寿；吃到枣和栗子的人寓意"早生贵子"。
河南人有"十五扁、十六圆"的元宵节传统习俗，河南的一些地区将
饺子和面条放在一起煮，名曰"金线穿元宝"。饺子这一节日佳肴在
给人们带来年节欢乐的同时，已成为中国饮食文化的一个重要组成部
分。江北地区民间流传有"上灯元宵，落灯面，吃了以后望明年"的
民谚，当地人在正月十五晚上要吃面条，听起来与元宵不相关，但也
有祈求吉利之意。《仪徵岁时记》载："（正月）十八落灯，人家啖
面，俗谓'上灯圆子落灯面'，各家自为宴志庆。"落灯时吃面条寓
意喜庆绵绵不断之意。在南方，元宵节家家户户吃汤圆，汤圆的馅主
要以果料和干果为主，包括芝麻、核桃、花生，再加上植物油，营养
价值就"更上层楼"。煮汤圆时，因为它开锅之后漂在水上，煞是好
看，让人联想到一轮明月挂在云空。天上明月，碗里汤圆，家家户户
团团圆圆，象征着团圆吉利。因此，吃汤圆表达的是人们祈求全家团
团圆圆的美意。

（二）乡风的稳定性

乡风是长期相沿积久而成的风尚、习俗，乡风作为传承性文化，
在一定时期内具有相当的稳定性，是不易变动的，是具有继承性的。
如我国传统民俗、民间非物质文化遗产等在今天许多仍旧原汁原味。
被誉为"华夏民俗一绝"的广汉保保节是四川省广汉市雒城的地方传
统节日。起源于民间的游百病与拉（拜）保保习俗。正月十六游百
病，清代即已成俗，有"正月十六游百病，游了百病不生病"之说。
这一天，城乡男女老少多出门一游，到城内的一般要上城墙游览，并
在文庙万仞宫墙附近古柏林中折一小枝柏丫，插在头上或帽檐，取柏
字的谐音，喻百事顺遂、百病不生、白头偕老、富贵白头等之意。同
时，也有携带幼婴于大柏树下拉保保（干爹）的。"拉保保"是当地
很有影响力的一个民间习俗，每到这天都要万人空巷地出门游玩，为
孩子拜干爹，结干亲家，也就是"拉保保"。"在广汉，没过正月十
六，那都不算过完年。"保保节是川西平原上一个很有影响力的节日，
据 2017 年 2 月 13 日四川在线消息报道，2017 年的正月十六，广汉及
周边的一些城市，如成都、绵阳、德阳等地近 20 万人涌入广汉主城

区狂欢，感受这 300 年来传承至今的民俗节日。

（三）乡风的时代性

乡风是农村日常生活中的重要一部分，它是人们对现实生活在观念和行为上的反映，因此，乡风与经济、政治等方面密切相关，具有时代性。从历史发展历程来看，不同的政治、经济、文化氛围会推动乡风产生变化以适应当前的农民生活需要。一个地区乡风的形成往往受当时的经济环境、政治环境、文化环境的影响，虽然乡风在形成后的一段时期内仍具有一定的稳定性，但随着时代的发展、环境的变化，乡风的具体内容往往也会随之发生改变，比如通过对当前我国各地婚姻习俗的考察可以发现，我国的婚俗及其文化含义正在发生着缓慢而根本性的变化。其中，最为重大的变化是婚姻风俗中的传统因素在逐步衰落，比如，"六礼"程序、媒妁制度、看男女双方"八字"等习俗在逐步弱化或消失，婚姻程序逐渐向现代婚礼形式进化，即使在广大农村地区，西式婚礼也开始流行起来。婚礼中原先所蕴含的神圣意味在逐步丧失，婚礼过程更加突出娱乐性，甚至在有的地方，婚礼中还出现了低俗、恶俗的内容。

（四）乡风的群体性

乡风不指个人思想行为，不是个人的喜好和行为的体现，它是一种在特定群体环境下形成的群体思想意识和群体行为方式，是整个地区普遍的价值观念、行为模式的普遍反映，是一种群体性的意识形态和行为方式的集合。这种意识和行为在聚居人群中往往已经得到广泛传播、竞相模仿，这种群体意识和群体行为所表现出来的不是简单的群体行为，而是一种群体中每个人都对这种乡风认同。

（五）乡风的规范性

乡风由于在特定群体中的广泛传播和竞相模仿，以及大部分群众的认同，就会在该地区形成一种特有的价值评判方式，规范人们的思想行为，形成一种特定的文化氛围，而这种文化氛围往往能够对人们的行为具有普遍的规范、约束、评价的作用，它深刻影响着人们的社会行为与思想认识。所以，一种乡风一经形成，就会对该地区居民的行为规范和行为方式产生巨大的影响，它渗透于社会生活的各个方面，以舆论和价值评判等形式影响群体的观念和行为，往往具有一种隐含的强制规范性。好的乡风能够使人积极向上、艰苦奋斗，促进该地区的发展；坏的乡风也有可能会使人好逸恶劳、贪图享乐，对该地区发展产生不利影响。

二 文明

文明是指人类社会进步状态。《汉典》解释为：①人类所创造的财富的总和，特指精神财富，如文学、艺术、教育、科学；②指人类社会发展到较高阶段并具有较高文化的状态；③旧指具有当时西方色彩的文明戏；④光明，有文采。① 《辞海》解释为：①犹言文化。②指人类社会进步状态，与"野蛮"相对。③光明，有文采。② 《汉典》和《辞海》对于"文明"一词的解释大致相同，"文明"一词作为名词，泛指人类所创造的所有财富的总和或特指精神财富；作为形容词，是指事物的一种现代、高级的状态，多特指文化。其实，"文明"一词由来已久，在《易经》中就有"见龙在田，天下文明"的语句。概括地讲，文明是指人类所创造的物质财富和精神财富的总和。它体现为社会进步状态，涵盖了人与人、人与社会、人与自然的关系，关照着人们的知识水平与生活方式。具体到每个人，文明则与学识修养、道德水准、品格素质、精神气质相联系。善良、诚信、知礼、守法等都是其题中应有之义。"人无礼不立，事无礼不成，国无礼不宁。"文明鼓励人们追求个人道德的完善，也维护着公众利益与公共秩序。所以，它既让人感到亲切，也让人充满敬畏。

人类社会的每一次跃进，人类文明的每一次升华，无不伴随着文化的历史性进步。文化是民族生存和发展的重要力量。中华文明是四大文明古国中唯一一个没有发生断裂并延续发展至今的文明，有着极其顽强的生命力和大有可为的潜力。我们正是在传承和弘扬"讲仁爱，重民本"的底蕴、"守诚信，崇正义"的品质、"尚和合，求大同"的视野中，奠定了文化自信的基础。在五千多年文明发展中孕育

① 《汉典》，http：//www.zdic.net/c/1/EE/244173.htm。
② 《辞海》，上海辞书出版社 1999 年版，第 1859 页。

的中华优秀传统文化，在党和人民伟大斗争中孕育的革命文化和社会主义先进文化，积淀着中华民族最深层的精神追求，代表着中华民族独特的精神标志。中国灿烂的传统农业文明是古代中国贡献给全世界宝贵的文化资源。美国学者理查·罗蒂在《哲学与自然之镜》一书中指出："在一切非西方的文化间，中国的文化无疑是最古老、最具影响力，也是最丰富多彩的。人们或许因此可以希望，在西方理解自身过程中最近发生的变化，将有助于西方知识分子从中国方面多多获益。"中国是世界三大农业起源中心之一。早在远古时期，中国就有了农业文明的萌芽，"神农尝百草"的传说就是那段历史留下的印迹。在我国辽阔的土地上，已发现了成千上万处新石器时代原始农业的遗址，最早的当在一万年以前。考古证明，距今七八千年的时候，我国的原始农业已经相当发达了。一般认为，我国的原始农业在夏朝开始向传统农业过渡。在漫长的传统农业经济社会里，我们的祖先用他们的勤劳和智慧，创造了灿烂的农耕文化。随着农业文明社会的形成，农耕文化便成为中国文化之根。源远流长的农耕文化，不但铸造了中华民族光辉灿烂的历史，书写了中国人的伟大与自豪，而且今天仍然渗透在我们的生活中，特别是乡村生活的方方面面。在由传统农业向现代农业转型的今天，深入发掘农耕文化的内涵及当代价值，具有十分深远的历史意义和现实意义。

中国的文化是农耕文化，中国社会的基层是乡土性的。费孝通构建的乡土中国理论，实际上为回答"中国乡村社会的基本性质是什么"这一问题提供了答案："从基层上看去，中国社会是乡土性的。"① 乡土中国即指中国基层乡村社会的基本性质是乡土性的。"乡土中国"是费孝通在"江村经济"和"禄村农田"的"微观社会学"研究基础上提炼出的一个理想型概念。乡土中国"并不是具体的中国社会的素描，而是包含在具体的中国基层传统社会里的一种特具的体系，支配着社会生活的各个方面"。② 乡土中国的解释得到了广泛传

---

① 费孝通：《乡土中国生育制度》，北京大学出版社1998年版，第4页。
② 同上。

播，也自此成为传统乡村社会基本特征的权威总结。

改革开放 40 年来，党和国家非常重视农村、农业、农民问题。在农村，废除了延续上千年的"皇粮国税"，乡村振兴上升为国家战略；中央连续出台政策以改善农村状况，覆盖城乡公共文化体系框架基本建立，实施了"农家书屋""农民夜校"等文化下乡活动，丰富了乡村文化休闲，既拓展延伸了公共文化服务，也促进了城乡文化互动互进；同时，文化保护单位数量在增加、文化遗产保护力度在加大、生态保护区的建设也在逐步推进。一方面，城市化和城乡一体化进程的加速推动着新农村建设，农村文化与城市文化、现代文化进行着融合互动。另一方面，传统的乡村文化在现代化进程中遭遇到"破坏有余"而"重建不够"的历史命运。有学者认为，乡村文化是乡民在长期的生产与生活中所逐渐形成并发展起来的一套心理、思想、观念和行为模式，以及为表达它们而制作出来的种种成品。它内敛为乡民的情感心理、思想观念、处世态度、人生追求、行为习惯，外显为民风民俗、典章制度和生活器物，是乡民生活世界的重要组成部分。① 以善良、淳朴、亲情、善恶分明等为代表的伦理价值理念是乡村文化的核心，也正是由于拥有这些伦理价值，乡村社会维系着和谐与稳定。在乡村秩序发展问题上，也有学者认为，在传统中国，乡村文化以独特的秩序意义规范和约束着人们的行为，维护着社会的稳定。内生于乡村社会的乡村文化，既以生态智慧建设着美好家园的"生活秩序"，也以道德交往维系着心灵家园的"精神秩序"，更用约定俗成的非制度性规范促使人们形成"自觉秩序"。②

因此，中华民族的优秀文化传统不应当被漠视、遗忘甚至抛弃，重新认识文化在社会发展中的地位、重视传统文化在社会治理中的功能很有必要。然而，中国社会的文化形态已经发生了巨大变化，这就要求我们在观察、分析和概括中国社会变迁问题时，应当对传统文化

---

① 张中文：《我国乡村文化传统的形成、解构与现代复兴问题》，《探讨与争鸣》2010年第 1 期。

② 赵霞：《传统乡村文化的秩序危机与价值重建》，《中国农村观察》2011 年第 3 期。

与现代文化对立并存且相互冲突的矛盾关系有足够清醒的认识，对传统文化的基础地位和延续给予足够重视，对传统文化在新形势下的转向做出探寻姿态。①

三　乡风文明

乡风文明是指"好的乡村风气，好的乡村风尚"。从字面意思来理解，其侧重点是乡风，落脚点在文明。乡风文明是乡村文化的一种状态，是一种有别于城市文化，也有别于以往农村传统文化的一种新型的乡村文化。它表现为农民在思想观念、道德规范、知识水平、素质修养、行为操守以及人与人、人与社会、人与自然的关系等方面继承和发扬民族文化的优良传统，摒弃传统文化中消极落后的因素，适应经济社会发展，不断有所创新，并积极吸收城市文化乃至其他民族文化中的积极因素，以形成积极、健康、向上的社会风气和精神风貌。乡风文明建设旨在使农民的思想、文化、道德水平不断提高，在农村形成崇尚文明、崇尚科学的社会风气，农村的教育、文化、卫生、体育等事业发展逐步适应农村生活水平不断提高的需求，使一个地区村落的乡风向更加现代、健康、文明、高级的方向发展。

乡风文明是一个自然的、历史的演进过程，它反映了人们自身的现代化的要求，是人们物质需要和精神需要得到相对满足的体现，是一种健康向上的精神风貌。同时，乡风文明反映了时代的精神特征，是历史发展的要求。自古以来，我国历代帝王将相都对乡风文明建设十分重视。如在《尚书·尧典》中就有对乡风文明建设的记载："克明俊德，以亲九族。九族既睦，平章百姓。百姓昭明，协和万邦，黎民于变时雍。"这里就提到培养人们的品德，和睦九族，引导、规范百姓的行为，使之和谐、文明、有礼。

不同时期的新农村建设有不同的目标和方向，也就有不同的内涵。20世纪50年代，社会主义新农村建设的目标提到了国家发展的议事日程，新农村建设的目标首先是合作化、人民公社化；六七十年

---

① 李三辉、范和生：《乡村文化衰落与当代乡村社会治理》，《长白学刊》2017年第4期。

代是以机械化、工业化为奋斗目标；八九十年代，工业化、城镇化成为新农村建设的美好追求。纵观 20 世纪我国新农村建设的历史沿革不难发现，这些建设目标都是以发展生产为出发点，以物质文明建设为核心，关注的层面主要在经济层面上。随着改革开放的深入，我国工业化水平的不断提升，城市化进程逐步加快，乡村富余劳动力不断地向城市聚集，乡村能人成为流动的主体，新城镇、城郊村的建设与管理面临着新问题，这些问题和困难是系统性、综合性的，客观上需要整体推进，精神文明建设成了当务之急。① 尤其是进入 21 世纪以后，社会、经济、政治、文化、生态相互交融，在综合国力竞争中的地位和作用越来越突出，文化的影响力日益扩大，精神层面、文化层面上的要求越来越迫切。新中国成立以来，各个历史时期新农村建设的经验教训构成了乡风文明建设的历史背景。

经过相当长一段时间的努力，我国农村的精神文化生活已经取得了较大的改善，农村文化建设呈现较快、较好的发展态势。但同时，目前我国农村文化建设还存在不少问题和困难。农村文化建设的现状与农民实际精神文化需求之间还存在较大的差异和不协调，农村文化建设与当下社会经济发展情况也有不相适应的地方。比如，有的相互攀比，大摆婚庆宴席、大收天价彩礼；有的讲究排场，大搞封建迷信、大办豪华葬礼；有的碍于面子，盲目从众，大操大办老人寿诞、小孩满月、子女升学、新居乔迁等名目繁多的活动。还有的村庄室内很现代、室外很脏乱，生活很富裕、文化很匮乏。凡此种种，已经成为人们心中难以割舍之痛，成为美丽乡村建设的污浊混沌之气，成为文明乐章中的不和谐音符。

良风美俗对社会生活发挥着规范、教化和调节的作用，而陈规陋习则阻碍社会的进步与发展。婚丧嫁娶、起上上梁、乔迁升学，等等，这些乡村社会的常态化生活场景，在中国的广袤大地上各具特色，但大体相同的仪式和传统，体现了千百年来约定俗成的人文情

---

① 李心记主编：《乡风文明与农民礼仪道德》，哈尔滨工程大学出版社 2010 年版，第 9 页。

怀。红白筵席、彩礼嫁妆，人情往来本意是维系情感，一旦夹杂了太多功利意识和攀比心理，就使传统习俗变成了陋俗，败坏了社会风气，扭曲了正常的人际关系，加重了很多人特别是农民的经济负担。在社会主义核心价值观建设蓬勃开展的今天，一些农村地区的不良风气、陈规陋习仍然大行其道。据报道，现在一些农村地区流行"天价彩礼"，不少农民为了娶媳妇而负债累累，甚至重新返贫。很多农村青年哀叹"娶不起媳妇""结不起婚"。农村攀比之风愈演愈烈，婚丧嫁娶大操大办，各种名目的酒席越来越多、人情消费越来越高，已经成为老百姓的沉重负担，让曾经淳朴的乡土民风变了味儿。保持生活的仪式感，承续婚丧嫁娶的传统风俗不可或缺。然而，被礼金"绑架"的乡村，绝不是乡土社会的应有面貌。这必须引起全社会的高度重视，必须采取有力措施，加以改变。

古往今来，移风易俗是一个永恒的话题。"孝公用商鞅之法，移风易俗，民以殷盛"；汉朝视"风俗"攸关国运兴衰；"致君尧舜上，再使风俗淳"是杜甫一生的政治理想。中国共产党一贯主张移风易俗，毛泽东曾提出"移风易俗，改造国家"等主张。党的十八大以来，大力推进和深化社会主义核心价值观建设，明确要求"弘扬中华传统美德，弘扬时代新风"，去除不适应时代发展的陈旧风俗，树立文明乡风，建设中华民族共有的精神家园成为题中应有之义。当下，农村的协调发展、社会的全面进步，离不开文明乡风的助推、精神文化的蕴含。尊良俗、去低俗、废恶俗日益成为广大人民群众构建精神家园的热切期盼，扮亮美丽乡村的共同心声。但是，风俗的形成是一个缓慢的过程，同样，移风易俗也不可能速干速成，急功近利短时可能奏效，长远必定反弹。移风易俗也得寻求善治智慧，需要久久为功、常抓不懈，在长效机制建设上下功夫。对此，我们既要有足够的恒心和耐心，又要有坚定的信心和决心；既要循循善诱，又要言传身教，在潜移默化中改变不合时宜的旧习俗，在润物无声中植入民淳俗厚的新风尚，用文明之风滋养美丽乡村。

第二节 乡风文明在新农村建设中的
地位和作用

2005 年 10 月，党的十六届五中全会第一次提出"乡风文明"的概念，并把乡风文明作为新农村建设重要内容。可以说，"乡风文明"是党中央对我国农村精神文明建设的总体要求。

2017 年 10 月，党的十九大提出了实施乡村振兴的伟大战略，要求按照"产业兴旺、生态宜居、乡风文明、治理有效、生活富裕"的要求实施乡村振兴战略。大力推进新农村建设，乡风文明仍然是其重要内容，在我国当前的社会主义新农村建设中，乡风文明作为建设社会主义新农村的重要目标，凸显了精神文明在社会主义新农村建设中的重要作用，揭示了精神文明在新农村建设中所赋予的新内涵。适应社会的发展要求，能否建设好社会主义新农村，能否打造美丽乡村，可以说，乡风文明建设具有举足轻重的作用。

一 乡风文明是乡村振兴战略的核心内容

党的十九大报告提出实施乡村振兴战略，并重提乡风文明，具有重要意义。乡风文明不仅是乡村文化建设的主要内容，也对乡村产业、乡村生态、乡村治理以及百姓生活富裕等产生重要影响。走中国特色社会主义乡村振兴道路，必须传承、发展和提升农耕文明，走乡村文化兴盛之路。坚持物质文明和精神文明一齐抓，弘扬和践行社会主义核心价值观，加强农村思想道德建设，传承、发展和提升农村优秀传统文化，加强农村公共文化建设，开展移风易俗行动，提升农民精神风貌，培育文明乡风、良好家风、淳朴民风，不断提高乡村社会文明程度。乡风文明是乡村振兴的重要基础和重要保障，是乡村建设的灵魂所在。

乡风文明是乡村建设的长期任务，不是短期内可以完成的，更不可能一蹴而就；是实施乡村振兴战略的核心内容，也是难点所在，需要坚持不懈的努力。长期以来，由于乡村建设存在重经济发展、轻文化建设的倾向，以致出现农村的文化建设与农村经济社会发展不相适应的现象。乡风文明建设没有得到足够的重视，一些地方村落共同体解体、干群关系紧张、邻里矛盾突出、诚信缺失、德孝文化削弱、守望相助传统消失，乡村增加了不和谐的音符，各种矛盾的积累甚至成为社会不稳定的因素。因此，建设乡风文明既是乡村建设的重要内容，也是中国社会文明建设的重要基础。乡风文明建设要把优秀传统文化和现代文化融为一体，潜移默化地渗透到乡村生产和社会生活方式中，并转变成人们的自觉行动，内化为人们的信仰和习惯。这就需要把乡风文明作为一个系统工程长期坚持。

二 乡风文明是美丽宜居乡村建设的重要保障

党的十九大将"乡村振兴战略"作为国家战略，要求新农村建设要实现"产业兴旺、生态宜居、乡风文明、治理有效、生活富裕"。

乡村振兴，产业兴旺是重点。必须坚持质量兴农、绿色兴农，实施质量兴农战略，加快推进农业由增产导向转向提质导向，夯实农业生产能力基础，确保国家粮食安全，构建农村第一、第二、第三产业融合发展体系，积极培育新型农业经营主体，促进小农户和现代农业发展有机衔接，推进"互联网＋现代农业"，加快构建现代农业产业体系、生产体系、经营体系，不断提高农业创新力、竞争力和全要素生产率，加快实现由农业大国向农业强国转变。

乡村振兴，生态宜居是关键。良好的生态环境是农村最大优势和宝贵财富。必须尊重自然、顺应自然、保护自然，推动乡村自然资本加快增值，实现百姓富、生态美的统一。

乡村振兴，乡风文明是保障。必须坚持物质文明和精神文明一起抓，提升农民精神风貌，培育文明乡风、良好家风、淳朴民风，不断提高乡村社会文明程度。

乡村振兴，治理有效是基础。必须把夯实基层基础作为固本之策，建立健全党委领导、政府负责、社会协同、公众参与、法治保障的现代乡村社会治理体制，坚持自治、法治、德治相结合，确保乡村社会充满活力、和谐有序。

乡村振兴，生活富裕是根本。要坚持人人尽责、人人享有，按照抓重点、补"短板"、强弱项的要求，围绕农民最关心、最直接、最现实的利益问题，一件事情接着一件事情办，一年接着一年干，把乡村建设成为幸福美丽新家园。①

乡风文明与乡村产业互为因果、相互促进。产业兴旺是乡风文明的物质前提，乡风文明既为产业兴旺提供保障，也是产业兴旺的重要资源。文明乡风赋予农业和农产品以乡村文化内涵，可以提高农产品文化品牌，实现农业、文化、旅游的融合，成为有效增加农民收入、实现农民生活富裕的重要途径。乡风文明与生态宜居的关系密切，生态宜居需要生态的生产方式与生活方式作保障，环境友好型的生产方式、低碳的生活方式以及生态信仰和习惯，都是实现生态宜居的重要条件。文明乡风与乡村治理的关系更为密切，有效的乡村治理，是建设文明乡风的过程。充分利用文明乡风中的优秀传统文化，如家风、家训、村规民约、道德示范等，有助于构建自治、法治、德治的治理体系，提高乡村治理的有效性。乡风文明建设渗透到乡村建设的各个方面，对建设产业兴旺、生态宜居、治理有效、生活富裕的乡村产生重要影响，它不仅是乡村振兴战略的重要组成部分，也是乡村振兴的重要保障。

2017年12月，习近平在江苏徐州考察时指出："实施乡村振兴战略要物质文明和精神文明一起抓，特别要注重提升农民精神风貌。"只有乡风文明了，广大农民的生活才能更加稳定、和谐、幸福。因此，必须重视乡风文明建设，采取多种方式和方法引导、教育农民，使农民逐步形成良好的生活、行为习惯和蓬勃的精神风貌，营造出友善互助的和睦村风，让文明乡风助力乡村振兴。

三 乡风文明是满足农民对美好生活向往的需要，在新时代具有全新的内涵

随着我国社会主要矛盾的转化，党和国家对乡村建设的要求更高，人民对美丽乡村建设充满期望。乡村乡风文明不仅反映农民对美

---

① 《中共中央国务院关于实施乡村振兴战略的意见》（单行本），人民出版社2018年版。

好生活的需要，也是实现"两个一百年"和实现中华民族伟大复兴的中国梦的重要条件。2017 年 1 月，中共中央办公厅、国务院办公厅印发《关于实施中华优秀传统文化传承发展工程的意见》，为传承发展中华优秀传统文化提供了科学的理论指南和切实可行的实践举措。该意见指出，做好创造性转化和创新性发展：一是要坚持辩证唯物主义和历史唯物主义，秉持客观、科学、礼敬的态度，取其精华、去其糟粕，扬弃继承、转化创新；二是要在传承发展中古为今用，不简单否定，不断赋予新的时代内涵和现代表达形式，不断补充、拓展、完善，使中华民族最基本的文化基因与当代文化相适应、与现代社会相协调，这是实践准则；三是要在传承发展中推陈出新，使其实现创造性转化、创新性发展，这是终极目标。

（一）新时代的乡风文明是传统与现代的融合

我们不仅要传承优秀的家风、村风，继承和发扬尊老爱幼、邻里互助、诚实守信等优秀传统文化，也要体现"五位一体"和五大发展理念等新内容。党的十八大以来，习近平总书记多次强调，要传承和弘扬中华优秀传统文化。他说："坚定文化自信，就是要努力从中华民族世世代代形成和积累的优秀传统文化中汲取营养和智慧。"党中央高度重视中华优秀传统文化保护传承工作，进一步加强对文化遗产的保护，清理家底。统计数据表明，我国现有不可移动文化遗产 76 万多处，可移动文物 4000 多万件，非物质文化遗产项目近 56 万项。中央财政每年投入 80 多亿元对国宝级文物进行保护。为了吸引观众亲近优秀传统文化，截至 2016 年年底，全国 2115 家博物馆、347 个全国爱国主义教育示范基地及 43510 个公共图书馆、美术馆、文化馆（站）实现了免费开放。近几年，电视台等媒体播放的《中国汉字听写大会》《中国诗词大会》《见字如面》《朗读者》等文化类节目，《记住乡愁》《我在故宫修文物》《指尖上的传承》等纪录片，得到观众的喜爱，重新点燃了观众对传统文化的回望与守护。《关于实施中华优秀传统文化传承发展工程的意见》，从顶层设计的高度要求做好创造性转化和创新性发展。如何让中华优秀传统文化薪火相传，具有现代性，不断赋予时代价值？习近平总书记给出了答案："让收藏在博物馆里的文物、陈列在广阔大地上的遗产、书写在古籍里的文字都活起来。"《国家宝藏》这档节目是中央电视台在 2017 年第四季度重磅推出的一档大型文博探索节目。立足于中华文化宝库资源，通过对一件件文物的梳理与总结，演绎文物背后的故事与历史，让更多的观众走进博物馆，在懂得如何欣赏文物之美的同时，也了解文物所承载的文明和中华文化延续的精神内核，唤起大众对文物保护、文明守护的重视。除此之外，《国家宝藏》还通过邀请有影响力的公众人物，作为"国宝守护人"讲述文物背后的故事，通过电视化语言的呈现让文物"活"起来，使文物不仅是一件博物馆中的陈列品，而是能够让观众感受到"生命"的文化传奇。当前，根据传统文化改编的电影和动漫作品、具有中国风的流行音乐、植入传统国画元素的时尚衍生品，正在以创新的形式焕发新的活力。这类以传统文化为底蕴的创意与现实文化相融通，正在努力实现传统文化的创造性转化和创新性发展。

（二）新时代的乡风文明要实现乡村文化与城市文化的融合

我们不仅要体现传统民俗、风俗等乡村文化，也要让农民在村庄享受到现代城市文明。随着社会的进步和经济的发展，城市文化在整个文化体系中越来越处于主导状态，接纳、融合而博采众长、高效快捷，对社会行为的调控带有明显的优势性。乡村文化封闭、固化的特性以及不合时宜的认识、不易更改的习惯影响了乡村发展，在城乡一体化进程中表现出明显的自信不足，乡村文化需要文化重构来适应时代的发展潮流。乡村文化需要吸收城市文化的特质，才能增加活力。当然，乡村文化建设不是全面城市化，也不只是丰富传统的农业文化。在新农村文化建设中，我们既要保持乡村文化特色，使乡村文化不断演进；又要借鉴、吸收、同化外来文化、城市文化，使乡村文化在冲突与整合、保持与变迁中不断获得新质，实现发展与创新、演进与嬗变，对建设社会主义新农村产生重要影响。明月村，距离成都市区 90 千米，历史上是隋唐茶马古道和南方丝绸之路上的皈宁驿站。人们日出而作，日落而息，采茶、制陶，民风淳朴。明月村既是一个自然形成的古老村庄，也是一个经过科学规划、悉心打理的文创新乡村：在 6.78 平方千米的诗意田园，既保留了一贯的魏晋风度，又划分为文化中心、林盘民居创客院落、陶艺手工艺文创区、谌塝塝瓦窑山村民创业区、茶山竹海松林保护区等。与一些地方单纯吸引艺术家入驻不同，明月村引进的文创项目必须要跟当地的农业、手工业相结合，明月村整体计划是引进成型项目 40 个左右，目前已经引进 36 个项目，其中，已经有 20 多个项目带动了当地村民的创业、就业。此外，明月村正在建立一个智慧旅游平台，艺术家的展示和交易、村民的创业项目、旅游预订系统等都接入这个平台。在这里，新村民与老村民和谐共融，当地村支"两委"和项目组共同定期举办农民夜校和明月讲堂。比如，"夏寂书苑"专注社区营造和自然教育的研究与实践，自 2016 年进入明月村后，不定期地与书馆合办"明月村自然课堂""乐毛的家在明月村"系列讲座、绘本工作坊、情意自然分享会等教学活动，带着村民和孩子们穿行村中，了解村庄的发展，进一步认识家乡，了解日本、韩国、英国、德国的乡村建设。2013 年，项目启动，短短的几年时间，在一群城市文化人和艺术家以"新村民"的身份参与下，通过以艺术文创为载体进行整体乡村营造，目前已经逐步将文创产业、农业产业和旅居产业相串联，逐步形成了和谐共享的美丽乡村共同体。明月村如今已发生了凤凰涅槃般的嬗变，摇身一变，成为陶艺艺术气质浓郁的国际村——明月国际陶艺村。值得一提的是，明月村在经济快速发展的同时，不仅保持了农民固有的淳朴本性，同时还不断提升了他们的素养。明月村实现了乡村文化与城市文化的融合，可以说是一个艺术乡村的营造典型。

（三）新时代的文明乡风建设要体现中国文化与世界文化的融合

党的十八大以来，中华文化影响力不断扩大。截至 2016 年年底，全球已有 140 个国家和地区建立了 512 所孔子学院和 1073 个中小学孔子课堂。中国国际广播电台每天 24 小时用 64 种语言向全球播放，许多人把它视作自己的朋友。"欢乐春节""中国文化年（节）"等各种文化品牌活动遍及全球。按照文化部《"一带一路"文化发展行动计划（2016—2020 年）》，到 2020 年，要实现与"一带一路"沿线国家和地区文化交流规模达 3 万人次、1000 家中外文化机构、200 名专家和 100 项大型文化年（节、周、日）活动。随着国家文化软实力的不断增强，中国文化会走得更远，我们有足够的文化自信。中国乡村是文化宝库，蕴含着丰富的生态文明理念，乡村文化自信是中华文化自信的重要体现。中国文化走进世界舞台的例子有：陕西省户县东韩村距西安市 30 千米，是一个具有鲜明特色文化的村落，曾被西安市旅游局授予"东韩农民画庄"的荣誉称号，保留了国家非物质文化遗产"农民画"。户县农民画诞生于 20 世纪 50 年代，在陕西的剪纸、壁画、年画、刺绣等汉族民间艺术的基础上演变而来，详尽而生动地记录了农村生产劳动的壮观场面和热烈活泼的节庆场景。从 20 世纪 70 年代开始，不断地提高、创新、升华、成熟，逐步走出户县，走向全国，走向世界，被视为中国农村文化建设的典型。[①]

2016 年 7 月 1 日，习近平总书记在庆祝中国共产党成立 95 周年大会上强调："在 5000 多年文明发展中孕育的中华优秀传统文化，在党和人民伟大斗争中孕育的革命文化和社会主义先进文化，积淀着中华民族最深层的精神追求，代表着中华民族独特的精神标识。我们要弘扬社会主义核心价值观，弘扬以爱国主义为核心的民族精神和以改革创新为核心的时代精神，不断增强全党全国各族人民的精神力量。"我们相信，中国的乡风文明建设在吸纳世界文明成果的同时，也必将对世界文明提供中国智慧，做出中国贡献。

第三节　新农村乡风文明建设的实践与成效

中国是一个农业大国，农村人口基数庞大。根据 2014 年第六次全国人口普查数据，农村居民为 6.74 亿人，居住在乡村的人口占总人口的 50.32%。农民是农村建设的主体力量，农民的精神状态、思想文化素质、生产生活状况直接影响到农村和农业的发展，影响到全

---

① 原晨、蔡嘉敏、贾超：《中国传统文化走向世界——以户县东韩村农民画为例》，《现代交际》2017 年第 16 期。

面建成小康社会。

一 新农村乡风文明建设的历程

"新农村"，或"新村"，不是一个新名词。新村，使我们想起共产主义运动的来源之一——空想社会主义者的新村试验活动。比如，在马克思之前的莫尔、欧文、傅立叶等，出于消灭阶级、消灭工农城乡和脑力体力劳动的差别，曾先后发起了以农村为基地的城乡一体、工农结合的新村运动。因为以农村为核心，故称新村运动。虽然说是新村运动，其实是人类理想社会建立的尝试。由于过于超前而失败，但为我们刻画了美好的前景。

新农村，也是新中国成立后使用很广的一个名词，我们把新社会的农村称为社会主义新农村，这一名词一直沿用了50多年。尤其在"四清运动"和"文化大革命"时期，这个词的使用频率极高。它其实一直有两层含义：一是我们的现实。我们把新中国成立后的农村区别于以前的农村，自豪地称我们的农村已经是社会主义新农村了。二是我们的理想。我们的农村总是不够新的，所以，在不同的时期我们都会提出同样的目标，建设一个新农村。但什么是新农村、新在哪里，又总是年年变换、年年出新的。

其实，回顾一下世界各国的农村发展史就会看到，各国都曾出现过建设新农村的运动，尤其在欧洲。早在20世纪50年代初期，由于战后工业复兴和高速发展，欧洲各国农村和城市的差距日益扩大，引起了社会的不安，于是各国政府先后制定了新的农业法，着手解决城乡矛盾。最早的是瑞士的《农业法》（1951），接着有德国的《农业法》（1955）、荷兰的《促进农渔业产品产销及适当价格的形成和维护农渔业产品消费者利益的新法案》（1957）、法国的《关于农业发展方向的法律》（1960）。这些法律的一个核心，就是正视各国经济发展中的工农和城乡的差别，根据公平、正义的原则和人权、人道的精神，以法律的形式规定今后农村发展、建设的准则和目标，这个准则和目标日后也就成了一切新农村建设运动的原理，也就是一切新农村的本质含义。那么，它是什么呢？它就是使农业经营者和农业工资劳动者获得与其他职业的就业者同等的经济收入。

日本造村运动始于 20 世纪 70 年代末，其主要做法包括培育各具优势的产业基地、增加产品的附加值、促进产品的生产流通、开展多元化的农民教育、创设合理的融资制度、促进农村文化建设等。经过 20 多年的发展，造村运动取得了巨大的成效，其主要表现在：基本消灭了城乡差别，增加了农民收入，刺激了农村多元化的消费，运动的内容由农业扩展到整个生活层面，运动的地域也由农村延伸到城市。

20 世纪 60 年代，韩国在推进工业化、城市化和现代化进程中，工农业发展、城乡发展和地区发展出现严重失衡，"三农"问题异常突出。为此，韩国政府大刀阔斧地组织实施了"新村运动"。通过"新村运动"，韩国仅用 30 年的时间就走完了西方国家近百年才完成的工业化道路，从此步入了农业现代化和农村城市化的发展轨道，其经济建设成就被世人誉为"汉江奇迹"。相形之下，我国的工业化、城市化和现代化建设面临的诸多问题与当时韩国所遇到的社会问题别无二致。因此，韩国"新村运动"的发起历程、主要内容以及经验教训等无疑为我国建设社会主义新农村提供了一些有益的启示。

改革开放以来，随着我国国民经济持续快速发展，人民生活水平不断提高。2005 年，总体上达到小康水平，经济社会发展态势良好。但仍存在农民人均纯收入增长远远落后于城市人均可支配收入增长，以及农村文化、科技、教育、卫生、体育等事业远远落后于城市等问题。根据这样的情况，党的十六大明确提出了解决"三农"问题，必须统筹城乡经济社会发展。党的十六届三中全会通过的《中共中央关于完善社会主义市场经济体制若干问题的决定》中首次提出了坚持以人为本，全面、协调、可持续的科学发展观，并将之具体化为"五个统筹"，并将"统筹城乡发展"放在"五个统筹"之首。这标志着协调城乡间的发展得到了党和政府的高度重视。在党的十六届四中全会上，胡锦涛指出："纵观一些工业化国家发展的历程，在工业化初始阶段，农业支持工业、为工业提供积累是带有普遍性的趋向；但在工业化达到相当程度以后，工业反哺农业、城市支持农村，实现工业与农业、城市与农村协调发展，也是带有普遍性的趋向。"①

"两个趋向"的重要论断，是对工业化国家发展经验的精辟概括，也从全局和战略高度提出了新阶段解决我国"三农"问题的指导思想，为我国在新形势下形成工业反哺农业、城市支持农村的机制定下了基调。党的十六届五中全会通过的《中共中央关于制定国民经济和社会发展第十一个五年规划的建议》提出了建设社会主义新农村总要求："生产发展、生活宽裕、乡风文明、村容整洁、管理民主"，第一次提出"乡风文明"这一概念。从社会主义新农村建设的基本内涵来看，"生产发展"是建设新农村的物质条件；"生活宽裕"是建设新农村的具体体现；"乡风文明"的主旨就是要在农村形成文明健康的精神风貌；"村容整洁"是建设新农村的环境要求；"管理民主"是建设新农村的体制保障。它们相互联系、相互制约，共同构成了社会主义新农村建设的有机整体。所以说，社会主义新农村建设体现了经济建设、政治建设、文化建设、社会建设"四位一体"的要求，是一个综合概念。乡风文明是建设社会主义新农村的一个不可或缺的组成部分。

2005 年 12 月 31 日，中共中央、国务院颁布了《关于推进社会主义新农村建设的若干意见》，进一步强调："倡导健康文明新风尚。大力弘扬以爱国主义为核心的民族精神和以改革创新为核心的时代精神，激发农民群众发扬艰苦奋斗、自力更生的传统美德，为建设社会主义新农村提供强大的精神动力和思想保证。加强思想政治工作，深入开展农村形势和政策教育，认真实施公民道德建设工程，积极推动群众性精神文明创建活动，开展和谐家庭、和谐村组、和谐村镇创建活动。引导农民崇尚科学，抵制迷信，移风易俗，破除陋习，树立先进的思想观念和良好的道德风尚，提倡科学健康的生活方式，在农村形成文明向上的社会风貌。"② 这就为社会主义新农村中的乡风文明建

----

① 中共中央文献研究室：《十六大以来重要文献选编》（中），中央文献出版社 2006 年版，第 311 页。

② 中共中央文献研究室：《十六大以来重要文献选编》（下），中央文献出版社 2008 年版，第 150 页。

设确定了指导思想，进一步细化了乡风文明建设的内容，使新农村乡风文明建设更具体、更具有可操作性。

党的十七大提出："要坚持为人民服务、为社会主义服务的方向和百花齐放、百家争鸣的方针，贴近实际、贴近生活、贴近群众，始终把社会效益放在首位，做到经济效益与社会效益相统一。创作更多反映人民主体地位和现实生活、群众喜闻乐见的优秀精神文化产品。深化文化体制改革，完善扶持公益性文化事业、发展文化产业、鼓励文化创新的政策，营造有利于出精品、出人才、出效益的环境。坚持把发展公益性文化事业作为保障人民基本文化权益的主要途径，加大投入力度，加强社区和乡村文化设施建设。"① 这对乡风文明建设开展文化活动提出了具体要求。党的十七届三中全会还指出，"坚持用社会主义先进文化占领农村阵地，满足农民日益增长的精神文化需求，提高农民思想道德素质。扎实开展社会主义核心价值体系建设，坚持用中国特色社会主义理论体系武装农村党员、教育农民群众，引导农民牢固树立爱国主义、集体主义、社会主义思想"②，"广泛开展文明村镇、文明集市、文明户、志愿服务等群众性精神文明创建活动，倡导农民崇尚科学、诚信守法、抵制迷信、移风易俗，遵守公民基本道德规范，养成健康文明生活方式，形成男女平等、尊老爱幼、邻里和睦、勤劳致富、扶贫济困的社会风尚。"③ 这对乡风文明建设提出了更具体的要求，尤其是"扶贫济困"的提出，体现了科学发展观指导下农村经济社会发展"以人为本"的核心，是乡风文明建设中蕴含的对人的精神要求的提升。

党的十八大报告提出，努力建设美丽中国。美丽乡村是美丽中国的重要内容，中国要美，农村必须美。建设美丽乡村，不仅是富裕和洁净，乡风文明、邻里和谐、彬彬有礼，才是宜居乡村。党的十八大

---

① 胡锦涛：《在中国共产党第十七次全国代表大会上的报告》，人民出版社 2007 年版，第 36 页。

② 本书编写组：《党的十七届三中全会精神学习读本》，研究出版社 2008 年版，第 32页。

③ 同上书，第 33 页。

以来，习近平总书记多次强调"美丽乡村"建设的重要思想。从发展实际观察，农业是"四化"同步发展的"短板"，农村是城乡经济体系的薄弱环节，农业农村发展是全面建成小康社会的重点和难点。2016年，虽然我国农民收入从1978年的134元增长到12363元，但城乡居民收入差距仍然较大，收入比仍高达2.72∶1，加快提高农村居民收入，尤其是实现4300多万农村贫困人口真脱贫、脱真贫，仍然是一项艰巨的任务。党的十九大报告提出了实施乡村振兴战略的总要求，是新时期做好"三农"工作的重要遵循。乡村振兴战略的实施，体现了党中央始终把解决好"三农"问题作为全党工作的重中之重，必将为我国农业农村的发展注入强大的动力。

习近平总书记在十九大报告中强调："文化是一个国家、一个民族的灵魂。文化兴国运兴，文化强民族强。没有高度的文化自信，没有文化的繁荣兴盛，就没有中华民族伟大复兴。"[①] 农村是我国传统文明的发源地，乡土文化的根不能断，城乡融合的核心是城市和乡村文化共存共荣，是对乡村价值的充分肯定与认同。实施乡村振兴战略，需要一大批具有乡土情怀和充满文化自信的新村民，建设一个精神焕发的乡村。在这方面，传统村落保护、特色文化传承等是乡村文化建设的生动资源和潜力空间，要不断地去挖掘与丰富、传承与创新，让乡村文化"活"起来。实施乡村振兴战略，给村民带来的应不仅仅是资金、信息和先进的发展理念，生产能力和生活消费水平的提升，更重要的是对乡村文化的自信和精神面貌的改变。经济发展不再是"独角戏"，农业也不再是简单的"种"和"养"，而被赋予了生态、休闲、文化传承等更多功能和期待。在乡村这个大舞台上，开展播种收割、拓展训练、稻田酒店、主题民宿、乡间民谣、民俗传承等活动，可为"众创"活动提供广阔的创作创新空间，形成以地域文化与特色产业为支撑的文化业态。把乡风文明建设作为建设社会主义新农村和乡村振兴战略的一项重要内容，深刻反映了中国共产党在着力推进农村经

① 习近平：《决胜全面建成小康社会 夺取新时代中国特色社会主义伟大胜利——在中国共产党第十九次全国代表大会上的报告》，人民出版社2017年版，第40—41页。

济社会发展过程中对农村文化方面发展的高度重视。

二　新农村乡风文明建设的主要内容

党的十六届五中全会提出的社会主义新农村建设的总体要求和党的十九大提出的乡村振兴战略的总体要求，都从五个方面清晰地勾画了社会主义新农村的美好前景和实现途径。我们党和政府在新农村建设中一如既往地既注重农村经济社会发展，又注重农村政治文明建设、精神文明建设、生态文明建设。乡风文明建设的内容包括文化、风俗、法制、社会治安等诸多方面。乡风文明其本质是农村精神文明建设的问题；其核心是推动和引导广大农民树立适应建设社会主义新农村的思想理念和文明意识，养成科学文明的生活方式，提高农民的整体素质，培养造就有文化、懂技术、会经营的新型农民；其目标是在农村营造生气勃勃、富于创造、勇于进取的思想文化环境，营造科学健康、文明向上的社会风貌，为农村社会的发展提供思想保证、精神动力、智力支持和文化支撑。① 乡风文明是美丽乡村建设的重要内容，能否建设好社会主义新农村，能否全面建成小康社会，乡风文明建设具有举足轻重的作用。

乡风文明的总体要求，就是要大力发展教育、文化、卫生和体育等各项社会事业，不断提高农民群众的思想、文化、道德水平，重建农村精神家园，丰富农村文化生活，形成崇尚文明、崇尚科学、健康向上的社会风气。

努力提高农民的素质，培养"四有"新型农民是乡风文明建设的根本任务。党的十五届三中全会《中共中央关于农业和农村工作若干重大问题的决定》指出："农村精神文明建设的根本任务，是全面提高农民的思想道德素质和科学文化素质，为农村经济社会发展提供强大的精神动力、智力支持和思想保证。"乡风文明建设主要包括农村思想道德建设和农村科学教育文化建设。它具体表现为农民在思想观念、道德规范、知识水平、素质修养、行为方式以及人与人、人与社

---

① 《中共中央国务院关于推进社会主义新农村建设的若干意见》，《光明日报》2005 年 12 月 31 日第 1 版。

会、人与自然的关系等方面继承和发扬民族文化的优良传统，摒弃传统文化中的消极落后因素，适应当今经济社会发展并不断有所创新，形成积极、健康、向上的文化内涵、社会风气和精神面貌。只有农民的整体素质提高了，才能自觉地参与社会主义新农村建设，坚定地执行党的路线、方针、政策，巩固党的执政基础。要抓好党的基本路线、方针、政策教育和爱国主义、集体主义和社会主义教育，转变农民思想观念，增强自立意识、竞争意识、效率意识和民主法治意识，为社会多做贡献。要对群众进行以"富强、民主、和谐、自由、平等、公正、法治、爱国、敬业、诚信、友善"为内容的社会主义核心价值观教育，进行社会公德、职业道德和家庭美德教育，培养农民遵纪守法、文明礼貌、热心公益、助人为乐的社会公德意识，逐步形成和谐融洽的人际关系、良好有序的社会秩序和健康文明的社会风气。

乡风文明建设具有综合性与发展性特点。乡风文明的综合性特点，首先，表现为内容上的综合，既有物质文明，也有精神文明，涉及诸如生产方式、生活习惯、民间信仰、制度乃至涵盖婚丧嫁娶在内的生活方式等方面。其次，乡风文明建设表现在途径和方法上的综合，这些方法与途径包括宣传、教育、示范、规范建设、政策引导以及乡村建筑格局、公共空间、公共服务、组织制度、乡规民约等都是影响乡风文明建设的重要因素。乡风文明建设在于营造一个乡风文明存在传承和不断发扬光大的空间。在这个空间环境下，农业生产经验与技术交流、熟人社会的交往规则、节日民俗庆典的仪式象征作用、地方性知识的无可替代、民间传统手工艺的技艺和经验、现代生活理念和科学技术的应用等，都在村落这个空间下得以生存和发展，并使乡村社会的价值观念系统得以维系。① 乡风文明还必须尊重其发展性特点，社会发展了，环境变化了，乡风文明建设要不断满足人民日益增长的对美好生活的需要，乡风文明的内容与形式也必然会与时俱进。因此，乡风文明是一个由诸多要素构成的完整有机体系，乡风文明建设是一项复杂系统工程，决定了乡风文明建设的长期性、复杂性

---

① 朱启臻：《乡风文明是乡村振兴的灵魂所在》，《农村工作通讯》2017 年第 24 期。

和艰巨性。只有把乡风文明建设融入乡村建设的各个方面，乡村振兴才能获得事半功倍的效果。

2017年6月24—25日，中宣部、中央文明办在山东省淄博市召开全国农村精神文明建设工作经验交流会。会议要求，在新的形势下，加强农村精神文明建设，要牢牢把握培育和践行社会主义核心价值观这个根本任务，以美丽乡村建设为主题，深化文明村镇创建活动，培养新型农民、建设文明乡风，以精神文明建设的新成就扮靓美丽乡村。这为进一步加强农村精神文明建设指明了正确方向，提供了现实路径。

值得注意的是，在乡风文明建设中，要充分认识乡村的价值。乡村具有城市不可替代的价值，这些价值表现在生产、生态、生活、社会、文化与教育等各个方面。乡村生产包括农业生产、庭院经济、乡村手工业和乡村休闲、旅游业等，是实现产业融合最有效的平台。乡村具有十分典型的尊重自然、顺应自然和巧妙利用自然的特征。城市生态环境问题的愈演愈烈更凸显出乡村生态价值的重要性。田园风光、诗意山水、与自然生命和谐相处的乡村生活，越来越成为一种稀缺资源。有机生活的兴起、低碳生活、慢生活理念的传播以及人们对健康新理念的追求，都要求人们重新认识乡村生活特点，在城乡互动中，帮助人们打造积极、文明、和谐、健康的生活方式。

乡风文明建设要充分认识乡村作为文化载体的重要性。乡村作为文化载体体现在乡村形态、民居格局、标志建筑、风俗习惯、制度安排、民间信仰等诸多方面，而且形成了乡村文化的有机整体和乡风文明体系，乡村文化不仅表现在山水风情自成一体，特色院落、村落、农田相得益彰，形成的独特村落田园综合体，更主要地表现在乡村所具有的信仰、道德、习俗，村落所形成的品质和性格。乡风文明建设要在尊重原有乡村文化体系的基础上吸纳现代文化，而不是离开原有文化基础另搞一套，更不能以破坏乡村文化载体为代价。

三 新农村乡风文明建设的成效

农业强不强、农村美不美、农民富不富，决定着亿万农民的获得感和幸福感，决定着我国全面小康社会的成色和社会主义现代化的质量。如期实现第一个百年奋斗目标并向第二个百年奋斗目标迈进，最艰巨最繁重的任务在农村，最广泛最深厚的基础在农村，最大的潜力和后劲也在农村。

乡风文明是建设社会主义新农村的灵魂，内容包括文化、风俗、法制、社会治安等诸多方面。能否建设好社会主义新农村，乡风文明建设具有举足轻重的作用。自2005年拉开新农村建设的序幕以来，在乡风文明建设方面做了大量工作，取得了很大的成效，农村的面貌发生了可喜的变化。

一是农村公共文化设施的建设得到加强。在新农村建设中，各级政府投资逐年递增，农村地区基础设施日趋完善。国家统计局公布的数据显示，2013—2015年，全国农、林、牧、渔业新建固定资产投资额（不含农户）增长了76.3%。交通运输部公布的数据显示，党的十八大以来，全国新改建农村公路98.2万千米；2013—2016年，新增406个乡镇和5.96万个建制村通硬化路，全国乡镇、建制村通硬化路率分别达到99.0%和96.7%。在国家政策的大力支持下，各地区对于农村公共文化建设的资金投入不断增加。部分农村在进行创新型农村公共文化发展过程中不仅有政府的财政支持，还通过招商引资拓展了资金的渠道，发展了特色产业，完善了农村公共文化设施建设。目前看来，大多数的新农村建设都集中在乡镇文化站、农村图书馆、农村文化活动室等地方，并且取得了良好的效果。

二是开展多种形式的文明创建活动，涌现出一批具有示范作用的文明新村、文明农户、文明家庭。四川宜宾筠连县农村精神文明建设成效显著，被中宣部、中央文明办肯定为"筠连模式"并予推广。党的十八大以来，筠连县以培育和践行社会主义核心价值观为根本，以幸福美丽新村建设为主题，紧紧围绕"决战脱贫攻坚，决胜全面小康"战略目标，立足农村精神文明建设"735"工程（7个阵地、3支队伍和5项活动）。出台了《筠连县文明创建活动管理办法》《筠连县公民道德建设管理办法》《关于开展"道德讲堂"活动的意见》《筠连县乡村（城市）学校少年宫考核细则（试行）》，把文化阵地建设作为"美丽乡村"和精神文明建设的硬任务考核，进一步加大投入，加快建设，补齐"短板"；深入开展文明城市、文明乡镇、文明村、文明单位、文明社区、文明家庭、文明校园及"生态美、村容美、庭院美、乡风美、生活美"创建活动；在培育和践行社会主义核心价值观过程中，组建新乡贤队伍243支，发挥文乡贤、德乡贤的示范和引领作用。坚持统筹城乡、以城带乡，着力"养成好习惯、形成好风气"，扎实推进城乡文明一体化建设，不断提高城乡居民文明素质，形成了良好的社会风尚。

三是农村地区公共文化内容不断丰富，群众精神文化生活更加充实。农村的公共文化包含着民俗风情、传统工艺制作、特色小吃及农产品等多方面的内容，是我国文化资源不可或缺的一部分，体现着中华民族特有的传统文化。农村公共文化发展促进农民解放思想，他们将本地特色的文化与旅游业相结合，形成了具有地方特色的旅游文化产业。伴着自驾游的兴起，农村旅游文化成为热点。乡村旅游产业拥有优美的自然风光和地方特色文化吸引了大批游客，乡村旅游文化的不断发展推动了农村经济发展，不仅增加了农民的收入，并且促进了城市文化与乡村文化之间的交流，打破了城乡之间的壁垒，缩小了城乡文化差异，促进了文化融合。

此外，乡村优秀传统文化进一步得到保护和传承，特色文化资源被深入挖掘，活跃了农村文化生活，农村地区群众精神文化生活更加充实。2012年以来，全国有272个地级市、43个民族的4153个有重要保护价值的村落被列入中国传统村落名录，大批国家级非物质文化遗产得到保护和传承。此外，乡镇文化站群众业余文艺团体数量迅速增加。①

四是农村生态环境治理成效显著。文明不文明，首先看环境。生态环境治理是美丽乡村建设的重中之重。近年来，开展以治"五乱"、刹"三风"为主要内容的文明创建活动效果显著，柴草乱放、粪土乱堆、垃圾乱倒、污水乱泼、畜禽乱跑"五乱"现象问题得到有效改观。以村庄绿化、村容整洁为主要特征的农村人居环境改善工作快速

---

① 陈秋红：《多方联动深入推进美丽乡村建设》，《人民日报》2017年10月20日。

推进。2016 年，全国农村生活垃圾处理率达到 60%，预计 2020 年可以达到 90%。以广西壮族自治区为例，截至 2016 年，全区"美丽广西·清洁乡村"项目已经实现全覆盖，农村生活垃圾收集处理率达 93.2%，主要河流水质达标率为 94.4%，农业清洁生产技术推广程度达到 50% 以上。

长期以来，农村精神文明建设坚持以培育和践行社会主义核心价值观为根本，以文明村镇创建为载体，以"乡风民风美起来、人居环境美起来、文化生活美起来"为目标，不断推动农村从"一处美"向"一片美"、从"环境美"向"生活美"、从"外在美"向"内涵美"迸发，营造了一个生气勃勃、富于创造、勇于进取的思想文化环境和科学健康、文明向上的社会风貌，为农村经济社会发展提供了强有力的思想保证、精神动力、智力支持和文化支撑。

第三章 内在机理：新农村乡风文明建设的系统性研究

乡风文明建设是一项伟大而艰巨的系统工程。系统科学理论与方法为破解我国新农村乡风文明建设困境提供了有力的理论工具。从外部环境来看，我国社会主义新农村建设取得的巨大成就为新农村乡风文明建设奠定良好基础，我国传统文化大发展为新农村乡风文明建设提供良好机遇。从推进新农村乡风文明建设内在发展机制来看，通过民俗文化活动可以为推进新农村乡风文明建设提供很好的契机：有助于提高乡风文明建设力度，有助于增强乡风文明建设实效，有助于培育农民社会主义核心价值观，有助于为乡风文明建设提供物质保障。

第一节　新农村乡风文明建设面临的困境

改革开放以来，我国新农村建设取得长足进步，相当一部分农村乡风文明建设也取得明显成绩。在总体发展的同时，一些农村地区乡风文明建设还面临着困境，比如，农村社会不良风气日益滋长、农村文化活动比较贫乏、道德规范作用不断弱化、公共文化设施建设投入不足等。

一　农村社会不良风气日益滋长

近年来，不少农村地区社会不良风气呈现滋长趋势，浪费攀比之风日益盛行，黄赌毒事件时有发生，甚至封建迷信之风有所抬头。

（一）浪费攀比之风较为突出

随着农村经济的快速发展，农民的收入增加了，生活水平也提高了。但是，一些富裕起来的农民希望通过消费来构建自己的身份和地位，相互之间的攀比不断升级，农村铺张浪费现象愈加严重。在过去，人们一般在婚丧嫁娶等人生重大场合中进行人情消费，名目少且比较单一。现在，不少农民把礼尚往来的频次和礼金的多少作为衡量人际关系的标准。农村办事名目五花八门、花样百出，升学参军，甚者从孩子满月、到周岁、再到 12 周岁等，都要大宴宾朋。份子钱也越来越多，由几年前的几十元一路攀升，上涨到几百上千元不等。部分农民为了收回送出去的礼金，也要想方设法摆酒席。你来我往，今天吃东家，明天吃西家，酒席花费和浪费现象十分严重。

尤其是部分农村的婚嫁娶十分讲究大排场，少则上万元，多则十几万元。"因婚负债""因婚返贫"现象普遍。根据李敏等学者的调研数据，农民的结婚花费持续增长，20 世纪 50 年代以前，结婚花费平均为 152.85 元；进入 90 年代，农民的结婚花费飞速增至 13946.46 元。到 21 世纪，农民彩礼花费增速愈加迅速，前 10 年的均值为 50765.54 元，2010 年以来更是突破 10 万元大关。从表 3-1 可以看出，农民的结婚花费均值呈现倍数增长的态势，尤其是 20 世纪末 21 世纪初，增长率更是达到了 280.32% 和 264%。

表 3-1　　　　　　　　　不同年代农民的结婚花费

年代	结婚花费均值（元）	增长率（%）
20 世纪 40 年代及以前	152.85	—
20 世纪 50 年代	355.58	132.63
20 世纪 60 年代	506.68	42.49
20 世纪 70 年代	1391.72	174.67
20 世纪 80 年代	3667.01	163.49
20 世纪 90 年代	13946.46	280.32
2000 年	50765.54	264
2010 年以来	114013.38	124.59

注：本表摘自李敏《当前农村不良社会风气的态势、成因及对策》，《西北农林科技大学学报》（社会科学版）2018 年第 3 期。

（二）黄赌毒事件时有发生

许多农村地区农民的空闲时间越来越多，用来开展有益文化活动的时间却很少，加上一些不良思想的侵入，农村的一些人沾染了黄赌毒的恶习。一些农村地区最近几年甚至出现了赌球、地下黑彩等问题，有的农民一夜之间将家当输个精光。在一些城乡接合部的网吧、歌厅、影像厅等出现上演黄色、低俗内容的现象，一些经济活跃、市场开放的农村，办理红白喜事邀请的歌舞团为了博取大家的眼球，也会出现一些低俗、黄色的表演。有的外出务工农民将吸毒、贩毒等恶习带回农村，使毒品向农村渗透。这些行为不仅影响了农村家庭的和谐，更影响了农村基层社会稳定，影响了农村乡风文明建设。

（三）封建迷信之风有所抬头

改革开放以后，封建迷信活动在部分农村"死灰复燃"。一些农村地区兴建寺庙、塑造神像之风兴盛，修建豪华墓葬也不在少数。逢年过节或特殊日子，许多农民会进庙烧香，祭拜土地、财神爷。有的家庭盖房、结婚、生子、丧葬等都要看黄道吉日。有的农民通过拜土地爷、拜祖先等行为求医治病，请神驱鬼。"慎终追远，民德归厚"，葬礼的意义在于表达对已逝者的追悼和对生命的尊重。但许多农村葬礼十分讲究排场，焚祭用的纸马纸牛、纸制童男童女，甚至纸家电、纸轿车、纸高楼大厦一应俱全，最后付之一炬。这种祭奠活动实际上失去了祭奠死者和尊重生命的本意。

二　农村文化活动比较贫乏

农村文化活动是农村的生活和交往方式。积极健康的农村文化活动可以丰富农民精神文化生活，有利于丰富农民生活，有利于建设乡风文明。① 许多农村地区开展了一些文化活动，但面临着低层次、同质化的困境：一方面，文化活动内容和形式同质化现象突出，缺乏特色。比如，很多农村都有广场舞队伍，但复制现象突出、舞步单一，层次高、质量水平高的文化活动比较少。另一方面，推动农村文化活

---

① 白元生：《山西省农村文化活动的现状和对策研究》，《山西农业大学学报》（社会科学版）2012 年第 3 期。

动创新发展的力量匮乏。农村群众性文艺团体是丰富农村文化生活的主力军，是推动农村文化活动创新发展的重要力量。但是，乡镇群众性文艺团队发展呈现不平衡、层次低、质量低的特点。广场舞团体数量众多，但书法爱好者协会、绘画协会、戏剧票友会等团体屈指可数。

基于各种原因，许多农民对农村文化活动参与程度不高。第一，大多数农民局限于参与免费公益活动，若涉及部分文化活动需要个人出经费购买相关服务时，就会出现消极敷衍、不愿参与的现象。第二，部分农民的集体意识淡薄，不愿遵从主流爱好，坚持特立独行，不愿调整自己个性的文化需求。① 第三，许多农民喜欢简单、直接、具有娱乐性的文化活动。② 农民参与的文化活动比较普遍的是广场舞、看电影、扭秧歌、舞龙舞狮等传统活动。甚至很多农民更愿意以看电视、打麻将和打扑克等娱乐形式消磨时光，不愿意阅读报纸或者有文化涵养的书籍来提升自身素质。他们也明白这些活动都没什么意义，并不能从这些活动中提升自己的文化水平和劳动技能，尤其是打麻将之类的活动往往还会加入赌博的元素。但正是由于农村缺少有价值的文化娱乐方式，村民才参与这些活动来填补自己的休闲生活。

三 道德规范作用不断弱化

道德是一种行为规范，它是人们行为的内在约束，对维护社会的稳定和秩序有十分重要的影响。提升农民的道德素质是新农村乡风文明建设的重要内容。随着改革开放的不断深入，农民对外来思想接触得越来越多，一些优良的道德传统被部分农民抛弃，农村道德规范作用出现弱化趋势。

（一）商品意识冲击传统美德

在农村社会从传统农耕社会向到市场经济社会转型过程中，功利主义、个人至上逐渐侵入到广大农村社会。部分农民不能在市场经济

---

① 崔震彪：《现阶段我国农村群众文化活动的困境与出路研究》，硕士学位论文，山东大学，第40—41页。

② 肖聪聪：《浙东农村乡风文明建设的困境及其引导》，浙江海洋大学，硕士学位论文，2017年，第13—14页。

的浪潮中明确自身正确的价值追求，将物质财富追求置于个人的第一追求，将金钱作为自己的人生价值取向。部分农民为了经济利益而不顾道义，为了一点点蝇头小利，就将个人尊重、责任置之不顾，利用工作之便小偷小摸，将公共财产占为己有。部分农民缺乏环境保护意识，随意丢弃废弃物，恶意破坏生态环境。可见，市场商品意识中带有的消极成分正冲击着农村传统的公序良俗、优良品德。在金钱利益的驱使下，市场经济等价交换、利益至上的原则正在对农村人际交往带来冲击，这使农村人际关系日益功利化。农村社会原有的善良淳朴被逐渐遗弃，原本淳朴忠厚的农民也变得更加善于"算计"和注重现实利益。

（二）传统美德的作用逐渐减弱

中华传统美德培养了历代农民善良、忠厚等优秀品格，"孝""敬"等美德像血液一样流淌在广大农民的血脉中。当前，在许多农村，这些传统美德正有不断丧失的危险。[①] 在一些农村地区，婆媳关系紧张、虐待老人的现象屡见不鲜。由于外来不良思想的侵入，加上社会舆论环境更开放，一些农民思想发生激变，原有的道德与责任约束逐步松懈，他们视婚姻为儿戏，这导致近年来农村离婚率不断上升。

四　公共文化设施建设投入不足

（一）农村文化事业的投入不足

充足的资金投入是新农村乡风文明建设的保障。近年来，我国各级财政用于农村文化事业的比例不断提高。比如，我国教育投入持续向农村地区倾斜，农村普通小学、初中生均教育经费支出保持较快增长，中央财政教育转移支付由 2016 年的 2817 亿元增加到 2018 年的 3067 亿元，80% 用于中西部农村地区和贫困地区。[②] 但农村文化投入还存在明显不足。一方面，我国农村文化事业财政资金投入机制不健

---

① 高飞：《社会主义新农村建设中的乡风文明问题研究》，硕士学位论文，东北林业大学，2013 年，第 21 页。

② 《底部攻坚：我国城乡义务教育一体化改革取得新进展》，新华网，http：//www.xinhuanet.com/2018 - 08/16/c_1123281922.htm。

全，刚性不足。我国农村文化事业的财政支出占财政总支出的比例还比较小，对农村文化事业投入数量明显不足，农村文化基础设施建设难以达到标准。① 部分地方领导由于认识偏颇，认为农村经济的发展是关键，绝大多数的资金都投放到农村物质文明建设中，而对于农村文化建设的投入具有较大的随意性和应付性。② 部分基层领导有"等、靠、要"的消极思想，对农村文化建设不重视，对于文化建设投入落实不到位。另一方面，我国农村公共文化服务财政投入资金没有得到有效使用，存在资源浪费的情况，我国农村公共文化服务财政投入产出绩效不稳定。甚至经济发达省份的农村公共文化服务财政投入产出绩效普遍低于经济欠发达省份。有的农村地区做到了标准化的建造，但缺乏后续配套设施的资金投入，使农村文化事业难以开展。另外，在投入主体和投入形式方面，在强调各级政府财政投入农村文化事业建设时，往往忽略了企业、个人和其他社会组织的投入，对公共文化资源整合和共建共享方面的工作也重视不足，这使农村文化事业投入问题更为突出。

与此同时，我国农村文化事业投入还存在分布不均匀的问题。区域投入不均衡现象比较突出，发展较好的乡镇村所得到的财政投入量比发展较差的乡镇村要高很多，差距很大。在区域内部，城镇作为整体，镇中心和村落投入分布不均匀。许多地方把主要的文化资金投入到小城镇建设中。这造成城镇设施齐全，文化资源丰富，乡村则处于稀缺状态。在农村既有投入中，基层干部重视有形的硬件建设，忽视文化创新人才的培养、文化产品服务水平、文化产品的创新等软件建设。③

（二）农村公共文化设施缺乏

农村公共文化设施是指为满足农村居民精神文化需求而建设的

---

① 姚林香：《我国农村公共文化服务财政政策绩效的实证分析》，《财政研究》2018 年第 4 期。

② 闫秀丽：《社会主义新农村视域下的乡风文明建设》，硕士学位论文，浙江大学，2017 年，第 37 页。

③ 黄雁：《农村文化建设政府财政投入研究——以宿迁市为例》，硕士学位论文，浙江海洋大学，2017 年，第 26 页。

用以开展农村文化、娱乐、艺术等活动的设施，包括健身场地和设施、图书室、公园等。除硬件设施外，还包括"软设施"，即"农村公共文化事业人才"。农村公共文化设施不仅是农民开展文化活动的重要载体，还是政府履行文化职能、推进农村乡风文明建设的有效方式。①

1. 农村文化设施匮乏

相对城市而言，农村基础文化设施建设较为滞后，公共文化资源相对短缺，尤其是部分地处偏远、经济落后的地区，文化设施尤为缺乏。一些地方虽然建造了农村文化活动室和"农家书屋"，但大都设在村委会办公地，面积较小，图书、报刊来源有限，部分科技、法律书籍内容陈旧，书籍的种类比较单一，特别是贴近农民实际的种植、养殖等方面的书籍较少，对农民的适用性有限，可供选择的阅读书目种类并不多。再加上距离较远，缺少设备维修经费、日常活动经费和内容建设经费，没有专门的管理人员，开放时间不固定，农民对乡村图书室的认知和使用程度较低，从这些文化设施获得的服务相当有限。

2. 农村文化事业人才不足

农村公共文化事业人才缺乏表现在数量和质量两个方面。从数量上看，农村文化建设队伍数量不足。各个乡镇配备的专职文化工作人员，远远达不到所辖区内开展群众文化活动的实际需要。以 2015 年乡镇文化站情况为例，全国共有从业人员 73920 人，平均每站 2 人，其中，专职人员 39588 人，平均每站 1 人。在全国 34121 个乡镇文化站中，14503 个没有专职人员，占乡镇文化站总数的 42.5%。② 以聊城市阳谷县某镇为例，该镇下辖 66 个行政村，人口达 7 万多人，在乡镇综合文化站具体负责策划、组织、开展文化活动的专职人员仅有 1 人，除非有重大文化活动时，镇领导才会抽调其他部门人员配合组

---

① 肖聪聪：《浙东农村乡风文明建设的困境及其引导》，硕士学位论文，浙江海洋大学，2017 年，第 15—17 页。

② 文化部：《中国文化文物统计年鉴》，国家图书馆出版社 2015 版，第 40 页。

成临时工作团队，平时策划、组织、开展活动时都是单枪匹马。① 从质量上看，从事农村文化事业的基层管理人才文化素质和专业素质普遍不高，缺乏相关的培养训练。而且这些专职人员也不是专职专项，还要忙于该镇计生办、统战、卫生等方面的工作。这些问题的存在，直接会影响农村文化事业和乡风文明建设质量和进度。

第二节　新农村乡风文明建设的系统性研究

事物是普遍联系的。现实世界的事物都处于不同层次的相互联系和相互作用中，如果仅孤立考察整体中的某一部分，那就无法从整体上揭示事物的运动变化规律。新农村乡风文明建设是一项系统工程。系统科学理论和方法为研究我国新农村乡风文明建设问题提供了有力的理论工具。这既有利于认识和把握我国新农村乡风文明建设本质与内涵，也有利于保证新农村乡风文明建设的科学性和有效性。

一　系统论概述

关于系统的概念，贝塔朗菲定义为："处于一定的相互关系中并与环境发生关系的各组成部分（要素）的总体（集合）。"② 钱学森认为，系统是"由相互作用和相互依赖的若干组成部分结合的具有特定功能的有机整体"。③ 常绍舜认为，系统是由一定要素组成的具有一定层次和结构并与环境发生关系的整体。④ 魏宏森等提出了系统优化演化律，"演化标志着事物和系统的运动、发展和变化。优化是系统演化的进步方面，是在一定条件下系统的组织、结构和功能的改进，从而实现耗散最小而效率最高、效益最大的过程。"⑤ 可见，学者对系统

---

① 崔震彪：《现阶段我国农村群众文化活动的困境与出路研究》，硕士学位论文，山东大学，2017 年，第 40 页。

② L. V. 贝塔朗菲：《普通系统论的历史和现状》，《国外社会科学》1978 年第 2 期。

③ 钱学森：《论系统工程》，湖南科学技术出版社 1982 年版，第 93 页。

④ 常绍舜：《系统科学方法概论》，中国政法大学出版社 2004 年版，第 179 页。

⑤ 魏宏森、曾国屏：《系统论的基本规律》，《自然辩证法研究》1995 年第 4 期。

本质的理解各有侧重：贝塔朗菲强调要素的集合性，钱学森强调整体功能性，常绍舜强调结构性和外部联系性，魏宏森则强调演化和发展性。综合上述观点，本书将系统内涵归纳为如下几个方面：系统是由多要素组成的、有若干层次结构的有机整体；系统和外部环境发生相互联系，且表现出自身的特性；系统处于不断运动、演化和优化之中。系统论的基本原理可概括为整体性原理、等级层次原理、系统环境互塑共生原理和演化原理。

（一）整体性原理

整体性原理是指系统为诸要素的有机集合而不是各要素的简单机械加总，整体具有部分或部分总和没有的性质。W 代表总系统的整体功能，P_i 代表各子系统的功能，系统整体性原理可用公式表示为：$W \neq \sum P_i$。各子系统按不同方式相互作用，激发出来的系统效应有正效应、负效应和零效应。[①] 如果各子系统结构合理，便可以使系统表现出正效应，出现"$1+1>2$"的整体效果。但其必要条件是子系统必须是完整而相互独立的。

（二）层次结构原理

系统的整体功能是由要素相互作用产生的质的飞跃。从要素质到系统质的根本飞跃是经过一系列部分质变实现的，由此形成一个个层次。任何系统都是一个内在层次多样的复杂整体，这样的结构是整体得以存在的内在条件。所谓层次性是指系统由一定的要素组成，这些要素是由更小层次的要素组成的子系统。另外，系统自身又是更大系统的组成要素。所以，任何系统的研究和设计都要明确该系统所处的层次，并考虑到上下层次之间的关系。

（三）系统环境互塑共生原理

系统已经具备内部有序的层次结构条件，能否保持系统的可持续运行，关键在于系统环境的互塑共生。一方面，环境对系统进行塑造：给系统提供生存发展的支持作用，称为资源，给系统施加约束，称为压力。另一方面，系统对环境进行塑造：给系统积极地输出，称

---

① 苗东升：《系统科学精要》，中国人民大学出版社 1998 年版，第 47 页。

为功能；反之称为污染。总之，环境塑造着环境中的每个系统，环境又是组成它的所有系统共同塑造的。

（四）演化原理

在系统内部经过能量的消耗和资源的重组，系统结构会发生或快或慢的变化，当这种变化超过一定的阈值时，系统的根本性质就要发生相应变化，这就是系统的演化过程。总的来说，系统是朝着增加复杂性方向演化的，复杂性的增加总是意味着层次的增多，层次的增多便意味着前进的和优化的演化。

二　新农村乡风文明建设的系统性

乡风文明建设是一个复杂的系统工程，它涉及经济、政治、文化和道德建设的各个方面，如经济体制、政治环境、法制建设、思想道德、文化娱乐和生活方式等。

（一）系统的外部环境

根据前述理论，新农村乡风文明建设离不开其所处的环境，要建设好乡风文明，就需要外部环境进行物质、能量与信息的交换。乡风文明建设的外部环境是系统内部要素以外，对乡风文明建设有重要影响的其他要素的总称，主要包括政治、经济、文化、社会等要素，更包括特定的乡村文化和民俗文化。

从特定的乡村文化和民俗文化来看，乡风是由自然条件的不同或社会文化的差异而造成的特定乡村社区内人们共同遵守的行为模式或规范，是特定乡村社区内人们的观念、爱好、礼节、风俗、习惯、传统和行为方式的总和，是特定乡村社区（村落）文化的总体表现。乡风文明建设，总是根植于特定的乡土之上而形成与发展的，深深地打上了本乡本土的烙印。如果离开了本乡本土的环境与条件，乡风文明便无从实施与建设，也难以为继与发展。即使在经济全球化过程中的文化交流也并不能消除文化的民族性；相反，保持文化的民族性、乡土性对于农村文化与乡风文明的发展更为重要。[①] 乡风文明建设的实践也充分说明，只有允许适应本地环境的多种风尚、习俗、风习的存

---

① 朱启臻等：《农村社会学》，中国农业出版社 2007 年版，第 56—58 页。

在与发展，才能够最大限度地调动农村最广大人民群众的积极性、主动性与创造性，才能够最合理地挖掘与发挥各个地方的自然资源、地理与人文优势，才能够在承认差异性的基础上，最鲜明地凸显我国新农村乡风文明建设的丰富多彩和发展活力。①

（二）系统的要素

1. 以农民和地方政府为建设主体

乡风文明建设主体主要包括农民和地方政府。农民作为乡风文明建设的主体，其主体力量能否得到充分发挥就需要政府发挥主导力量，激发农民的参与意识与参与积极性。② 乡风文明建设对农民综合素质提出了较高要求。应该对农民加强科学文化知识学习，增强农民对真假、善恶、美丑的辨别能力，在农村普遍开展遵纪守法教育，使农民成为有文化、讲科学、现代化的乡风文明建设所需要的新型农民。

相关设施及配套是乡风文明建设的重要支撑和载体，是乡风文明建设发展的重要标志。政府应发挥主导作用，大力加强农村乡风文明设施建设，大力发展农村公益性文化事业，提高农村基层乡风文明的服务水平。应把农村乡风文明建设纳入经济和社会发展总体布局，纳入财政支出预算，切实加大投入。应完善好广播电视村村通工程、百县千乡宣传文化工程、万村书库工程。应发展县、乡镇、村文化设施和文化活动场所。同时，地方政府还应利用"互联网＋"等手段整合各类资源，在发挥农村现有基础设施作用的基础上，对公共设施及资源进行合理调整，实现资源共享、互联互通，使县、乡、村文化基础设施和文化活动场所有一个较大的发展，基本形成较为完备的农村乡风文明建设服务网络。③

在如何处理好农民主体地位和地方政府主体地位的关系上，"既

---

① 张国民等：《论新农村乡风文明之系统特征》，《系统科学学报》2013 年第 5 期。

② 侯菊英等：《新农村乡风文明建设应正确处理的几个关系》，《河南理工大学学报》（社会科学版）2010 年第 11 期。

③ 朱建堂：《试论乡风文明建设的路径》，《湖北大学学报》（社会科学版）2007 年第 3 期。

不能因为强调农民的主体作用而使政府缺位，也不能因为强调政府的主导作用而使农民缺席"①，两者的作用应该是互相支撑和有机统一的关系。

2. 以社会主义核心价值观为引领

社会主义新农村乡风文明建设的最终落脚点在于实现农民"人"的全面发展。具体表现为：助力农民树立正确的价值观念，用马克思主义、爱国主义、集体主义、改革创新等观念武装农民的头脑，自觉抵制各种错误和腐朽思想的影响与侵蚀；助力农民提高道德水准和培养健康的生活风尚，发扬勤劳善良、家庭和睦、邻里互助的传统美德，勤俭持家，讲文明、讲卫生，自觉学习科学文化知识，养成健康、文明的生活习惯和风尚。

乡风文明实质就是由农民全面发展状况衍生、反映、外显与呈现出来的乡村之风气、风尚、风俗以及村规民约、村容村貌、生活方式等。没有正确的价值观引领，农村乡风文明建设就无从谈起，正确价值观的教育与引导，是整个新农村乡风文明建设的主导与根本，也就成为乡风文明建设的核心。② 用社会主义核心价值体系来引领新农村乡风文明建设，形成与乡风文明相适应的正确价值观念，这既是乡风文明建设的方向性问题，也是乡风文明本质性问题，更是培育新农民的根本性问题。尤其是当前的农村乡风，还残存着封建社会的陈旧观念，必须坚持社会主义核心价值体系的引导，坚决抵制各种腐朽落后文化思潮的冲击与腐蚀。

（三）系统的特征

农民和地方政府主体、社会主义核心价值观建设内容共同构成了农村乡风文明建设系统，各要素之间相互影响、互相制约，同时又相互依存，任何要素的缺损或功能不全，都将影响其他要素功能的发挥，从而制约整个系统的功能形成。农村乡风文明建设系统具有开放

---

① 侯菊英等：《新农村乡风文明建设应正确处理的几个关系》，《河南理工大学学报》（社会科学版）2010 年第 11 期。

② 张国民：《新农村建设之系统工程简论》，《系统科学学报》2009 年第 2 期。

性和层次结构性。

1. 开放性

众所周知，任何系统本质上都是开放性系统。开放性是系统得以生存与发展的重要条件和机制。农村乡风文明不是一成不变的条条框框与僵硬的模板，而是一个开放性的系统，是一个不断发展进步、积淀提高的建设过程，不同发展阶段有不同的内容要求。也就是说，乡风文明的内容总是因注入新鲜的时代气息而常新的。乡风文明建设不是一劳永逸的，而是与时俱进的，在不断提出新目标、新内容、新要求的过程中，不断积淀发展的。

因此，不能把乡风文明的内容要求与建设目标视之为一个封闭的体系，而是要以开放性态度与发展的眼光对待乡风文明建设，认识到它是一个不断丰富、发展、提升、进步的历史过程以及它所具有的长期性、复杂性与艰巨性等基本特性。一方面，不断总结有中国特色社会主义新农村乡风文明建设的实践经验，提炼新的内容，不断地丰富。另一方面，也要不断地总结国外乡风文明建设的相关发展经验，汲取人类优秀文化成果和先进理念，为我所用。在乡风文明建设过程中，既要一个阶段一个阶段地完成既定的目标与任务，又要不断地根据时代的变化与发展，与时俱进地调整与修正建设的规划与步骤，以不断地推进乡风文明向前发展，上新水平，跨新台阶，达新境界。①

2. 层次结构性

农村乡风文明建设涉及农村的政治、经济、文化、教育、习俗以及生存方式与情感心理等，是一项复杂而庞大的系统工程，其内部结构具有多层次性。从乡风文明蕴含的内容层面，可以划分为物质与精神层面；从乡风文明呈现的载体层面，可以划分为个人、家庭与乡邻关系层面；从乡风文明形态层面，可以划分为实体、制度与精神层

---

① 张国民等：《论新农村乡风文明之系统特征》，《系统科学学报》2013 年第 5 期。

面等。①

本书重点从实体、制度与精神层面分析。在实体层面，主要是指乡风文明表现在可以看得见摸得着的客观实物上面。如村容村貌、文体设施、墙报标语等。它们是乡风文明结构的外在表现。在制度层面，主要是指农村规章制度，它含有明文规定的与约定俗成的两个方面。前者如村规民约、婚丧嫁娶的各种标准与制度，后者如风俗习惯等。这是乡风文明结构的中间部分，它规范了乡村民众的行为。在精神层面，主要是指农村居民的价值理念、思想觉悟、道德水平、生活风尚等。这是乡风文明结构的核心部分，它影响与制约着实体与制度层面的乡风文明建设与发展。

以上三个层面反映了乡风文明在现实中所表现出的层次结构和多维向度，以及它们之间相互渗透、融合、影响以及交互作用的关系。在实践中，要从多方面、多角度研究乡风文明建设的层次多样、内涵丰富的体系结构。处理好乡风文明建设的内容结构、主次矛盾、内外要素等问题以及相互之间的关系，有序有效地推进乡风文明建设。②

第三节　新农村乡风文明建设的外部环境

经过多年不懈努力，我国社会主义新农村建设取得巨大成就，农村经济建设稳中向好、农村社会管理更加科学、农村社会事业稳步发展等都为新农村乡风文明建设进一步发展奠定了良好的基础。同时，近年来，我国传统文化大发展更为新农村乡风文明建设提供良好的机遇。

一　我国社会主义新农村建设取得巨大成就

改革开放以来，党中央每年都会发布"一号文件"，着重强调解

① 《中共中央国务院关于推进社会主义新农村建设的若干意见》，《光明日报》2005 年12 月31 日。
② 张国民等：《论新农村乡风文明之系统特征》，《系统科学学报》2013 年第 5 期。

决"三农"问题在社会主义建设中的关键作用。这些制度和政策，准确掌握了各个历史阶段"三农"问题的核心，在很大程度上解决了农业、农村和农民原本存在的很多突出问题，农业的现代化建设水平迅速提升，农民的生活质量明显改善，农村经济发展活力日益充足。

在党和国家的统一领导和各地团结奋斗下，我国社会主义新农村建设得以快速推进并取得令人瞩目的成果：

（一）农村经济建设稳中向好

农村经济运行态势良好，生产力水平有所提高，农村各项事业得到全面发展。2012 年年底，经过六年的社会主义新农村建设，全国粮食种植面积达到 11127 万公顷，粮食产量 58957 万吨，农民人均纯收入为 7917 元。① 2017 年，我国农业农村经济形势积极向好，农业供给侧结构性改革取得积极成效，农民收入增速再度提速，农村产业融合迈上新台阶。全年粮食生产再获丰收，粮食总产量 61791 万吨（12358 亿斤），增产 0.3%。② 受益于宏观经济回暖、劳动力工资上涨等因素影响。2017 年，普通劳动力用工需求普遍增长，带动了农民工工资短期性上涨，第三季度外出务工劳动力月均收入 3459 元，实际增长 5.9%，高出 2016 年第三季度增速 1.9 个百分点。全年农村居民人均工资性收入增长 8.1%，增速高于 2016 年 2 个百分点，扭转了 2014 年以来工资性收入增速逐年下滑的趋势，对农村居民人均可支配收入增长的实际贡献率高达 45.2%。2017 年，我国农民收入增速扭转了 2012 年以来增速接连下降趋势，农村居民人均可支配收入达到 13432 元，比上年增长 7.3%，高出 2016 年增速 1.1 个百分点。2017 年我国农民收入呈现如下特征：一是继续高于城镇居民收入增速，高于同期城镇居民收入增速 0.8 个百分点，城乡收入差距缩小至 2.71∶1。二是高于 GDP 增速，高于同期 GDP 增速 0.4 个百分点。三是贫困地区农村居民收入增速高于全国农村居民，高于全国农村居民

---

① 《2012 年国民经济和社会发展统计公报》，国家统计局官网，http：//www.stats.gov.cn/。

② 《国家统计局关于 2017 年粮食产量的公告》，国家统计局官网，http：//www.stats.gov.cn/。

平均水平 1.8 个百分点。①

（二）农村社会管理更加科学

广大农村地区都加快了民主建设的进程，不断完善村委会直选制度，推动村务公开透明化，建立健全党组织领导下的村民自治机制。

第一，在新农村建设过程中，各地政府认真抓好村委会主任的选举工作，动员村民积极参与选举。村民对村委会主任选举有了很大的热情，能够更主动地参与到村里的事务中来。

第二，各地农村在村务上朝着公开化、透明化的方向发展，许多农村在便于群众观看的地方设立固定的村务公开栏，甚至有的地方还设置了民主听证会等其他村务有效公开形式。

第三，许多地方立足当地实际，积极探索村级"一费一议"制度，每次收费都经过农民集体讨论，为什么收费、收多少、如何开支，农民都清清楚楚。②

第四，一些地方在"村民自治"的基础上，探索出了村民议事会模式。比如，2008 年以来，成都探索出了以"村民议事会"为核心的新的治理模式。该模式是在党组织的领导下，由议事会决策，村委会执行，其他经济社会组织广泛参与的一种农村治理模式。③ 它最大的特点是决策权与执行权分开，政府职能与自治职能相分离。

（三）农村社会事业稳步发展

经过多年的努力，广大农村初步建立了比较完善的社会保障体系，建立并完善了最低生活保障制度、新型农村合作医疗保险制度、新型农村养老保险制度等。在这些制度和措施的实施下，我国农村居民的生活水平有了很大提高，贫困人口也大大减少。

（1）农村最低生活保障制度针对贫困人口提供临时性帮助，能够保证贫困人口可以享受到最低的生活保障。2007 年年底，我国 31 个

---

① 周振：《我国农业农村经济形势及发展展望》，《宏观经济管理》2018 年第 3 期。

② 王德胜：《我国社会主义新农村建设的路径选择与制度安排研究》，博士学位论文，中国农业大学，2016 年，第 51 页。

③ 田昀、王贝：《成都市城乡基层治理模式比较研究》，《农村经济与科技》2018 年第 1 期。

省份均建立了最低生活保障制度。2008—2013 年，我国农村投入的最低生活保障资金已经累计达到 2941 亿元。低保水平增长了 105%，农民实际得到的补助则提高了 187%。

（2）新型农村合作医疗保险制度（新农合），通过个人、集体和政府多方集资，主要以大病统筹为主。2006 年，新农合试点数量达到全国应该试行试点总数的 43.5%；2007 年增加到 62.3%，2008 年新型农村合作医疗在全国全面推行；2010 年新农合基本实现了全覆盖。

（3）新型农村养老保险制度（新农保）采用农民个人出资、政府和集体进行补助，针对农民老年生活提供保障。分为每人都可享受到的完全由国家支付的基础养老金和根据个人养老金缴费和集体扶持缴费的个人养老金账户，与现在城镇的养老保险性质相同，只是金额相对小一些，且按年计费。2016 年上半年，我国农民中参与新农保的人数达到了 6.29 亿。[1]

其他保障制度，如"五保"供养制度、医疗救助、教育救助、救灾保险、失地农民社会保障等。到 2017 年年底，全国用于社会服务事业经费支出达到 3683.7 亿元，比上年增长 14.1%，占国家财政支出的 3%。全年各级财政共支出农村低保资金 718 亿元，比上年增长 7.5%，其中，中央补助资金 431.4 亿元，占总支出的 60.1%。[2]

二 传统文化大发展为乡风文明建设提供了良好的机遇

（一）党和国家领导人高度重视传统文化

我国是一个历史悠久的文明古国。我国传统文化博大精深、源远流长，是中华上下五千年各民族集体智慧和创造力的结晶，对整个人类历史文明做出了巨大贡献。但是，近代以来，我国现代化过程是一个不断批判传统文化、抛弃传统文化的过程。随着西方列强的侵略，在西方文明的冲击和救亡图存的压力下，传统文化成了众矢之的，被认为是阻挠中国社会发展的罪魁祸首。1905 年，科举制度被废止；

---

① 桂晓红：《经济全球化背景下农村社会保障制度完善路径》，《农业经济》2017 年第 5 期。

② 《2017 年国民经济和社会发展统计公报》，统计局官网，http://www.stats.gov.cn/。

1912 年，废止读经；新文化运动是一次对传统文化的激进清算，打倒"孔家庙"的呼声一浪高过一浪。1922 年，国文课被改为国语课，国学经典及其语言载体——文言文被赶出了正规学校的阵营。[①]

中国共产党从成立之日起，既是中华优秀传统文化的忠实传承者和弘扬者，又是中国先进文化的积极倡导者和发展者。我们党历来高度重视运用文化引领前进方向、凝聚奋斗力量，团结带领全国各族人民不断以思想文化新觉醒、理论创造新成果、文化建设新成就推动党和人民事业向前发展，文化工作在革命、建设、改革各个历史时期都发挥了不可替代的重大作用。

1938 年 10 月，毛泽东同志在党的六届六中全会上所作政治报告中指出："我们是马克思主义的历史主义者，我们不应当割断历史。从孔夫子到孙中山，我们应当给以总结，承继这一份珍贵的遗产。"[②] 1940 年 1 月，毛泽东在陕甘宁边区文化协会第一次代表大会上指出："中国的长期封建社会中，创造了灿烂的古代文化。清理古代文化的发展过程，剔除其封建性的糟粕，吸收其民主性的精华，是发展民族新文化提高民族自信心的必要条件；……我们必须尊重自己的历史，决不能割断历史。"[③]

改革开放以来，邓小平高度重视传统文化的传承和教育的基础作用。他指出："我们要用历史教育青年，教育人民。"[④] 他强调以"古为今用"的方针继承优秀文化遗产，目的是建设中国特色的社会主义事业，帮助我们解决改革中的种种问题，而不是颂古非今，也不能把它当作国宝古玩，置之高阁。[⑤] 江泽民在庆祝建党七十周年的纪念大会上，明确提出，"有中国特色的社会主义文化必须继承发扬民族优秀传统文化而又充分体现社会主义时代精神"，并指出："中华民族是

---

① 程红艳、周金山：《传统文化复兴与教育中国化的探索》，《教育科学研究》2018 年第 3 期。
② 毛泽东：《毛泽东选集》第二卷，人民出版社 1991 年版，第 534 页。
③ 同上书，第 707—708 页。
④ 邓小平：《邓小平文选》第三卷，人民出版社 1993 年版，第 206 页。
⑤ 李卫东：《邓小平论中国传统文化》，《长江大学学报》（社会科学版）2012 年第 4 期。

有悠久历史和优秀文化的伟大民族。我们的文化建设不能割断历史。"
在庆祝建党八十周年的大会上，他指出，"我国几千年历史留下了丰
富的文化遗产，我们应该取其精华、去其糟粕，结合时代精神加以继
承和发扬，做到古为今用"，使之成为有中国特色社会主义文化的有
机组成部分，成为中国先进文化的基本内容。胡锦涛在党的十七大报
告中强调，中华文化是中华民族生生不息、团结奋进的不竭动力。要
全面认识祖国传统文化，取其精华，去其糟粕，使之与当代社会相适
应、与现代文明相协调，保持民族性，体现时代性。

　　党的十八大以来，以习近平同志为核心的党中央高度重视中华优
秀传统文化的传承发展，始终从中华民族最深沉精神追求的深度看待
优秀传统文化，从国家战略资源的高度继承优秀传统文化，从推动中
华民族现代化进程的角度创新发展优秀传统文化，使之成为实现"两
个一百年"奋斗目标和中华民族伟大复兴中国梦的根本性力量。2014
年 5 月 4 日，在北京大学师生座谈会上，他指出："中华文明绵延数
千年，有其独特的价值体系。中华优秀传统文化已经成为中华民族的
基因，植根在中国人内心，潜移默化影响着中国人的思想方式和行为
方式。"同年 10 月 15 日，在文艺工作座谈会上，他指出："中华优秀
传统文化是中华民族的精神命脉，是涵养社会主义核心价值观的重要
源泉，也是我们在世界文化激荡中站稳脚跟的坚实根基。增强文化自
觉和文化自信，是坚定道路自信、理论自信、制度自信的题中应有之
义。"2016 年 5 月 17 日，在哲学社会科学工作座谈会上，他强调：
"我们说要坚定中国特色社会主义道路自信、理论自信、制度自信，
说到底是要坚定文化自信。文化自信是更基本、更深沉、更持久的力
量。历史和现实都表明，一个抛弃了或者背叛了自己历史文化的民
族，不仅不可能发展起来，而且很可能上演一场历史悲剧。"

　　2017 年 1 月，中共中央办公厅国务院办公厅印发《关于实施中华
优秀传统文化传承发展工程的意见》，对实施中华优秀传统文化传承
发展工程提出总体要求、基本原则，就工程的主要内容、重点任务进
行详细规划，并对组织实施和保障措施给出明确要求。

（二）传统文化发展取得很大成就

进入 21 世纪以来，随着中国经济高速发展和物质文明极大丰富，精神文明的重建显得更为重要。复兴传统文化是增加中国文化竞争力和国家软实力的重要途径，承载着实现中华民族伟大复兴的梦想。

1. 传统文化在人民的日常生活实践中实现从思想自觉到行动自觉的转化

习近平曾提出："道不可坐论，德不能空谈。于实处用力，从知行合一上下功夫，核心价值观才能内化为人们的精神追求，外化为人们的自觉行动。"① 经过广大理论工作者的不懈努力，传统文化结合时代和人民需要在其内涵、理念、表达各层面赋予其新的时代内涵，广大民众大都能做到"知其然"、"知其所以然"，做到理论联系实际，知行合一，学以致用，真正将中国传统文化精神内化于心。

2. 传统文化借助先进科技手段，以新的感官体验和互动方式焕发新的生命力

例如，在上海世博会上，一幅商贾云集、人流穿梭的动态版《清明上河图》融合了当代先进影像技术和我国古代文明瑰宝，让人耳目一新。以深厚的历史文化底蕴为基础，用科技手段呈现各地历史风情，让现代人"亲历"历史。美国好莱坞大片《功夫熊猫》采用大量的中华传统文化素材，实现了文化和商业双重价值。在文化品牌建设中，许多优秀商业企业形成以产品为核心的品牌自信、以口碑为标尺的品牌他信，积极吸纳优秀传统文化元素，创建具有自主知识产权的文化品牌。许多地区设立文化创意产业园区，组建文化产业集团，充分发挥规模效应，实现传统文化产业集群式发展。②

3. "国学"已成为各类学校教育的重要内容

传统文化是涵养文化自信的重要源泉和基石。近年来，传统文化

---

① 《习近平谈治国理政》，外文出版社 2014 年版，第 173 页。
② 人民日报新知新觉：《加强优秀传统文化品牌化建设》，人民网，http：//opinion. people. com. cn/n1/2017/0224/c1003 - 29104173. html。

已成为我国各类教育的重要内容。1998 年，中国青少年发展基金会发起中华文化经典诵读工程，许多中小学开始增加中华文化经典诵读、弘扬传统美德等内容，私塾、学堂、书院等体制外组织也悄然兴起，私立学校、培训机构更以弘扬传统文化的特色来吸引生源。2002 年，党的十六大报告指出，"必须把弘扬和培育民族精神作为文化建设极为重要的任务，纳入国民教育全过程"。2004 年，《中共中央国务院关于进一步加强和改进未成年人思想道德建设的若干意见》提出，要对 3.67 亿 18 岁以下的未成年人"进行中华民族精神教育"，要"从确保党的事业后继有人和社会主义事业兴旺发达的战略高度"来进行此项工作。2014 年，教育部出台《完善中华优秀传统文化教育指导纲要》，不仅提出了加强中华优秀传统文化教育的指导思想、基本原则，更具体地提出了分学段有序推进中华优秀传统文化教育的建议，在小学低年级、小学高年级、初中、高中、大学五个阶段设置不同的教育重点，提出了建立实施传统文化教育的教材、师资、评价等多元支撑保障体系。同时，地方宣传部门与教育行政管理部门携手推进传统文化教育。例如，湖北省武汉市委宣传部与教育局合力编写《国学读本》，免费向市内中小学发放。湖北省委宣传部组织力量编写《朝读经典》，免费向全省中小学发放，并要求各校至少保证学生每天有 20 分钟时间用于诵读经典。传统文化教育在相关政策支持下，在各地如火如荼地开展起来。①

（三）农村民俗文化得到进一步传承和发展

农民业余生活方式、活动多样化，优秀民俗文化得到传承。各地大力培育内容积极健康、形式多姿多彩、风格清新质朴、具有浓厚乡土气息的农村民俗文化，利用节日和集市，开展花会灯会、文艺演出等文体活动，发掘民族民间文化，打造特色文化品牌。有的地方鼓励各种形式的农民值班文化，加强对民间文化能人、文化经纪人的培训，扶持一批民间职业剧团、农村业余剧团，支持他们扎根民间、深

---

① 程红艳、周金山：《传统文化复兴与教育中国化的探索》，《教育科学研究》2018 年第 3 期。

入农村、服务农民，传承民间艺术，传播有益的民俗文化。这些民俗文化活动农民乐于参与、便于参与，这满足了农民群众精神文化需求，对农民群众思想观念、道德情操有着潜移默化的影响。①

第四节　民俗文化推进新农村乡风文明建设的内在机理

实现农村乡风文明建设可持续发展，需要形成农村乡风文明建设的内生机制。长期以来，建设农村乡风文明更多地从外部输入，即文化、科技、卫生"三下乡"活动和主流媒体的宣传。这种办法是必要的，但光靠"三下乡"来推进新农村乡风文明建设是远远不够的，还需要构建其内在发展机制。农村民俗文化为推进新农村乡风文明建设提供很好的契机和平台。

一　通过民俗文化活动，提高乡风文明建设力度

（一）通过民俗文化活动，农民深度参与乡风文明建设

农民对本土民俗文化的认知水平深刻影响农村民俗文化的传承，更会影响乡风文明建设成效。通过组织文艺会演、乡村民俗文化竞赛等，开发"三农"文明题材文艺作品，持续倡导积极向上的乡村文明，逐步提高农民文化程度和精神文明水平，促进乡村地区文化健康发展。在推进农村文化建设中，积极发掘乡土文化人才，建立对农村人才队伍的激励机制，多渠道地拓宽农村民俗文化专项资金，使农村人群成为农村民俗文化建设的主体。通过民办公助与政策扶持，建立农村文化组织，建设一支对农民群众怀有深厚感情、长期扎根农村基层的民俗文化建设队伍，这是农村文化建设和乡风文明可持续发展的重要支撑。

（1）通过发现和培养农民文化骨干，发挥民间艺人、文化能人、

---

① 孙婉竹：《我国农村乡风文明建设研究》，硕士学位论文，东北农业大学，2013年，第14页。

文化经纪人在活跃农村文化生活、传承民俗文化方面的积极作用。通过加强对民俗文化骨干的培训，组织专家学者和专业文化工作者深入农村基层，通过举办短期培训班等方式，帮助农民文化骨干掌握文化知识、增进民俗保护和开发技能。昆明市十分重视民间传统文化人才队伍建设。2005 年，昆明市制订了《昆明市民族民间文化保护工程实施方案》，建立了文化传承人生活补助制度。每年给市级非物质文化遗产传承人发放传承补助经费 2500 元。《昆明市中长期人才发展规划（2011—2020 年)》提出，要大力开发社会重点领域专门人才。"加大体制外人才开发力度，着力培养和引进一批文化产业人才，民族民间文化传承人、民间工艺大师。""策划组织'春城文化产业人才奖'等行业性优秀杰出人才评选活动，不断优化文化创意人才发展氛围和环境。"

（2）发挥乡贤作用，以乡贤文化作为民俗文化传承和发展的有力抓手。乡贤不仅是能带领大家发财致富的能人，更是以身作则、道德高尚、诚心诚意造福乡梓的模范。一方面，乡贤本身可能就是民俗文化的传承人，在当地对于维系政治权威、维护文化秩序、引领乡村风习具有很好的示范作用。另一方面，他们往往热衷于捐资参与民俗文化保护。广东省湛江市吴川市覃巴镇王塘口村，该村外出乡贤的捐资 10 多万元兴建了约 2800 平方米的文化广场，统一整治了残旧队屋、猪栏、牛舍等，促进村庄美观整洁；捐资 40 多万元建设了标志性门楼等。2017 年 11 月，该村获"湛江市生态文明先进村"荣誉称号。2018 年 2 月，外出乡贤又捐资修建 3000 多平方米的"王塘口民俗文化公园"。该公园着重融入"石文化"，重点建设文化长廊，介绍王塘口村历史文化和先进乡贤事迹，让每一位村民或后辈在休闲的同时接受历史文化洗礼。①

（3）通过建立健全农村文化人才的选拔、培养和使用机制，形成有利于民俗文化人才成长的良好环境。通过拓宽农村文化人才渠道，

---

① 《乡贤筹资建"民俗文化公园"》，吴川市人民政府门户网站，http://www. gd-wc. gov. cn/Content - 17066. html。

广泛动员和鼓励熟悉农村生活、有一定文艺专长的青年学生投身于农村民俗文化建设工作。① 这样，在引导广大基层文化工作者挖掘、开发和保护民俗文化的过程中，调动农民及相关组织参与乡风文明建设、弘扬民俗文化建设的热情，为农村群众提供优秀文化产品和乡风文明服务，不断提高服务农民群众的本领。

（二）通过民俗文化活动，地方政府加强乡风文明建设

地方政府通过对民俗文化开发、建设与保护，能同步建立和完善乡风文明建设的体制机制。

（1）推进基层综合性文化服务中心建设，加强公共文化机构辐射作用，扩大公共文化有效供给。成都市在开展农村民俗文化建设过程中，开展"农村地区中心化"试点，推进基层综合性文化服务中心建设，推动村（社区）综合性文化服务中心、村史馆、民俗文化长廊等服务设施提档升级，促进公共文化资源向城乡基层延伸。2017年，乡镇（街道）和村（社区）基层综合性文化服务中新覆盖率达到80%。②

（2）通过引导民俗文化发展，加强乡风文明建设。一方面，引导农村民俗文化建设方向。政府运用政策导向和宣传教育优势，在农村地区做好主流价值导向和舆论引导，吸引广大农民积极参与到保护民俗文化的工作中去，营造全社会关心、重视农村传统文化保护的浓厚氛围。另一方面，保护和开发农村民俗文化。在保留、弘扬本土农村民俗文化特色资源基础上，鼓励农村民俗文化交流，继承农村民俗文化中的良性基质，注入现代内涵；大力抢救即将失传的农村文艺形式，做好农村民俗文化抢救工作；制定民俗文化保护开发规划，实现区域文化与民俗文化相结合、民俗风情与节日相结合，使民俗文化具

---

① 朱建堂：《试论乡风文明建设的路径》，《湖北大学学报》（哲学社会科学版）2007年第 3 期。

② 李刚：《四川成都"七健全"探索城乡融合新路》，《农村工作通讯》2018 年第 4 期。

有强大的生命力，形成文化发展综合体。①

这样，地方政府在对本地区民俗文化资源进行全面调查的基础上，依据各地方文化特点和社会经济条件，有序推动民俗文化的保护和开发工作，并建立科学有效的农村民俗文化保护发展机制。这些保护发展机制的建立和建设手段的完善，有利于协调发展好农村特色民俗文化与农村乡风文明建设的关系，有利于科学地制定具有地方特色和可操作性的乡风文明建设发展规划。

二 通过民俗文化活动，增强乡风文明建设实效

在人类社会由农业文明向工业文明的变迁中，农村文化底蕴和文化传统连绵不绝。农村民俗文化较少受到异质文明的冲击，保留了农耕文化气息和区域文化特色：独具特色的认知传统、思维方式、生活方式、风俗习惯和精神风貌等非物化的历史文化资源；地方独有或具有明显优势和特点的地域物产文化资源。它们形成了地方特色的民俗文化载体，包括饮食、服饰、民居建筑等物质生活民俗，神话、传说、歌谣等民间传统的精神文明民俗。②

开展丰富多彩、各具特色的民俗文化活动，是农村乡风文明建设的有效途径和重要载体。利用一些农村具有浓郁地方特色和民族特色的传统节会，包括民俗文化表演、民间戏曲表演、舞龙灯等，举办各种形式多样、群众喜闻乐见的传统文化活动。同时，在推动开展农民自办民俗文化活动并使之成为农村文化建设的重要形式的基础上，采取专业文化干部"挂点"和文化部门聘请文化专业人员相结合的办法，为下辖村委会、居委会配备文化指导员，把丰富多彩的民俗文化活动与乡风文明建设有机结合起来，使之既具有传统民族地方特色，又富有时代感。比如，在弘扬和发展古蜀农耕民俗文化中，赋予更多现代文化内涵，即"创新创造、优雅时尚、乐观包容、友善公益"的天府文化，能够提振农村精气神、增强农民凝聚力、孕育社会好风

---

① 孙婉竹：《我国农村乡风文明建设研究》，硕士学位论文，东北农业大学，2013 年，第 14 页。

② 周玲：《区域文化教育助推新农村"乡风文明"》，《社会科学家》2007 年第 7 期。

尚。可见，利用独特的民俗文化并使之充分体现现代农民文明特征、可以成为农村乡风文明建设的有效载体和资源，可以有效地塑造社会主义新农村的文明风貌，更有利于培育植根在区域文化土壤和民众心灵的价值观念及人文精神。

农民在参与民俗活动过程中，有利于娱乐自身心灵，沟通人际关系，提高自身的文明素养。在开展文明村镇、民俗文化之星、文明家庭等群众性精神文明创建活动中，有助于遏制大操大办、厚葬薄养、人情攀比等陈规陋习。它不仅可以丰富人们的文化生活，促进民族区域文化的发展，还能引导农民群众移风易俗，重塑尊老爱幼、知书达理等传统道德文化。① 民俗文化的参与过程是文明风尚的养成过程，也是农民个体自觉的规则规制过程。农民参与民俗文化，体验公共精神、公共规则的利他利己精神，法治规则的程序秩序规范、德化民心的忠恕之道，能使村民涵养正气，升华境界，弘扬社会正气②，使农民的科学文化水平、民主法制意识在潜移默化中得到普遍提高，而这些正是农村乡风文明建设的重要内容。

三 通过民俗文化活动，培育农民社会主义核心价值观

中华传统文化是乡土文化的"根"和"魂"，是中华民族共有的精神家园。雅斯贝尔斯认为，处于轴心时代的孔子和老子，在中国奠基了人类精神的重量。汤因比将文明划分成 23 个形态，其中之一便有古中国文明，并在晚年对中国文化高度赞扬。中华传统文化在广袤的农村社区具有深厚的文化土壤，通过民俗文化顽强地传承下来。中华优秀传统文化中的核心思想理念、传统美德和人文精神可以造就民俗文化的理念、智慧和气度，增添村民内心深处的自信和自豪。汲取崇德重礼、正心修身的智慧营养，发挥礼序家规、乡规民约的教化作用，能使农村社会更加和谐、治理更加安定有序、人际交往更有温度。③ 可以说，民俗文化作为一种社会行为规范，这种行为规范具有

---

① 周玲：《区域文化教育助推新农村"乡风文明"》，《社会科学家》2007 年第 7 期。
② 曹英：《关于新时代城乡融合的几点思考》，《国家治理》2018 年第 2 期。
③ 同上。

普遍性、深远性和持久性。

千百年来，在中国传统的乡村治理中，形成了"皇权不下县"的社会治理结构。自古以来，乡村就是依靠传统道德观念、村规民约自治系统进行治理。而农村民俗文化作为反映民众生活的一种文化形式，常常成为世代生于斯长于斯的农民价值观的重要载体，更是乡村治理的重要载体。农村民俗文化由世代农民在日常生活中创造，并在世代传承中成为一种惯制，成为一种集体行为模式，并最终成为一种人们普遍认同的价值尺度来衡量农村居民的社会行为。比如，农村民俗文化深藏着博大的爱国主义情怀，构成了中华民族绵延不断的历史信息链；农村民俗文化蕴含着民族精神、民族性格，具有民族团结的亲和力。比如，中国传统上是一个祖先崇拜的国家，拜祖先的场所就是祠堂，形成了我国特有的宗祠文化。常州祠堂文化研究会副会长吴之光认为，祠堂有三大价值观功能：一是尊祖敬宗，纪念祖先的场所，发扬祖先的爱国主义、艰苦创业的精神；二是寻根问祖，接待来访，联络宗亲的场所，加强民族团结，发扬民族凝聚力的作用；三是道德教育的基地，通过祠堂文化内涵、匾额、楹联、碑记，以及族规家训，形成男女平等、尊老爱幼、扶贫济困、礼让宽容等，发扬文明道德、和谐友好新风尚。现在很多地方保留着祠堂，如腾冲的和顺就很完好地保留了八大家族的祠堂，其中，李家祠堂每年还举行祭祖活动，并且推选族长管理家族日常事务，积极配合村委会管理全村事务。①

为实现乡村振兴战略，党的十九大报告要求："加强农村基层基础工作，健全自治、法治、德治相结合的乡村治理体系。"② 实现农村有效治理，既要靠法律制度来管理约束，也要靠道德礼仪来维持和规范社会秩序。有效利用农村民俗文化，营造社会主义核心价值观氛围、创新乡村治理模式，有利于推进乡风文明建设。事实上，农村民俗文化以本地的传统道德文化为基础，贯穿着国家的政策、法律法

---

①　赵碧原：《如何营造乡风文明》，《中国党政干部论坛》2018 年第 2 期。

②　习近平：《决胜全面建成小康社会　夺取新时代中国特色社会主义伟大胜利——在中国共产党第十九次全国代表大会上的报告》，人民出版社 2017 年版，第 32 页。

规，为本区域内农村独具特色的新的社会规范。在某种程度上说，农村民俗甚至超越了外在的强制约束力，这种约定俗成的习俗很自然地成为当地通行的社会规则，自觉维护农村社会秩序。①

四　通过农村民俗产业化发展，为乡风文明建设提供物质保障

农村乡风文明建设需要资金资源支撑。从长远看，农村乡风文明建设应该借助于一定平台和资源形成乡风文明建设的自我发展的内生机制。在社会主义市场经济条件下，农村民俗文化为这种发展机制提供了平台和可能。通过农村民俗产业化发展，可以为乡风文明建设提供坚实的物质保障。

（一）利用民俗文化资源，开发相关文化产品和文化服务

在传承和发扬优秀农村民俗文化的基础上，将商品经济机制引入民俗文化产业，开发具有区域特色、民族传统的民间艺术和技艺，开发具有民族传统和地域特色的剪纸、绘画、陶瓷、泥塑、雕刻、编织等民间工艺项目，积极培育和完善农村市场，大力扶持健康的民俗文化产品和服务，使民俗文化资源优势变为产业优势，使农村民俗文化与农村经济发展有机结合起来。

甘肃省庆阳市历史文化源远流长，在民间文化发展中孕育了丰富的民俗文化资源。近年来，庆阳市利用这一资源优势，以香包为中心，加快民俗文化的开发和产业发展，不仅能够为当地提供更多的就业岗位，将大量的农村剩余劳动力转移到民俗产业中，提高地方产业发展能力和收入，还可以带动当地相关产业发展，优化经济结构，壮大庆阳市的经济实力。2002 年，庆阳市举办了第一届香包民俗文化节，至今已成功举办 15 届，这一节庆活动的成功举办向外界宣传了庆阳香包文化，庆阳获评"香包刺绣之乡"的称号。后来，庆阳市提出了以"民间民俗文化为切入点，全力打造庆阳文化品牌，走特色产业的发展路子，实现小香包、大产业、大效益"的发展思路。目前，庆阳市发展民俗文化产业公司 203 家，其中独立注册使用商标的公司 14 家，民俗文化产品达 20 多个大类 5000 多个品种，聚集了 3 万多农

---

① 蔡志荣：《民俗文化的当代价值》，《西北民族研究》2012 年第 1 期。

户、15 万多农民，拥有 60 多个生产基地，年生产香包 500 万件以上，远销全国 56 个大中城市及美国、日本、欧盟、东南亚等 20 多个国家和地区。据统计，2015 年，庆阳市文化产业投资 34.25 亿元，招商引资 82.13 亿元，文化产业机构和相关企业达到 295 个，资产总额达 33.49 亿元，从业人员 31979 人，全市文化产业规模扩展趋于稳定。①

（二）利用民俗文化资源，发展农村生态旅游

目前，农村生态古镇游、农家乐等民俗旅游项目蓬勃发展，促进农村餐饮、娱乐等相关产业的发展，形成民俗文化与旅游业的产业链条，解决了当地人们的就业、增收问题，产生了很好的经济效益和社会效益。通过举办民间艺术节，实施特色文化品牌战略等，培育一批民俗文化名镇、名村、名园等，打造一批以市场为主导，具有地方特色、文化影响力和市场竞争力的农村民俗文化企业和文化品牌。② 同时，通过扶持以"公司＋农户""专业＋工户"等多种形式，更能够推进农村民俗文化产业化发展。贵州省有 132 个民族村寨成为特色民俗旅游村寨。广西桂林市历村 1988 年开始发展乡村民俗旅游。到 2015 年，全村从事旅游业的人数达 150 多人，占全村总人口的 1/3，旅游收入占农民收入的 50% 以上。该村的菩萨水岩洗泥澡项目，年纯收入达 200 多万元。③

地处甘青两省之交的大通河北岸的天堂村，俗称为天祝的"小江南"。该村以藏族、土族为主，民俗资源丰富：服饰民俗、饮食民俗、居住民俗、手工业民俗、农牧民俗、岁时节令民俗、人生礼仪民俗等。近年来，天祝县全力"打造全省最具吸引力的民俗宗教生态避暑旅游基地"，制定了《天祝藏族自治县旅游管理办法》等一系列管理制度，县财政每年拿出旅游发展专项资金 200 万元，用以支持旅游业

① 李朝阳：《民俗文化的产业开发及对策研究——以甘肃庆阳香包产业为例》，《北方经济》2017 年第 8 期。

② 朱堂：《试论乡风文明建设的路径》，《湖北大学学报》（社会科学版）2007 年第 3 期。

③ 傅德荣：《中国乡村旅游发展的现状与分析》，民俗乡村旅游网，http://www.bjhhlv.com/msxc/xgzl/09112003.html。

的发展。对天堂特色民俗村先后投入资金 3 亿多元，建成天堂寺民族文化广场、天堂寺大经堂、天龙苑景观广场等重点建设项目。着力打造高原自然风光游、藏传佛教文化游和民俗风情体验游三大特色旅游品牌。天堂村民俗旅游对全村经济发展有极大的促进作用。2015 年，旅游业占区域国内生产总值的 40%，农牧业占区域国内生产总值的 35%。累计建成藏家乐 43 户，2015 年，全村接待游客 25 万人次，实现旅游综合收入 600 多万元。天堂村紧紧依托小城镇发展的契机，大力开展土地集约化流转，积极发展商贸业，目前已建成商贸楼 8425 平方米，商贸服务年收入 80 万元。①

需要注意的是，要推进农村乡风文明建设，地方政府应投入必要的财政资金，并完善各类资金筹措和投入的长效机制。一是确保财政对乡风文明建设支出的增长高于财政总支出的增长，投向文化建设的财政资金的增量向农村倾斜，并不断加大倾斜力度等；二是对农村乡风文明建设的投入采用项目评估、以奖代补等方法，提高投资效益；三是采取减免税的办法，鼓励民间资金投资农村乡风文明建设。

---

① 李亚萍：《特色民俗村旅游开发研究——以天祝藏族自治县天堂村为例》，硕士学位论文，西北民族大学，2015 年，第 11—14、25 页。

第四章 民间信仰与乡村和谐

民间信仰是民俗文化的一种重要表现形式。中国的民间信仰不仅历史悠久，在农村根基深厚，而且近年来日益活跃，在当今社会仍然影响广泛，有着广泛的群众基础，引起了社会各方面的深切关注和诸多思考。正确认识和妥善处理民间信仰问题，做好民间信仰的管理引导工作，充分挖掘其在现代社会中的道德教化以及加强区域认同和社会整合功能等积极因素，对于增加新农村建设中的和谐因素，建设社会主义新农村具有十分重要的意义。

第一节 民间信仰的基本理论

一 民间信仰的概念解读

民间信仰作为一种特殊的社会文化现象，它深深植根于乡村社会，盛行于广大农村地区，农村与农民是我国民间信仰的主要阵地和信众主体。虽然"民间信仰在社会文化系统中不是主导文化，甚至也不是主流宗教，属于'小传统'即地方性的乡土文化"。① 但是，民间信仰以其强大的张力，迂回在中国儒释道等"大传统"之间，并与主流文化盘根错节，与普通民众生活世界紧密相连，据此形成了特有的民众文化心理、道德价值观、生活方式和行为准则，形成了看似庞杂实则有序的中国多元民间信仰系统，已经成为中国文化一个不可分

---

① 金泽：《能否和谐发展：民间信仰面临的挑战与选择》，《福建省社会主义学院学报》2006 年第 1 期。

割的重要组成部分。从这个意义上说，民间信仰是中国民俗文化的根本所在，是中国本土化的文化资源和社会资本。

当下，"民间信仰"是人类学、民俗学、历史学、宗教学、社会学、政治学、民族学等诸多人文社会科学普遍关注的议题。但就概念指称而言，民间信仰是一个相对概念，学术界对"民间信仰"定义的研究比较多，截至目前，学术界至今未能就"民间信仰"这一术语的使用达成一致，没有统一的提法。归纳总结，现行的概念主要有以下几种：①

（一）民间信仰

"民间信仰"一词来自东京帝国大学教授、"日本宗教学之父"姊崎正治1897年12月发表的《中奥的民间信仰》一文，由于作者的宗教学（基督教与佛教）背景，"民间信仰"用来指代未纳入正统宗教的地域性宗教信仰习俗，被看成是"组织宗教"的对应概念。这一概念被日本学者广泛使用。朱海滨在《中国最重要的宗教传统：民间信仰》一文中提出，"民间信仰"这一学术名词可能直接由日本引介入中国，并为许多学者所接受和使用。如金泽和乌丙安在其有关"中国民间信仰"的同名专著中，都进一步确立了"民间信仰"概念的学术地位。根据阿部朋恒的综述研究，"民间信仰"这一概念是从西方狭义"宗教"概念的基础上发展而来的，被视为"正统"宗教之外的剩余部分，处于"非正统"的边缘地位。随着人类学、民俗学与历史学对"民间信仰"的关注，学术界开始对"民间信仰"概念的宗教排除法（没有组织、没有教义、没有经典）定义和二分法定位（"宗教/民俗""正统/非正统""仪式/观念"）进行超越。

（二）俗信

俗信包括民间俗信、民间信俗或民俗信仰。俗信，作为民间信仰的另一指称方式，是由现国家非物质文化遗产保护工作专家委员会副主任乌丙安教授于1985年在其《中国民俗学》中首次提出，并在

---

① 张士闪：《中国民俗文化发展报告（2013）》，北京大学出版社2014年版，第202—204页。

《"俗信"：支配中国民俗生活的基本观念》一文中做了详细的阐释。刘德龙、张廷兴、叶涛等也曾撰文，进一步讨论"俗信"的概念内涵。和民间信仰相比，这一概念更加受到民俗学者的欢迎，并由此进入了"国家非物质文化遗产保护"的官方话语中。在"第二批国家级非物质文化遗产名录"的"民俗"项目中设置"民间信俗"子项目，用于收录民间信仰类非物质文化遗产。

（三）民间宗教（包含"民众宗教""大众宗教"）

使用"民间宗教"这一种概念的多数学者主要是强调民间信仰的宗教性，将民间信仰视为一种"准宗教"。但在具体用法上体现出两种不同的立场。一种是用"民间宗教"取代"民间信仰"，认为它们的内涵和概念范畴基本一致。持这一立场的主要是人类学、社会学与宗教学领域的学者，如王铭铭的《象征与仪式的文化理解》、丁仁杰的《当代汉人民众宗教研究：论述、认同与社会再生产》、柯若朴（Philip Clart）的《中国宗教研究中"民间宗教"的概念：回顾和展望》。另一种是以"民间宗教"来指称"民间结社""秘密宗教"或"民间教派"，主要是历史学领域的学者在使用，如马西沙与韩秉方的《中国民间宗教史》。

（四）民俗宗教

根据陶思炎、铃木岩弓、宫家准与阿部朋恒的研究，"民间宗教"这一概念来自日本学界，首先由掘一郎在《民间信仰史的诸问题》中提出，意在建构"宗教民俗学"。宫家准的《日本的民俗宗教》对这一概念进行了完善和延伸。渡边欣雄的《汉族的民俗宗教：社会人类学的研究》则援引"民俗宗教"来分析中国汉人的宗教实践。该术语既强调民间信仰的宗教性，又明确指出民间信仰的民俗性，周星在《祖先崇拜与民俗宗教——和学界四位朋友对话：心得与点评》一文中也特别强调了这一概念的可适用性。

（五）民生宗教

"民生宗教"这一概念由余欣在《神道人心：唐宋之际敦煌民生宗教社会史研究》一书中提出，主要强调民间信仰的日常面向和宗教实践。作为历史学学者的余欣受"民间信仰"字面意思的影响，将民间信仰定位为一种意识形态的精神崇拜（belief），认为民间信仰不包括宗教实践，故而提出了"民生宗教"这个概念以示区别。刘道超的《筑梦民生：中国民间信仰新思维》尽管使用"民间信仰"的指称术语，但是也明显受到余欣"民生宗教"概念的影响。

除此之外，还有通俗信仰、普化宗教、宗法性传统宗教、民众祠神信仰等提法，概念繁多，在此就不一一阐述了。海外学者在术语使用上同样是五花八门，用于指称或对译中文的"民间信仰"或者"中国民间信仰/宗教"的概念术语有 folk religion、folk belief、popular religion、popular cult、lay religion、diffused religion、lived religion、shenism 以及 local religion。

从以上概念用语的繁杂中不难看出，由于学科差异，不同语境下，不同的概念选择在内涵上各有侧重，表现出各领域的学者对"民间信仰"这一研究对象所持的不同学术立场。民间信仰总体上包括自然崇拜、图腾崇拜和神灵崇拜等，是中国传统文化的重要组成部分。虽然不同的学科研究视角不相同，但是，围绕民间信仰与国家、社会、民族等相关议题和相互关系展开研究，以及讨论民间信仰在这些互动关系中的功能是学术界的一个共性。

值得注意的是，尽管当代社会对民间信仰的认识不再是"一刀切"地视为"封建迷信"，但是，由于学术界对民间信仰的术语和概念选择上尚未达成共识，同时对民间信仰的价值认知也存在很大的分歧，导致民间信仰无法得到更为准确有效的社会定位。虽然国家对民间信仰进一步开放和支持，并且纳入了文化和宗教的管理体系之下，但是，我们不能无限地净化、艺术化民间信仰的内涵，忽视它仍然存在与科学理性有冲突的"迷信"内容。此外，"民间信仰"概念的模糊，也导致民间信仰在分类体系上归属于"宗教"还是"民俗"这一问题存在分歧。由于民间信仰的学术问题未能得到有效的解决，因而也影响了国家政府对民间信仰的价值定位与政策制定。

二　民间信仰的分类

民间信仰具有悠久的历史，它不是一成不变的，不同的时期信仰的内容有所不同，有着自身发展变化的规律，并且还具有一定的延续性。同时，我国各地各民族有不同的地方历史文化传统，各地民间的信仰也有所不同，呈现出多样性和区域性。因此，与中国传统文化一样，民间信仰具有丰富的内涵和外延，是一个庞大的体系。

学术界对中国民众的宗教信仰与实践活动存在不同的定位标准和分类观念。关于民间信仰的分类，有学者倾向于将其分为大自然信仰、动植物信仰、图腾信仰和祖灵信仰；有学者将其分为自然崇拜、灵魂崇拜、鬼神崇拜、祖先崇拜等系统；还有学者依照人类学领域的文化研究范式，将民间信仰划分为物质信仰和精神信仰。综述观之，本书认为，中国民间信仰主要表现为各式各样的"崇拜"举动和心理。大致有自然崇拜、动植物崇拜、图腾崇拜、祖先崇拜、行业神崇拜等。

（一）自然崇拜

自然信仰是人类社会发展史上最早也是迄今为止最为普遍的信仰形式，这种可以由感官直接观察感受到的自然物体和自然现象的崇拜，是最为简单直接的，所以，它产生的时间最早，延续的时间也最长，当然，也和人类的生产生活方式最密切相关，是民间信仰主要的崇拜对象。大自然本身就是一个范围极广的范畴，因此，自然崇拜的内容也是极为丰富的，包括天体天象崇拜、地宗崇拜等。

1. 天体天象崇拜：天、日、月、星、风、雨等

天体是指太空中的物体，通常又称星体，太阳、月亮和星星是人们熟知的天体，但是，被人们每天挂在嘴上的却是"天"，在中国"天"已经被当作一个实实在在的天体加以崇拜。

（1）信仰天神。从远古时期开始便有"女娲补天"的神话故事，在古代也有着"苍穹""可惜天公不作美"的词句，直至今日，随时随地都可以听到"我的天啊""老天保佑"这些俗语。其实，民众口里的"天"代表着对自己非常重要的东西，只是从一开始的实物崇拜演变到向神灵的崇拜，其目的不变，都是期望得到它的庇佑。

人们对天神的信仰，主要表现在对玉皇大帝的崇拜信仰。人们尊称天神为"天公"，即玉皇大帝，俗称"老天爷""上帝""玉皇"。这是天地间至高无上的神。《尚书·盘庚》说："上帝将复我高祖之

德。"《诗经·大雅·荡》云："荡荡上帝，下民之辟。"传说上帝管辖三界（上、中、下）、十方（四方、四维、上、下）、四生（胎生、卵生、湿生、化生）、六道（天、人、魔、地狱、畜生和饿鬼）的一切祸福。汉代人们开始把天神人格化，全国各地修建了许多玉皇阁，供奉玉皇大帝。

（2）信仰日月神。"日月星辰"的信仰也是比较普遍的。崇日习俗古来有之，古代便有许多的祭日大典和建造祭日坛，为国家祈求福泽深厚、国泰民安、风调雨顺。如若出现"日食"等现象便意味着凶兆，有不吉利的事情会发生。远古时代就有日月诞生的神话故事。"后羿射日"的故事中天上的 10 个太阳晒得万物不可生长，引起酷暑干旱的残局，而后羿射掉 9 个太阳，只保留了一个太阳，是因为人类惧怕太阳的力量，也相信太阳能为百姓带来光明与温暖。月亮在人们心里是美好的，源于它有着神秘而朦胧的美感，也因为"嫦娥奔月"的故事是非常动人的，神话故事中难得有一位如嫦娥般貌美的女子给人们带来了对生活美好希望与向往。"花好月圆过佳节"意味着与家人团聚、赏月吃月饼都是美好的事物，把新月和满月看作吉祥时刻无一不是对月亮的崇拜。引起人们对星辰崇拜的主要原因是将自身的命运和其结合在一起，古代行军打仗时要夜观星辰、姻缘配对时要算"金木水火土"五星、对北斗七星崇拜和"织女牛郎星"的羡慕以及在流星划过时许下愿望就能成真的确信。

（3）信仰气象神。除对天体的崇拜之外，人们对天象的敬畏之情更为明显。大自然与人类一样，有着自己的喜怒哀乐，天下雨是因为老天伤心了在哭，而天象的变化直接影响着人们的生产和生活，这是人们崇拜天象的直接原因。在渔民的生活中，风神信仰有着特别重要的位置，不仅关系着出海打鱼的多少，还直接决定了能不能安然返航，因此，渔夫多供奉风神。干旱来临之际，人们便会向天求雨，瑶族人请巫师求雨，村民宰杀牲口祭祀，刺指血滴纸，将血纸焚烧，向上天求救；台湾阿美族人求雨，巫师带领鳏寡之人裸身入河沐浴，以克天的仪式求雨。

2. 地宗崇拜：地、山、石、水、火等

地宗崇拜主要包括以大地为主的山、石、水、火的崇拜，在自然崇拜中，人们不仅崇拜天，也崇拜大地，对大地的崇拜是与天崇拜相对应的。

（1）信仰土地神。有天神就有地神，民间把地神看成地上的最高神。因为土地是万物生长之基，庄稼、果树、蔬菜、木林是在土地上生长起来的，土地的贫瘠与肥沃决定了一年的收成，也就决定了家家户户的生活状况，因而产生了对土地最为虔诚的崇拜。早在周代，人们就称地神为"社神""地母""后土"，并把土地与五谷稷神合称为"社稷神"。《礼记·郊特牲》云："社，所以神地之道也。地载万物，天垂象，取财于地，取法于天，是以尊天而亲地也。"民间以农历二月初二为土地公公诞辰，叫"社日"。民间社日非常热闹。南北朝时期，荆楚地区，左邻右舍聚在一起，各自拿出酒肉，祭社后，或分祭品回家吃，或大家在一起会餐。唐宋时期，社日像盛大的节日，民间纷纷杀鸡宰猪，做社糕、社饼，祭祀后大家欢歌畅饮，有的还表演社戏助兴。

由于土地神是乡土的保护神，所以，各地乡村多有土地庙，至今少数乡村仍然有。据记载，明代全国的土地庙数量最多，仅北京城内有名的就有40多座。乡村的土地庙，有的设在村头，有的设在村中。土地庙里供奉的土地，各地不一样，江南为女神，江北多为男神或男女两神，分别尊称为"土地爷""土地奶奶"。由于土地和蔼可亲，所以，民间对土地敬而不畏。

（2）信仰山神。中国人敬仰高山，东岳泰山、西岳华山、南岳衡山、北岳恒山、中岳嵩山尊为五岳，有着不可冒犯之意。在民间信仰中，中国每一座山都有神灵的存在，称它们为"山君""山鬼""山精""山神""山魈"。古代传说中国最高的神山是昆仑山，那里是百神聚集的地方，由西王母做神主，《山海经》《淮南子》都有这类神话的记载。山神的名称各地不同，祭祀山神的方式也不尽相同。祭祀山神的习俗，至今犹存。傈僳族祭祀山神时，由氏族长老主祭，用酒一碗、树叶一片，泼向四方，口念祝祷词："管岩石的神，管树木的神······我将花花的碗盛着我没有吃过的酒，先给你吃······"以此祈求山神保护庄稼。佤族祭祀山神，分男女性别，云南沧源县班洪地区的佤族，对卡佤山区最大的山公明山十分崇拜，佤语称之为"鹿埃姆"，另一座山叫"鹿埃松有"，前为兄山，后为妹山。在祭祀时，有男女性别的差异，供奉鹿埃姆山神用公牛、公猪、公鸡；而供奉鹿埃松山神时用母牛、母猪、母鸡。尤其突出的是鄂伦春族，他们称山神为"白纳查"（山神爷）。他们对山神特别敬奉，在逢年过节的家宴上，必须先用手指蘸酒，向上弹三次，意为向山神敬酒，然后才可以宴饮。在山中打猎时，遇到悬崖陡壁、怪石深洞或参天大树，都要虔诚走过，不得喧哗，认为那些地方是山神的住处。他们认为，野兽是山神的财产，所以，打猎时第一个猎获物作为山神的供品。他们在打猎的全过程中都要对山神进行祭祀。在四川巴中，一直沿袭着每年农历正月十六登山，一家老小不紧不慢地走上"望王山"，不论快慢，登上峰顶即可，是登高祈福、平安顺利的意思。

（3）信仰石神。对石神的崇拜，已经深入民间的日常生活中，石神成了民众生活的保护神，具体表现为对石敢当的镇物崇拜。新中国成立前，许多农村的屋角巷口都坚立一块片石，上面刻有"石敢当"或"泰山石敢当"的字样。"敢当"是所当无敌的意思，古代把石敢当做压禳不祥的镇物。因为石头最初是中国先民主要的生产工具，用于生火取暖烹事，也用来捕猎，在他们的眼中，石头具有特别的力量，可以解决所需、战胜猛兽。所以，先民们往往选取一些奇形怪异的石头佩戴于胸前祈求平安。当下在四川的许多新农村，村口有刻上村名或"平安"等字样的大石头，就有祈求保护村寨平安的用意。

（4）信仰水神。水神有河神、江神、海神和湖神。这些水神的形象，早在先秦时代的文献中就有描绘。屈原在《九歌》中写到湘江神湘君和湘夫人；《庄子·秋水》篇写到黄河神河伯、海神若。天下的江河湖海，都由各自的神灵主宰着，这些水神喜，则天下无洪水之灾，五谷丰登；怒则洪水肆虐，令百姓家破人亡。所以，人们对水神的信仰，往往是怀着一种敬畏的心理。

水神中地位最高的是龙王。它是由人们对水的崇拜神化而来，是神化传说中在水里统领水族的王，掌管兴云降雨，为人消灭炎热和烦恼，龙王治水成为民间普遍的信仰。每逢干旱雨涝，人们会到龙王庙烧香祈愿，祈求风调雨顺。

东南沿海地区人们普遍信仰救民救难的女海神妈祖。妈祖是由人们对海的崇拜神化而来，出海的人在船舶起航前，要先祭拜妈祖，祈求平安归来，许多渔民在船舶上供奉妈祖神位，是人们心中的"海神"。传说妈祖生前水性极好，不仅经常救助海上遇难的渔民客商，为他们指点迷津、平息风浪，还帮助官军剿灭海寇，为国助战，因此，朝廷也给予褒奖，是中国最具有代表性的民间信仰之一。

对水的崇拜，还可以在一些传统节日和生活习俗中见到。每年6月底，云南傣族隆重举行泼水节，大家用清凉的水互泼，不是相互嫌弃和厌恶，正好相反，是祈求帮助对方洗去过去的不顺，盼望下一年事事如意；在不少地方曾流行正月初一挑新水的习惯，大年初一清晨，将"吉祥水"挑回家，来年事事顺利。

（5）信仰火神。祭祀火神也很普遍，各地都有火神庙，而祭祀的火神神主不完全相同。有的祭祀神话传说中的祝融，因为他能保存火种和变革取火的方法；有的祭祀传说中管理火种的阏伯；最多的是祭祀道教供奉的火府天将王灵官；还有的地方同时供奉几个火神。

灶神是由人们对火的崇拜神化而来的，它是中国民间信仰最普遍的神，几乎各民族都有供奉。灶神原本是主管人间的饮食制作，后来有了监察人间罪恶、掌握一家祸福的职能，是人们供奉在锅灶边能掌管一家祸福的神。传说在每年农历十二月二十三日，灶神上天，报告人间功过，定人祸福，因此，人们会提前一天摆上贡品祭灶。

与水的崇拜一样，对于火的崇拜也有节日来体现，最典型的是彝族的火把节。彝族人在火把节时，在家中焚烧柴火，人们围火手牵手跳跃，可以祛除疾病、减少病痛；在许多地方的婚俗中，在新郎将新娘接到家门口时，要跨过烧着火的盆子，寓意婚姻生活红红火火，这个习俗依旧保持着，在举行中式的婚礼上，也都还有跨火盆这一环节。

（二）动植物崇拜：禽类、树木、谷物等

在远古时代，人类和大自然中的动植物接触较多，因此产生了对动植物的崇拜。在民间信仰中，越是人们赖以生存的事物，就越会受到尊崇。比如，我国古代是农耕的时代，牛是不可缺少的。民间祭祀牛王，就是祈求牛王保佑五谷丰收。过去，农村的牛王庙很多，各地牛王庙内的牛王形象各异，有的是人身牛头，有的完全神化。传说农历七月十五日是牛王的诞辰（有的地方为四月八日、十月一日），这是祭祀牛王的日子，各地都有祭祀的活动。北方凡是养牛人家，都让牛休息一天，喂上等的饲料，还要举行热闹的庙会。四川洪雅县把牛王同观世音菩萨、祖先一起祭祀，同时还要举行赛牛活动，晚上还要跳牛灯舞。再如，满族、蒙古族十分崇拜老鹰，老鹰是萨满的化身，是象征萨满的圣鸟，神圣不可侵犯。

农耕户对树木、谷物也会产生敬意，并且对于动植物中最有影响的最为崇拜。南方种植棉花和水稻，有棉花生日祭、水稻生日祭；北方有青苗神之祭。陕西以种植谷子为主，信仰五谷神，每当第一锨谷子扬出去，在谷场上插上木锨，摆上供品，焚香烧纸，磕头跪拜，并燃放鞭炮。至于对五谷的信仰崇拜，有许多传说故事，如藏族的种子起源故事、布依族水族的谷种传说故事、瑶族的稻谷由来故事等。

在动植物崇拜中，还有一种最为常见的树崇拜。信仰树神比较普遍，南方村头水口的大树被视为全村的风水树，总是受到严格的保护而不许砍伐的。有些村子的大树还成了全村举行喜庆大事的场所，如安徽黄山宏村人信仰村口的红、白两棵大树，福建闽南人信仰榕树。榕树是闽南的树王，是常青树，寿命长达几百年，民间在进香时，常常要摘它的枝叶缚在旗子顶端，端午节又把它混在蒲艾里，认为它能辟邪。我国少数民族如佤族、景颇族、彝族、壮族、哈尼族、纳西族的村寨都有神树。彝族崇拜松树，传说松树是彝族的始祖。彝族村寨多有一片神圣而称为"民址"的松林，里面长着高大的青松。每年农历三月三日，村寨中的长者率 12 岁以上的男性举行大祭，向松树祈福。祭祀的人须抓一松枝，插在大松树脚下，叩拜祈祷。"民址"及附近的松树，严禁损坏和砍伐，犯禁者要受到严惩。至今，在一棵百年大树上系满了红绳儿，逢年过节还去磕头，人们向大树祈福的现象仍随处可见。

（三）图腾崇拜

图腾作为人类最为古老的文化之一，流传至今，"图腾"原是北美洲印第安人额吉布瓦人方言中的一个词，意思是"他的亲族"。①图腾崇拜是在对动植物或者无生物的崇拜基础上发展而来的，认为某种动植物或无生物和自己的氏族有血缘关系，是本氏族的亲属，从而将其尊奉为本氏族的标志、象征和保护神，而这种无生物可能是某种超越自然物的神秘力量，由人类构想出来的虚拟生物。原始先民认为，只要尊敬图腾，就能够得到它的庇佑，并获得它所固有的超人的品质与功能。

在众多的图腾崇拜中，以汉族的龙图腾文化最为广泛而神秘。它是先民幻想出来信奉的一种图腾，但是，崇拜数量多，分布也最广，起始于黄河流域，传衍至大江南北，几乎达到了家喻户晓的崇拜程度。龙图腾的起源众说纷纭，最为流行和认可度最高的一种认为是以蛇为原型的综合图腾，它的主干部分和基本形态与蛇非常相似，但它却有鸡的脚、鱼的鳞、鹿的角等，是蛇兼并了许多弱小动物的合并，龙可以腾云驾雾，行云布雨，主宰万物，是先民心中最为尊贵威严的象征。

（四）祖先崇拜

祖先崇拜是人们对已故祖先加以神化的一种信仰，人们深信祖先的灵魂仍然存在并在天上注意着自己的言行举止，会庇佑或惩罚自己，从而以不同的方式影响着后代的生活。祖先的位置高高在上，成为家族和家庭的保护神。

祖先崇拜主要分为始祖崇拜和家祖崇拜两大类。尊奉始祖是最为古老的内容，指的是对创世祖的崇拜，女娲、伏羲、炎帝、黄帝等以先祖的身份一直受到民众的尊敬和祭拜。他们开创世界、造福人类、创造文化，在神话基础之上衍生出来的始祖崇拜至今深刻地影响着民

---

① 何星亮：《图腾文化与人类诸文化的起源》，中国文联出版公司1991年版，第8页。

众的日常生活；家祖崇拜是最主要和普遍的，崇拜对象是与自己有血缘关系的历代祖先，祭拜家祖仪式最为隆重的，在家里有专门供奉牌位的祭祀房，在墓地去哭坟，去庙宇贡献祭品、焚香叩拜。至今还保留着墓祭的传统，虽然同一宗族平时联系已不多，但每逢清明、元宵众人会聚集在一起去扫墓，在墓前供奉鲜果和酒肉，焚香烧纸后，再一一叩拜，待墓祭完成返回后一起吃饭。在四川筠连巡司镇至今还保留为逝去的先人送灯，以期先人化为鬼魂后能找到回家的路，对自己的祖先、父母生日、死日要举行祭祀。

（五）行业神崇拜

在民间，行业神崇拜也十分兴盛。人们非常讲究尊师重道，而供奉祖师爷是各行各业的习俗。行业神崇拜是各行各业劳动者祈求神灵保护、保佑自己安居乐业的愿望的反映。如鲁班被奉为木匠的祖师、黄道婆被奉为纺织业的祖师等；财神赵公明为民理财致富，"迎财神"是各行各业开业时的必经程序，而且每年农历七月二十二日是财神爷赵公明的生日，各行各业的人都会供奉、祭拜财神，祈求财神显灵。由于这些祖师为民间百姓的生存、生活、生产等做出了重要贡献，赢得了人们的相信与崇拜，于是人们通过供奉香火的形式，表达对他们的感恩与缅怀，愿他们造福人间的奉献精神像供奉的香火那样永不熄灭。

灶神"上通天界，下统五行，达于神明，在天则为天帝，在人间乃为司命"。[①] 灶神，也称为灶王爷，在农村家家户户都供奉灶王爷。在山东潍坊的农村，人们都非常虔诚地崇拜与供奉灶王爷，在家家户户厨房灶台上方的墙面，村民都会贴上一张灶王爷的画，紧贴画像周围的是一副对联，上联曰"上天言好事"，下联曰"下界降吉祥"，横批"一家之主"。人们认为，世间每个人所行的善恶事，灶王爷都会记录到"善恶簿"上，每年农历腊月二十三日灶王爷将"善恶簿"交与天界，由掌管天界的神对人进行奖惩。所以，平日人们都勤加供奉，而每年的这一天，人们供奉灶王爷的仪式会特别隆重，放鞭炮恭

---

① 胡孚琛：《中华道教大词典》，中国社会科学出版社 1995 年版，第 1494—1495 页。

送、恭迎灶王爷，希望灶王爷上天多汇报人间的善事，久而久之，腊月二十三日就成了传统的小年。

（六）禁忌信仰

人们由信仰崇拜的观念而产生对某种行为的约束限制，这些约束的事象，就是禁忌。顾名思义，它是指禁止同"神圣"的东西或"不洁"的人、事物等接近，否则就会招致超自然力的惩罚。传统的禁忌事象千奇百怪，渗透到人们生活、生产的各个方面。禁忌事象虽然不符合科学思想，但它一直影响着人们的生活。

日常生活中，人们的禁忌主要体现在住宅禁忌、饮食禁忌、婚育禁忌、行旅禁忌、交往禁忌、节日禁忌、动物禁忌等方面。比如，在住宅禁忌上，民间建造住宅在基地选择上相当讲究风水。《阳宅十书》说："南来大路直冲门，速避直行过路人，急取大石宜改镇，免教后人哭声顿。""东西有道直冲怀，定主风病疾伤灾，从来多用医不可，儿孙难免哭声来。""宅前有水后有丘，十人遇此九人忧，家财初有终耗尽，牛羊倒死祸无休。"建房屋不宜居当冲口处，不宜居塔大门口，不宜居草木不生处，不宜居正当流水处，不宜居山有冲射处，不宜居大城门口及狱门、百川口去处。又如，在饮食禁忌上，由于宗教信仰和生理因素，各民族所禁食的食物不同。壮族曾以狗为图腾，拉祜族、满族崇拜狗，忌吃狗肉；土家族忌小孩和未上学的人吃鸡爪，怕上学读书写不好字，字像鸡爪似的。再如，我国民间的节日禁忌也是很多的。特别是春节的禁忌更多。正月初一，不能用生米煮饭，要吃除夕剩下的饭，表示年年有余；不能扫地倒垃圾，认为那是把家里的财气扫出去倒掉了。春节的语言禁忌很多，忌说不吉利的话，如死、病、杀、丧、终、穷等；如果把器物打碎了，要立即说"岁（碎）岁平安"。藏族、土族等一些民族认为，周边神山与本村落和祖先有着内在亲缘关系，与家族兴旺、村落运势息息相关，也形成许多禁忌。例如，青海许多山脉被视为神山，有禁止在山上开矿、砍树、乱杀飞禽走兽等诸多禁忌。一些湖泊、山泉被视为圣湖、神泉，忌讳在湖水、泉源、水井、河流旁边洗头、洗澡，禁止在湖中捕鱼、洗衣、便溺，忌讳将垃圾等不洁之物倒入水中，等等。

三 民间信仰的主要特征

关于民间信仰的特征，学者从不同的角度进行了概括，学术界存在很多种观点。比如，乌丙安将民间信仰的基本特征概括为"十大没有"：没有像教团、宗教教会那样固定的组织机构；没有像宗教那样特定的至高无上的崇拜对象；没有像宗教那样的创教祖师等最高权威；没有形成教派；没有形成完整的、伦理的、哲学的体系；没有像宗教那样有专司神职教职的执事人员；没有可遵守的像宗教那样的规约和戒律；没有像宗教那样的、法定的法衣法器、仪式礼仪；没有像宗教那样的进行活动的固定场所；信仰民间信仰的认识在日常生活中没有像宗教信徒那样的自觉宗教意识。并进一步将民间信仰的主要特点概括为多样性、多功利性和多神秘性。[①] 金泽认为，民间信仰具有以下五个特点：属于"潜文化"或"隐文化"的范畴；它的神祇十分庞杂；它与原始的氏族宗教有着千丝万缕的联系；不是"正统"的宗教；禁忌特别多。[②] 本书认为，民间信仰作为农村地区存在的"信仰并崇拜某种或某些超自然力量（以万物有灵为基础、以鬼神信仰为主体），以祈福禳灾等现实利益为基本诉求，自发在民间流传的、非制度化、非组织化的准宗教"[③]，民间信仰具有自发性和群体性、地域性和民族性、多元性和包容性、实用性和功利性等特征。

（一）民间信仰的自发性和群体性

民间信仰的自发性来自虔诚和对神灵的敬畏。自发性是民间信仰最显著的特点之一，也是它之所以能够形成的重要原因。它的自发性特征主要表现在其理论的非文本性和信仰的群体性两个方面。民间信仰的自发性首先表现在其不像传统宗教如基督教有《圣经》、佛教有《金刚经》、伊斯兰教有《古兰经》等以文本的形式传承宗教信仰，而是以口口相传和言传身教作为它的主要传承方式。其次表现在其产生和流传过程中所彰显的群体性特征。民间信仰在人类原始阶段就孕

---

① 乌丙安：《中国民间信仰》，长春出版社 2014 年版，第 1—9 页。

② 金泽：《中国民间信仰》，浙江教育出版社 1995 年版，第 1—6 页。

③ 林国：《关于中国民间信仰研究的几个问题》，《民俗研究》2007 年第 1 期。

育萌芽，进入文明社会后，经由各朝各代的民间百姓不断地发展和传承。而经过历代中国百姓共同不断地创造和传承后，民间信仰自身也在持续发展和变化，从原初的自然崇拜逐渐向多神崇拜及祖先崇拜转变，开始越发稳定。我国乡村社会具有的独特文化氛围，为民间宗教的生长和繁衍提供了必要的环境。以家族、血缘、人情为基本支点的交往模式，封闭、简单的生活环境以及农民低成本、低风险的生存策略，成为民间宗教在乡村渗透和发展的有利条件。[①] 可以说，没有哪一种民间信仰是由某个个体创造的，虽然不能否认个人在促进民间信仰中所起的作用。在某种程度上可以这样说，由集体的创造而成还是由个人的创造而为，是民间信仰与宗教最大的区别之一。正是由民间信仰自发性造成了它庞杂无序、难以预料和难以管控等特点，也正是自发性地给中国的民间信仰带来了无限的活力和蓬勃的生机。

（二）信仰的地域性和民族性

民间信仰的地域性是由农村社会发展的特点所决定的。我国是一个拥有 56 个民族的国家，民族的多样化也造就了民间宗教的地方性，尤其是大多数少数民族都生活在乡村，因此，我国乡村的民间宗教无不具有更强的地方性。[②] 例如，在我国藏族地区，原始信仰有苯教；壮族地区崇尚师公教等。不同地区的乡村原先所固有的一些原始信仰与其相互杂糅，构成了各地区独具特色的民间宗教信仰。由于受到地理环境、行政区划、政治制度等因素的影响，不同地区形成了独特的地方民间信仰，如客家民间信仰具有中国其他地方民间信仰的共同性，同时又呈现出其不断迁徙的移民为基础的赣南山区地带的更加复杂、更加细致的独特信仰。在赣南客家地区，被当地人广泛崇拜的许真君、汉帝、天花女神等，许多的调查资料表明，其崇拜的神明有很多在神仙典籍中和在汉族其他地区没有或者很少见的。佤族的"猎首"习俗与预祝庄稼收成密切相连；彝族、白族、普米族、纳西族、

————————

① 马雁：《民间宗教的乡村化生存、流变与政府治理——以宋明清时期的考察为背景》，《地方政府与治理》2009 年第 3 期。

② 林国平：《闽台民间信仰源流》，福建人民出版社 2000 年版，第 215 页。

基诺族、拉祜族等民族的火把节也寓意来年庄稼丰收。这些生产习俗往往通过各种崇拜、祭祀、禁忌等表达少数民族的祝福、祈愿和祷告等主观诉求，从而成为民间信仰，并与岁时节俗等密切联系在一起。

民间信仰的地域性还表现为亲民性。民间信仰是一种亲民的信仰，体现出浓郁的烟火味和生活气息。如白族的本主信仰中，村村皆有本主，有些本主有家庭成员，有些本主之间还流传有爱情故事，有些本主则直接产生于现实生活中。一些对当地做出了杰出贡献的人被奉为"本境福主"。民间信仰不同于制度化宗教，往往没有固定的活动场所、神祇系统、经典、法器、神职人员等，而是随事而设，事毕即废。比如，白族的民间信仰仪式的主持者可以是祭祀人员、年长者，也可以是家中的父母亲或其他亲人。信仰内容宽泛，家庭重大事件都要去酬神、敬本主。正是这种人情味和生活气息，使本主与白族民众的生活贴得很近，弱化了人们对神像的畏惧感，愿意向本主诉求自己的愿望。

（三）民间信仰的多元性和包容性

民间信仰作为一种神灵崇拜，在中国一直有着广泛的群众基础。由于历史传统和现实原因，真正意义上的宗教徒在我国人口中的比例并不高，而更多的是将宗教信仰和民间信仰相混淆，有时甚至很难区别哪种是纯粹的民间信仰，哪种是宗教信仰。民间信仰的善男信女其信仰心理、信仰习惯、信仰感情与真正的宗教徒没有什么根本区别，但在数量分布上，可以说难以计数。宗教信仰和民间信仰在现实生活中的互补及互动，构成了广大有神论群众信仰的基本格局，这是中国社会的一大特征。"在中国，百分之九十的人没有信仰，然而，就是这百分之九十的人，又随时会见神就拜、见菩萨就烧香。他们不是没有信仰，而是一群具有特殊信仰的人，即非官方宗教的民间信仰者。"① 中国民间信仰没有固定的对象，普遍存在着"谁灵验，就信谁"的现象。从弥勒佛、观世音菩萨到玉皇大帝、太上老君；从姜子

① 吕大吉：《宗教学纲要》，高等教育出版社2003年版，第37页。

牙到关公，甚至一些久远的大树也会成为民众膜拜的对象。在中国的历史上，儒教、道教、佛教都曾经得到过皇权的大力扶持，在不同的时期都曾经占据过官方意识形态的主流。[①]因此，我国的民间宗教也不可避免地受到儒释道的形态和信仰体系的影响。事实上，乡村民众的宗教意识并非像正统宗教那样分野明确，而是将庞杂浩大的群神谱系、一切祛邪的宗教仪式都用来保佑自己。例如，在乡村当地既建有祠堂，同时土地庙也香火缭绕；乡民的家中既可能有祖先牌位，同时也可能供奉观世音菩萨。民间信仰的神灵体系庞杂，而且有很强的包容性。但凡我们走进一处民间信仰庙宇，其中往往是儒释道诸神共处一室，"共同享用着人间香火，关怀着人间的冷暖"。人们往往还会根据自己的主观感受和他人传说的神灵，进行对崇拜对象的选择和更换，显现出极强的包容性。

（四）民间信仰的实用性和功利性

普通百姓的信仰与崇拜活动并不具有很多宗教的色彩，而完全是出于生活实际的目的，带有显著的功利性。民众信仰某种神灵或超自然现象的目的很直接也很现实，其目的一般有三个：一为治病求医，身体安康；二为传宗敬祖，家族兴旺；三为升官发财，锦绣前程。祈求福、禄、寿、禧、财，既是民间信仰的宗旨，也是老百姓生活的梦想。民间信仰将人们对未来的希求、对生活的理解借助一定的仪式或程式表达出来。信众不是为了提高人生境界，不是为了灵魂和精神达到现实的彼岸，也不是为了解决生与死的哲学问题，而只是希望消灾求福，化解现世的困难，求得此生的幸福和如意。也就是说，人们一旦遭遇到不可抗拒的天灾人祸时，便不顾一切地烧香叩头，供祭神鬼，向各路神仙等超人的魔力求救，恳请神异力量赐福禳灾，祛病降吉。他们认为，崇拜神鬼之心诚，就会达到"心诚则灵"的效果，所以，信众常常不管是什么神或偶像，只要灵验，都去跪拜或向其祷告，以期收到"有求必应"的实惠。这就是民间所谓"灵则求告，

---

① 赵晓峰：《改革开放后的农村民间宗教研究：回顾与前瞻》，《学习与实践》2009 年第 1 期。

不灵则弃"的信仰法则。这其实反映出了中国民间信仰极强的实用性和功利性特征。因此，在民间信仰行为中有人神之间"许愿""还愿"的功利交换，人们求子时许下"黄袍加身"的祈愿，得子后必定用隆重仪式，为神像行加披黄袍的还愿礼。乡民求雨时许下"唱戏三天"的诺言，降雨后一定举办盛大的龙王庙会，演唱大戏三日以谢神。人们用崇拜的各种手段与神鬼进行着利益上的酬答互换，重则捐资修庙再塑金身，轻则晨昏三叩、焚香供祭，无不打上了功利的烙印。

值得注意的是，民间信仰与制度性宗教所表现的功利性不同。制度性宗教的信仰者多关注死后能够得到美好的归宿。信众的宗教意识、宗教感情较为浓厚，而民间信仰的信众则更突出地表现为解决眼前的实际困难。他们往往更关注现世生活而非彼岸世界，往往不要求宗教具有严格的教义、组织或者浩繁的经典，只希望能够通过随时可行却又不失某种庄严神圣意味的意识来满足自己或者家人的要求。民间信仰的兴盛正是因为它满足了信众对"现世现报"和"有求必应"的期望。信众可能平时并不特别关心信仰的对象（神灵），只是在突然遇到选择、困难时，出于对家庭或个人的经济、政治、心理、身体或其他等多方面利益的原因才想到求拜和信仰。正如费孝通所解析的那样："我们对鬼神也很实际，信奉他们为的是风调雨顺，为的是免灾逃祸。我们的祭祀很有点像请客、疏通、贿赂，我们的祈祷是许愿、哀乞。鬼神在我们是权力，不是理想；是财源，不是公道。"[①] 民间的烧香、敬酒、杀牲、摆供，与其说是敬鬼神，倒不如说是讨好鬼神、献媚鬼神或买通鬼神，即民间俗语说的"钱能通神""有钱能使鬼推磨"的本意。民间在祭祀鬼神时的投入，是要换取鬼神满足崇拜者的实际要求的。民间信仰生活中绝没有无缘无故、无所需求的祭祀，只要行祭，人们就一定在物质生活上或精神生活上有各种各样的需求。民间信仰的实用、实惠特点，显然与信奉一神教那种崇高的伦理道德和精神完美的追求不同，也不会对各种善恶鬼神表现出像对上

---

① 费孝通：《美国与美国人》，三联书店1985年版，第110页。

帝那样的"爱",而是用香火与供品换取可以感受得到的福和可以摸得到的利。①

在乡村民居的神皇中所供奉的偶像杂乱纷呈,既有道教神祇,又有佛教神祇,还有社会神、领袖神和财神。这种多多益善、无限包容的现象,其意义明显是想借助众多功能不同的神明的存在,以便更多地满足个人精神、心理上需求的渴望。在不少乡村的神佛信仰中,功利性原本很强的神仍保留着固有特色,原本不带目的性色彩或者说功利性并不那么明显的神被赋予了明显的功利色彩。比如,在一些乡村,财神的目的性更强了,很多农村有在除夕之夜请财神,悬挂财神画像并摆设供品、举行祭祀等传统,希望来年能够招财进宝。甚至在某些农村,原先代表"信义"的关公也被赋予了财神的色彩,这就是一种非常典型的目的化趋势。

第二节 民间信仰的历史与现状

一 缘起:民间信仰的产生

中国的民间信仰有着悠久的历史,它的缘起可以上溯到原始社会。"原始人把一切突发事故归于人的作用或鬼神与精灵的作用。好运与坏运被归因于超级力量,被归因于它们对人的所作所为的喜怒与好恶。这些观念构成了人们的鬼灵信仰,并渗透在他们的整个世界观之中。"② 从形成过程来看,民间信仰与社会的发展水平、人的认知能力和人的生存能力密切相关。自然崇拜是在原始人群中最先产生的信仰形式,这是因为,人类最初的认识必定是同生存问题密切相关的。③ 当时,由于生产力的极端落后,先民们的生活异常艰难,人们对自然界的许多现象既无法认识,更无法防范,于是就产生了对它们的膜

---

① 乌丙安:《中国民间信仰》,长春出版社2014年版,第5页。
② 参见高丙中《民俗文化与民俗生活》,中国社会科学出版社2001年版,第177页。
③ 张祝平:《我国民间信仰的当下状态与趋向》,《中国民族报》2009年8月11日第6版。

拜。幻化出各种各样的信仰对象作为自身及群体日常生产和生活的精神支柱，或者说自然崇拜也就成为原始先民们最初的一种认为自然物和自然力具有生命、意志以及伟大能力的信念。① 但远古时期的这种膜拜与本书所提及的民间信仰还有所不同，只是一种敬重神灵的情感。到了先秦时期（包括夏、商、西周，以及春秋、战国等），随着农业的发展，生产力水平有了较大的发展，一定程度上减少了人们对自然的依赖，但自然灾害的不期而至，酷暑严寒的四季更迭以及人类必须要面对的疾病、死亡等，使人们仍然对大自然有着莫大的恐惧，这种情况下，更多时候只能寄希望于天地神灵，人类对自然的崇拜与远古时期相比显得更加强烈。祈求消灾减祸，能战胜恶劣环境；祈祷赐恩赐福，五谷丰登，能够过上风调雨顺的生活。于是，在先秦时期的民间信仰中包含了自然崇拜（天神崇拜和地神崇拜）和人神崇拜（鬼魂崇拜和祖先崇拜）。

因此，从民间信仰产生和存在的心理根源来讲，民间信仰起源于人们对人类无法支配的自然界和社会异己力量的恐惧、敬畏和寻求慰藉。人们需要为心灵找寻一个庇护所，以化解对现世人生的不满与困惑。有研究表明，民间信仰的认识来源，主要是历史遗留的原始宗教，其次是已经消亡的传统宗教的历史残骸，或者传统宗教在民间社会的变异形态。因此，民间信仰在心理根源上和宗教如出一辙，它关注普通民众，特别是弱势群体的需求和呼声，给人们精神支柱。在民间信仰中，人们根据各自的需求，找到相应的神明。例如，出海的渔民，会寻求海神妈祖的救助；自食其力的生意人，会寻求关帝的保佑；希望早得贵子的农村妇女，会乞求观音菩萨的保佑。尽管这些神灵并不能满足世俗的一切愿望，但他们能给人们带来精神的安慰和幻想的幸福。

二 历史回顾：近代以来中国社会的民间信仰

民间信仰，最早源于最古老的"有灵崇拜"即"万物有灵"；源于对未知世界的敬畏；源于对大自然、祖先及英雄人物创业与庇护的

---

① 王小盾：《原始信仰和中国古神》，上海古籍出版社 1989 年版，第 20—25 页。

感恩；源于在人力无法企及时对神灵庇护的祷告；源于被各种苦难折磨时的一种精神寄托；源于对美好生活的一种追求和期盼。① 进入阶级社会后，统治者千方百计地对民间信仰加以利用和控制。尽管我国的民间信仰在发展演变过程中也时常接受来自上层社会和域外信仰的影响，但是，民间信仰成为庶民百姓中普遍的含有宗教性的信仰和崇拜活动，它更多地保留了氏族宗教的影响，具有低层次、功利性、宗教信仰与迷信相杂糅等特征。在我国传统社会里，人们在做出重大决定之前，往往都要征求上天神灵的意志，于是祠庙便成为各个地域社会的中心场所，成为各地人民的精神纽带。因为传统社会里民间信仰的盛行，历代王朝统治者都非常重视对民间信仰的管理和规范。在大多数时期，中央王朝对地方民间信仰活动既没有一味禁止，也没有放任自流，而是采取扶持与控制相结合的办法。

　　近代以来，一些希望通过革除恶风陋习、改造落后的国民性、开启民智进步的知识分子和政治家，以科学与标准宗教两方面来改造风俗，抵制民间信仰。他们把民间信仰称为迷信，并视之为"无哲学上的根据，又与科学得来的结果冲突"的"东西"；认为其产生于"病态"和"错误"，亦即"由于神经的刺激出来的"和"私欲强盛而观察力不足"等精神、心理和认识因素，"只要能够无我无欲，信仰也就无从发生了"；认为"崇尚虚诞、窒息民智、碍文明之进步"的"迷信"有着"毒苍生而覆国家"的负面影响。② 其实，关于中国民众宗教信仰活动的评述，尤其是民间信仰的研究与定位，自明末清初的中西方礼仪之争以来就已经拉开了序幕。西方传教士与中国士绅阶层展开西方宗教（以耶稣会士利玛窦为代表）与中国民间宗教实践（尤其是中国的祖先崇拜和鬼神崇拜）之间孰是孰非的争论。由于论争的焦点直指儒家文化，最终由康熙帝出面下旨驱逐西方传教士的对华传教而结束论争，但也造成了罗马教廷与中国朝廷之间的紧张关系，对近代中国的太平天国运动和义和团运动影响甚深。直至晚清将

---

① 参见王存奎、孙先伟《民间信仰与社会控制》，《民俗研究》2005 年第 4 期。
② 沈洁：《"反迷信"话语及其现代起源》，《史林》2006 年第 2 期。

孔教确定为国教，将中国宗教问题的争议推到了顶峰。从"清末新政"的"废庙兴学"，到民国"风俗改良运动"与"反封建、反迷信"运动、新中国成立后的"破四旧"到当代的"非物质文化遗产"，"民间信仰"作为"核心议题"不断地被解读和阐释，也不断地被中西方学者和官员在现实问题研究与政策制定过程中使用。在这几百年历史中，无论是政策制定还是学术研究领域，中国民众的信仰描述始终都在"迷信（superstition）、宗教（religion）以及文化之间徘徊、游弋"。①

民国时期，由于受到新文化运动的启蒙主义和科学主义双重影响，北洋政府延续清朝对民间秘密宗教的高度不信任感，对其采取查禁政策。民间信仰与秘密宗教的关系往往非常密切，同样也受到一定的牵连和压制。1913年，内务部下令："除有系统、有经典、有历史之宗教应加保护外，其他……招摇诱惑，秘密结社各种邪教、巫教，当予查禁。"② 从这一政令可知，政府以制度化与历史性作为宗教的判断标准，将民间宗教实践和新兴宗教都排除在外。国家严格控制了民间信仰的数量以及模式，以国家为单位举行祭祀神灵的活动完全消失了。同时，民国政府以"破除迷信"为号召，通过推行"风俗改革运动""新生活运动"，发动了大规模的"反迷信运动"。其中，"风俗改良运动"直接将民间信仰视为迷信，认为是应被改造的民间风俗习惯。破坏各地的庙宇，没收各类的庙产，强力限制民间信仰。后来，进入抗日战争和内战时期，更是抑制和禁止百姓的各种私自或者群体的民间信仰活动，认为这样的"迷信"不仅使思想懈怠，还浪费财力、物力、人力。③ 甚至有的地方还禁止黄纸的生产，将生产厂改造成其他更加实用的产业厂，官方认为，战争年代必须集合全部财

① 张士闪：《中国民俗文化发展报告（2013）》，北京大学出版社2014年版，第206—207页。

② 马莉：《现代性视域下民国政府宗教政策研究》，中国社会科学出版社2010年版，第208页。

③ 庄恒恺、从淳熙：《〈三山志〉看唐宋福建民间信仰的若干特点》，《福建省社会主义学院学报》2014年第3期。

力、物力、人力投入战斗。

值得注意的是，虽然民间信仰在民国时期表面上基本被污名化为"封建迷信"，成为需要被查禁或者改良的风俗，但实际上知识界对"民间信仰"的研究并没有形成一个成熟和系统的概念体系，也没有解决"民间信仰"的定位问题。根据江绍原的《新旧思想家对于"破除迷信运动"的批评》一文，无论新旧思想家都对这种"一面倒"的破除迷信运动存有异议：新思想家"不赞成称信仰为迷信：'凡属宗教的仪式都是有背景的，都有发生的因缘，不是随便用迷信二字来贬薄它就算完事的'。"旧思想家不赞成的理由是"虽文明诸国不废也。乃今之谈者，申人而拙己。于人之迷信，而美之曰信仰。于己之信仰，而低之曰迷信……抑扬出之，果何意哉，果何意哉"。尽管江绍原坚持自己"破除迷信"的立场，但通过他引述的这两派不同意见，我们可以看到当时中国社会对于民间信仰的态度并不与官方和主流意识形态完全一致。①

新中国成立后，我国的宗教政策也起伏不定，民间信仰也随之经历了一个波动过程。国家在法理层面上一直倡导宗教信仰自由。1954年颁布的《中华人民共和国宪法》也明确规定："各民族都有保持或改革自己的风俗习惯的自由。""中华人民共和国公民有宗教信仰的自由。"这是新中国成立初期国家以根本大法的形式对公民宗教权利的基本规定。相对而言，新中国成立初期，政府对民间信仰的国家政策是比较宽松的。1950年10月19日，刘少奇在《关于开展反对一贯道活动给西北局的信》中就明确指出："对人民个人纯粹迷信行为，政府不加干涉。"然而，长期以来，民间信仰始终被视为"封建迷信""宗教鸦片"而被当作政府工作中的"落后事物"，遭到政府部门的忽视。1950年，公布实施的《中华人民共和国土地改革法》规定："征收祠堂、庙宇、寺院、教堂、学校和团体在农村中的土地及其他

---

① 张士闪：《中国民俗文化发展报告（2013）》，北京大学出版社2014年版，第212页。

工地。"① 使得曾经人山人海的祠堂村庙逐渐消失了，取而代之的是生产队的仓库或是中小学的宿舍。

由于国家政治形势的急剧变化，受到宪法保护的稳健宗教政策很快因为"文化大革命"而受到极大的冲击，国家宗教政策呈现出"左"倾化，最终导致了民间信仰遭受有史以来最大的破坏。"消灭一切宗教""彻底捣毁一切教堂寺庙"等口号的提出②，使寺庙以及神像被摧毁，民间信仰活动被取缔。国家对民众日常生活强势介入，推行了大量移风易俗的文化政策与土地所有权调整的管理政策，民间信仰崇拜场所受到强烈冲击与破坏，民众的家庭日常信仰与公共仪式活动也遭到打压。民间信仰被列在消灭的对象中，所有的信仰活动被禁止了，没有人敢为神灵供奉，延续几千年的民间信仰完全断裂了。

三 现实：改革开放后的民间信仰

从历史发展来看，国家宗教政策的调整很大程度上直接决定了民间信仰的生存发展与断裂消亡。党的十一届三中全会以后，宗教信仰自由政策重新得到落实，在制度化宗教信仰获得自由发展的同时，民间信仰也得到了迅速恢复。1994 年，国家颁布了《宗教活动场所管理制度》，规范了宗教活动场所（包括民间信仰）的各项事宜。21 世纪后，民间信仰逐步恢复发展，民间信仰问题越来越受到政府和社会各界的关注，一些地方政府相继出台了有关民间信仰管理的规章条例，民间信仰发展开始进入法制时代。

同时，民间信仰"有其不完全服从、依赖于经济、政治变革的相对独立性和自身发展的规律性"。③ 它的生成、演变与创造它的民众的需求息息相关。一方面，不少地区开始重建庙宇，通过观光化和节日化的市场运作手段来吸引游客，形成"信仰搭台、经济唱戏"的地方

---

① 李德英：《从民国温江县档案看抗战时期国民政府对乡村民间信仰的抑制与利用》，《宗教学研究》2014 年第 3 期。

② 朱爱东：《民国时期的反迷信运动与民间信仰空间——以粤西地区为例》，《文化遗产》2013 年第 2 期。

③ 张祝平：《当代中国民间信仰的历史演变与依存逻辑》，《深圳大学学报》2009 年第 6 期。

经济发展模式，并且出现了不少具有跨区域影响力的民间信仰庙宇或者文化旅游胜地。民间信仰被地方政府当作一种"文化遗产"或者"旅游资源"进行重新包装。另一方面，这些具有历史感召力和民族凝聚力的民间信仰被国家视为一种新的文化象征符号加以重视，从政策上支持重建庙宇、举行仪式活动。换言之，这种将民间信仰市场化和符号化的模式，可以视为民间信仰在该时期的"文化资本"定位。

经过多年来的政策实践和学术讨论，21 世纪以来的民间信仰活动得到了更为充分和迅速的发展。首先是在国家宗教管理方面，政策制定进入了成熟阶段。地方政府根据当地的民间信仰发展现状，逐步形成了湖南模式、福建模式和浙江模式。[①] 民间信仰一定程度上被视为独立的宗教文化现象，将其重新纳入政府部门的管理之下，赋予其宗教场所的合法性。2005 年，国家宗教事务局设立业务四司负责民间信仰的管理。2007 年 7 月 24 日，福建省云霄县民政局批准成立云霄县民间信仰协会，承认该社会团体的法人资格，接受云霄县民宗局的主管。[②] 这是我国首个独立于其他五大宗教协会而进行登记注册的民间信仰协会，它的成立在中国民间信仰发展史上无疑是一次重大的政策突破。

在全球化与现代化的语境下，民间信仰还获得了另一种寻求制度合法化路径——非物质文化遗产保护。受到各级政府广泛重视与支持的非物质文化遗产保护同样给了民间信仰极为特殊的合法性信号，相较于以"信仰搭台、经济唱戏"的招商引资和发展旅游为主的神诞庆典两种模式，这是一种主要靠民间信仰的资本化运作获得政府认可与默认的模式，非物质文化遗产的合法化路径无疑更加重视彰显民间信仰作为传统文化的本质属性。国家政府部门在实际操作过程中也是倾

---

① 陈进国：《传统复兴与信仰自觉——中国民间信仰的新世纪观察》，载金泽、邱永辉主编《中国宗教报告（2010）》，社会科学文献出版社 2010 年版，第 170 页；范丽珠、陈纳：《中国民间信仰及其现代价值的研究》，载金泽、邱永辉主编《中国宗教报告（2012）》，社会科学文献出版社 2012 年版，第 167 页。

② 云霄县民政局，http：//www，yunxiao．gov．cn/cms/infopublic/publiclnfo，shtml？id＝30243781676550000&siteld＝30238403729910000。

向于将民间信仰纳入民俗文化体系进行管理，一是可以充分肯定民间信仰的传统性与民俗性，重塑地方社会的活态文化，增进民众的文化自觉；二是希望从名义上避免政教分离原则的悬置。文化部于2006年在首批《国家级非物质文化遗产名录》中纳入了祭典。2009年，文化部公布的新一批《国家级非物质文化遗产名录》中增加了"庙会"与"民间信俗"项目。① 其中最为特殊的是，2009年9月30日联合国教科文组织保护非物质文化遗产政府间委员会第四次会议审议并通过了第4.COM 13.18号决议，批准将"妈祖信俗"列入《人类非物质文化遗产代表作名录》。② 这是中国首个俗信类世界非物质文化遗产，标志着"妈祖信俗"正式成为全人类的共同文化遗产。③ 2011年2月25日，《中华人民共和国非物质文化遗产法》正式公布，这标志着作为非物质文化遗产的民间信仰也将受到国家法律保护。

值得注意的是，随着社会经济的发展，人们对民间信仰的观念逐渐变化，呈现出一些新的特点和态势：

（1）信众群体庞大，结构趋于复杂。我国的民间信仰自诞生之始就植根于广大民众尤其是农民之中，有着广泛的群众基础。"民间信仰早已融入广大普通民众的下意识当中。尤其在农村、少数民族地区，民间信仰已经深入人们的生活方式"④，影响着广大农村群众日常生活的方方面面。尽管在历史的长河中，民间信仰的发展也出现过一些波折，有的时候几乎遭到了毁灭性的打击，但它在广大农村中最有信众、最有影响、最有市场的态势不仅没有改变，反而不断得到加强。因此从某种意义上可以说，我国的民间信仰几乎等同于"农民信

① 参见《第一批国家级非物质文化遗产名录》《第二批国家级非物质文化遗产名录》和《第三批国家级非物质文化遗产名录》。
② "Nomination files for inscription in 2009 on the Representative List of the Intangible Cultural Heritage of Humanity", http：//www, unesco. org/culture/ich/index. php? 1g = en&pg = 00243。
③ United Nations Educational, Scientifiec and Cultural Organization, http：//www. unesco. org/culture/ich/inphp? 1g = en&pg = 00243#227。
④ 高师宁：《当代中国民间信仰对基督教的影响》，《浙江学刊》2005年第2期。

仰"。① 改革开放后，一度绝迹的寺庙遍布全国各地城镇乡村，中国传统民间信仰的农村信徒多、老年信徒多、妇女信徒多、文盲信徒多、病残信徒多的"五多"现象也有所改变，信众遍及城乡各地，扩散至各种人群、各个阶层，民间信仰复苏的速度与规模远远大于"五大宗教"。由于民间信仰的弥散性和非制度性，缺乏规范的教义和仪规，信众无须办理烦琐的入教手续，信众的数字难以确切统计，各种调查报告的抽样分析不一。② 据福建省民族与宗教事务厅调查，位于福建省东部的闽清县 30 万人口中，参与民间信仰活动的有 9.2 万人，占总人口数的 30% 左右。其中，经常参加民间信仰群体性仪式活动的有 4.6 万人，占民间信仰人群的 50%。从性别看，女性多于男性，女性占 60%—70%，男性占 30%—40%；从年龄看，老中青各占 1/3；从职业看，各行各业都有，农民、工人占 90%；从文化程度看，高中以下占 80%，高中及以上占 20%；从收入水平看，既有"贫困人口"，也有"达官显贵"。③ 当前农村地区民间信仰活动十分兴盛。

（2）信仰场所增多，庙宇修建规模越来越大。庙宇是民间信仰活动最重要、最核心的场所，"村村皆有庙，无庙不成村"几乎是乡土中国的真实写照。20 世纪 80 年代以来，随着民间信仰在中国大地的复苏，信众迅速增长。相应地，作为民间信仰历史传承的用于供奉各种神灵的坛庙在广大农村地区比比皆是，遍布城乡。尤其是在浙闽等沿海地区，"民间信仰活动场所从繁华的市区到穷乡僻壤，无论是街头巷尾，还是犄角旮旯，都有宫庙穿插其中，可谓无处不在，无村不有，点多面广，用星罗棋布形容亦不为过"。④ 20 世纪 90 年代后期以

---

① 张祝平：《中国民间信仰的当代变迁与社会适应研究》，中国社会科学出版社 2014 年版，第 13 页。

② 刘大可：《传统与变迁：福建民众的信仰世界》，社会科学文献出版社 2011 年版，第 67 页。

③ 参见福建省民族与宗教事务厅课题组《福建民间信仰活动管理的调查与思考》，转引自刘大可《传统与变迁：福建民众的信仰世界》，社会科学文献出版社 2011 年版，第 67 页。

④ 刘大可：《传统与变迁：福建民众的信仰世界》，社会科学文献出版社 2011 年版，第 42 页。

来，各地集资修建庙宇的情况有增无减。随之出现了庙宇的泛滥和不少庙宇的繁华之象。大量的调查表明，现存的数目庞大的民间信仰宫、观、庙宇有相当一部分为当代建筑。陕西省政协 2011 年的一份提案标题即为《基层反映农村滥建寺庙问题亟待重视》中写道："近几年来，宗教工作出现了一些新情况。一些地方的群众不再关注集资兴学、集资修路问题，进而热衷于引资、集资建庙（寺），导致乱建寺庙之风愈刮愈烈。"村与村之间攀比建村庙，豪华之风愈演愈烈，不仅造成了极大的浪费，而且无形之中加重了农民的负担。如布朗山是唯一一个布朗族乡，2015 年全乡总人口 21000 多人，勐昂寨原有的佛寺年久失修，2015 年筹建新佛寺，全寨各家各户均按照人口数捐资兴建佛寺，对老人、成年人、孩童均有一定的捐资数额要求，有的家庭捐资多达数千元。而布朗山布朗族乡是一个国家级贫困乡，年人均收入仅 1600 多元，各家各户克服各种困难凑钱修建佛寺，给家庭生活造成了一定的影响。同时，在佛寺兴建的过程中，奠基、起中柱、上大梁、请佛像等都要举行一些仪式，并邀请他处的高僧来讲经，加上各地兴建佛寺存在攀比现象，不论乡村经济如何，均想建设更为奢华、宏伟的佛寺，造成人力、物力、财力的巨大投入和浪费。

（3）民间信仰神圣性减退，信仰文化经济化。从当下各地民间信仰的存在状况看，民间信仰的传承主要有自发传承模式、非物质文化遗产保护模式和经济开发模式三种。

自发传承模式，实际上是小农经济在中国乡土社会精神生活领域的一种体现，该模式全靠信众自发的力量来维持和推动，处于自生自养的状态，客观上是大量传统民间信仰文化传承的主要方式。

非物质文化遗产保护模式，以申报非物质文化遗产进行保护为主要方式，吸引政府的关注和参与。随着中国非物质文化遗产申报的兴起，这种模式在抢救和保护民间信仰文化遗产方面发挥了实实在在的作用，清明节、端午节、中秋节假期的法定化就是显著代表。其实，大量的事实表明，各地热衷于民间信仰仪式活动的非物质文化遗产化，其中一个重要的诱因还在于民俗文化的经济化潜力。

经济开发模式，以政府为主导，以开发旅游资源为中心，以发展地方经济为目的。事实表明，这种模式不可能针对普遍的民间信仰场所、仪式和相关文化活动，而只是积极介入那些"有价值"的信仰场所和仪式活动，以保护的名义进行建设和开发，以此来塑造新型的旅游标牌——文化项目，并成为地方的经济增长点。这种模式有利于保护相关信仰习俗和信仰场所，但客观上也存在只为发展经济而不考虑保护的行为，使民间信仰的重要场所——庙宇脱离原始保护状态，信仰习俗及相关仪式活动失去了原有的神韵，从而违背了保护的宗旨。①

众所周知，民间信仰具有古朴、丰富的民族文化内涵、传统美学意义和群体性娱乐功能，能在一定程度上吸引和满足城市居民求古、求土、求异的旅游需求，也能在一定程度上增强人们对传统民俗和文化的认知，实现对多元文化的理解，或成为现代居民调剂生活的一种方式。民间信仰活动本身就有娱神娱人的功能，但近年来这种娱乐性得到了进一步的加强，大有愈演愈烈之势。如在许多社区，每当神佛诞辰之际，社区内举行各种民俗化的神诞活动，有祭祀、游神、划龙舟、演戏、聚餐、做道场等。随着民间信仰日益渗透到人们的社会文化生活中，民间信仰的活动逐渐借助更多的艺术手段，成为人们休闲娱乐的一种重要方式。很多地方为了发展经济，把原本用于"安身立命"的精神文化变成一种仅供观赏的景观文化。比如，畲族舞蹈以前是湖北、浙江等地畲族和土家族地区的当地人和祖先联系的纽带，而现在跳舞只是为了拉游客。"比如今年4月2日，浙江开放修复扩建后的大禹陵守陵村供游人参观等，事实上是把一种原来祭祀文化中的神圣性破坏了。"② 还有更多民间信仰的东西以艺术的形式走进城市而走样。这些都在一定程度上抑制了民俗文化的有效传承和民间信仰作为民族文化资本的整体性功能发挥。

---

① 张祝平：《论民间信仰文化力》，《中央民族大学学报》（哲学社会科学版）2011年第5期。

② 中国社科院宗教所研究员陈明在参加甘肃天水市首次"公祭人文始祖女娲大典"时接受东方早报记者采访时说。参见陈怡《本土传统文化回归？还是"文化搭台经济唱戏"？》，http://www.ce.cn/culture/main/right/sdjj/200605/03/t20060503_6876882.shtml。

第三节　民间信仰的当代价值

如何评价目前民间信仰的功能和作用，这是一个非常棘手而重要的问题。由于人们的价值取向不同，研究者对某一问题的价值判断也会有所不同，甚至有较大差异。同时，研究者的观察角度、描述方法、叙述话语的不同选择，也会影响这种判断，这也正是科学研究的魅力所在。所以，价值判断不可能总是客观的、不带主见的。对民间信仰的功能和作用的分析也如此。越来越多的学者从不同角度对民间信仰的功能展开研究，这是他们关注的重点问题。迄今为止，对于民间信仰在现实社会中的作用，特别是民间信仰在社会政治、经济、文化生活中影响的程度，学者提出了不同观点，存在不小的分歧。笔者认为，民间信仰作为传统文化的一部分，对其在现代社会中的价值与作用也需要进行具体的、历史的、全面的分析，简单地否定或肯定都是片面的。民间信仰在乡村社会所发挥的功能，既有显性的，也有隐性的；既有正功能，也有负功能。而且在乡村社会中，民间信仰的隐性功能要比显性功能的表现形式更丰富。在社会主义新农村建设中，我们应充分认识到民间信仰在和谐乡村建设中的价值。具体来说，民间信仰在现代社会中的正面价值与积极作用主要表现在以下五个方面：一是民间信仰作为传统文化的组成部分具有十分重要的研究价值；二是民间信仰作为一种传统文化资源具有一定的经济开发利用价值；三是民间信仰所倡导的某些道德观念在现代社会中能起到一定的道德教化作用；四是民间信仰活动仪式具有区域认同、社会整合的功能；五是民间信仰作为民间文化的组成部分具有一定的艺术价值和美学价值，在发展民间文化、丰富人民群众的精神文化生活等方面起到一定的积极作用。

一　民间信仰作为传统文化的组成部分，具有十分重要的研究价值

民间信仰是中华民族精神的一个重要方面，是源远流长的中国传统文化的一部分。民间信仰作为传统文化的重要组成部分具有十分重要的研究价值。它对繁荣学术、促进文化的多样性和社会科学研究的发展都具有重要的作用。它作为原始文明和下层社会的小传统，作为与主流文化相区别的亚文化，在与官方大传统、主流文化和现代文明的互动中，在历史上和现实社会中都留下了自己的痕迹，对它深入研究，不仅有助于我们了解历史、了解我们的原始文明和传统文化，而且有助于我们真正地了解现实社会、了解人民群众活生生的社会生活和精神世界。对于民间信仰在现代社会的复兴，我们更不能袖手旁观、无所作为，而要有所作为，首先必须对它进行科学、全面、深入的研究，这对于正确引导民间信仰，充分开发我国传统文化资源、促进文化的多样性、维护社会稳定、推动社会发展都是十分必要的。正因如此，在学术界和社会科学研究中，人类文化学、宗教学、社会学、民俗学、民间文学等都从不同角度对民间信仰作为传统文化及其社会功能进行了具体深入的研究，并促进了学术的繁荣和社会科学研究的进一步发展。

二　民间信仰所倡导的某些道德价值观念，对个体的道德教化价值

民间信仰所宣扬的某些道德价值观念有一定的社会伦理价值，在现代社会中起着一定的道德教化作用。尽管中国民间信仰不像"正统"的儒释道那样是一种"伦理宗教"，没有高深的仁爱心性道理，但其信仰的主旨仍是教化百姓和谐向善。大多数民间信仰让人宽容、隐忍、利他，实际上是教育信徒学会扮演社会角色，学会和他人在一定的位置上和睦相处，处理好人际关系，避免矛盾和冲突。民间信仰往往通过各类感性生动的民间故事的叙述，将忠孝节义、和睦助人、安分守己、积德行善、无量度人等优秀传统道德观念渗透于普通百姓的日常生活，以此构成民众最基本的道德"知识储备"，为其人性向善与品德修养奠定了文化地基。比如，在每年清明、冬至、春节等时期，具有血缘关系的家族成员不约而同去祭祀祖先，这样的祭祀活动既是家族的制度，同时也属于民间信仰的范畴。在祭祖过程中，长者往往要向晚辈讲述本家族的历史，宣读祖训，要求族人不忘根本，发扬光大祖先的美德和事业，激励族人积极进取，不要做有辱祖先的

事，由此来强化家族的组织，维系家庭成员之间的亲情。子孙在祭祀祖先的时候，领悟生命存在的内涵，除表达对祖先的思念之情外，更加重视把这份思念之情迁移到生者的身上，履行家族伦理的道德规范，将具有宗族性质的祭祀活动延伸到现实生活当中来，把祭祀的意义扩展到对父母的孝敬之上，在长辈的有生之年多尽自己的一份孝道，回报祖先的养育之恩，善事父母，子爱利亲，把孝道作为自己必须具备的道德品质和必须遵守的行为规范，培育尊老爱幼的美德。实际上，祭祖本身都是孝道的体现，每一次祭祖活动就是一次以孝道为主的传统伦理道德教育。

在我国的一些少数民族地区，民间信仰仍具有非常重要的社会化功能。如白族本主崇拜活动对白族妇女、儿童的社会化各个方面都有影响。本主崇拜组织"莲池会"规定：成员要洁身自好、崇尚正义、行善除恶。在"莲池会"的老斋奶所念的经文中，既包含着对忠孝仁义、爱国爱乡、善良勇敢、为民服务等多种优良传统品德的歌颂，同时也在念诵者和听者中确认了相同的行为准则。老斋奶在给自己的子孙讲述本主故事时，就潜移默化地将这些优良品德一代一代地传给了下一代，滋润着白族的后代，规范着他们日常行为，促使他们遵循着这些行为准则，形成崇尚正义的信念。

三 民间信仰提供精神支持，促进区域认同、社会整合的价值

民间信仰不是一个人或者一个家庭的信仰，而是一个地区的人民在长期生活交往中形成的，因为各地区的环境等因素不同，民间信仰的表现形式也会不一样。因此，一个地区的民间信仰必然是该地区人民所共同遵守的。共同的神灵崇拜和祭祀活动，有效地把分散的乡族力量整合起来，形成了祭祀共同体。一旦形成祭祀共同体，村社成员的命运往往就被一条无形的纽带联系在一起。各种民间信仰活动密切了村社成员之间的关系，增进村社成员之间的团结，成为乡村居民的精神支柱。

民间信仰的整合功能还表现在它有助于社会稳定。民间信仰虽然没有明文规定，但是却被人们自觉地遵守着。它通常通过习俗、礼仪、惯例、契约等形式固化为文化的形态而存在于社会之中，或者潜

移默化地为人们的内心心理习惯和日常行为，或者强制、制约社会成员或组织的行为模式。这些人们自觉遵从的民间信仰往往比被强制遵守的规章制度更有效果，形成农村社会强大的社会凝聚力。新时期，我国不乏民间信仰促进社会控制的案例。例如，在左江流域，花婆神信仰极为兴盛，为当地民间信仰的重要组成部分。在村民的意识观念中，花婆神自始至终都在审视、监督每个人的一举一动、一言一行，即使民众已成年，花婆神也会跟着审视其子孙后代。因此，对花婆神不能有不敬，更不能做出伤天害理之事，平生要安分守己，内心洁净，与人良善友好，不犯上作乱，不乱砍滥伐、放火烧山等，否则本人及家族会遭受报应和灾难。族众对花婆神的信仰及禁忌甚多，甚至部分内容还带有唯心、愚昧的迷信色彩，但在千百年的历史进程中，其信仰却能强劲地传播和延续，表明在年复一年的血脉种群延传中，民众希望通过日常的祭祀、祈祷、朝拜，奉献自己的虔诚，能从神灵那里得到相应的护佑、帮助和关照，实现种族的繁衍生息、血脉延续，实现对宗族平安幸福的渴望。时至今日，左江流域乡村花婆神信仰从举行集体宗教仪式的"神圣化""神秘化"，再到个体家庭祭祀的"俗众化""平民化"，无不彰显村民俗众的精神信仰、神灵敬畏及心理追求，在乡村家庭的婴幼儿花婆神信仰教育中自小养成和日常习得，致使民众安分守己、为人正直、友善平和、民风淳朴、人际和谐、社区安宁。在靠近中越边境仅数千米的凭祥市友谊镇平而村，40多年来从未出现过一例刑事案件，整个村庄容貌整洁有序，民众文明有礼，待人和善，到处呈现出一派勃勃生机的和谐友好景象。[①] 同样，有些行业神对本行业的发展起到了非常重要的规范作用。如我国信众广泛的关公信仰对经济活动就产生了很强的规范作用，华商都会请一尊关公像，以示君子爱财取之有道，诚实守信，不背叛合伙人之意。

四 民间信仰作为一种重要的社会资本，实现乡村善治的价值

"乡村治理"是现代国家自上而下对农村进行宏观管理和传统乡村自下而上实行自我改造相结合的农村改革策略，对维护农村稳定和

---

① 黄新宇：《民间信仰与乡村和谐社会的构建》，《黑龙江社会科学》2017 年第 6 期。

社会和谐发挥着重要作用，乡村社会能否实现善治，在很大程度上影响着国家治理体系和治理能力现代化的进程。① "民间信仰在社会文化系统中不是主导文化，甚至也不是主流宗教，属于'小传统'即地方性的乡土文化。"② 民间信仰以其强大的张力，迂回在中国儒释道等"大传统"之间，并与主流文化盘根错节，真切地成为中国文化一个不可分割的重要组成部分。民间信仰无处不在、无时不有，它深深植根于乡土社会，并与普通民众生活紧密相连，据此形成特有的民众文化心理、道德价值观、生活方式和行为准则，形成了看似庞杂实则有序的中国多元民间信仰系统。从这个意义上说，民间信仰是中国民俗文化的根本所在，是中国本土化的文化资源和社会资本。

社会资本作为一种与物质资本、人力资本相区别的资源，它为社会结构中的行动者提供便利，包括信任、规范与网络三大基本要素。社会资本理论揭示，从个人角度讲，在一个拥有丰富的社会资本存量的社群内生活和工作更加容易；从整个社会角度讲，一个拥有丰富社会资本存量的社会意味着和谐稳定的秩序和良好的社会治理。良好的乡村依赖于乡村内丰富的社会资本：乡村社会资本存量丰富且分布均衡，村民的归属感就强，参与合作就更容易，乡村治理的效果就更好；相反，如果社会资本缺失，则必然会制约乡村治理的发展。

现阶段我国乡村社会资本普遍呈现出缺失和脆弱的特点：邻里关系变得淡薄、合作意识差，农民参与不足，村民之间平等、自由、互惠、民主的参与网络难以形成，乡村共同体内尚未建立起以契约为基础的信任，干群关系影响村民对政府的信任等。乡村社会资本的缺失必然会制约农村的发展，影响建设社会主义新农村的进程。因此，若要发挥多中心治理模式在有效整合治理资源方面的作用，就必须重视乡村社会资本的培育。民间信仰通过各种仪式、制度促进信任关系的加强和扩展，以及扩大社会网络，能够通过合作行为来提高社会的效

① 沈费伟、刘祖云：《发达国家乡村治理的典型模式与经验借鉴》，《农业经济问题》2016 年第 9 期。

② 金泽：《能否和谐发展：民间信仰面临的挑战与选择》，《福建省社会主义学院学报》2006 年第 1 期。

率，是当前我国乡村最重要的社会资本之一。①

五　加强民间信仰的经济开发利用，促进地方经济发展的价值

民间信仰作为一种传统文化资源，有一定的经济开发利用价值，它对促进区域性经济发展有重要作用。具体表现在以下三个方面：

（一）利用民间信仰传统文化资源，可以带动旅游经济的发展

关帝、观世音、妈祖信仰在我国民间已有千年左右的历史，信众十分广泛。这种民俗文化已成为中华民族传统文化的重要组成部分，它是中华儿女联系的纽带，具有很强的民族凝聚力，能把民族中的各个分子凝聚起来，合为一体。在现代旅游中，参观民间宗教场所、参加民间民俗信仰活动、了解地方性民俗文化已成为人们旅游观光的重要内容。广东、福建等沿海地区，民间信仰活动的恢复对吸收海外华人的观光旅游起到了重要的作用。自20世纪80年代福建莆田妈祖庙修复以来，每年在妈祖诞辰（农历三月二十三日）期间来此进香的台胞高达10万人以上。

（二）通过民间信仰中的文化活动形式发展商贸经济

最典型的形式就是各地都利用传统的庙会，发展商贸经济。庙会，又称"庙市"或"节场"，即在宗庙祭祀的地方进行聚会、祭神、娱乐、购物等活动。中国庙会的源头来自祭祀，在农耕社会，土地是人类赖以生存的基础，于是渴望风调雨顺、五谷丰登或驱鬼逐疫的祈禳性祭祀活动便产生了，这种祭祀活动就是后来民间庙会的起源。唐宋时期，庙会内容逐渐由祀神、娱神向娱人方向发展，增加了娱乐内容，如舞蹈、戏剧等宗教活动。集市交易活动也在这一时期逐步融入庙会中，并成为后来庙会的主要内容。现今，庙会已成为农村百姓一项必不可少的民俗活动，除了传播戏曲等传统文化，贸易和娱乐活动也成为庙会上必不可少的一部分。比如，2011年在广州举办的第一届广府庙会就已包含祈福文化、民俗文化、美食文化、商贸休闲文化等内容；第二届广府庙会新增了广府达人秀、动漫文化展销、游

---

① 徐姗娜：《民间信仰与乡村治理——一个社会资本的分析框架》，《东南学术》2009年第5期。

园互动活动、摄影和 DV 大赛等项目，划分出广府庙会中心游园互动活动、摄影和 DV 大赛等项目，以及广府庙会中心区、美食区、非遗区、动漫区、元宵灯会区、游园区和互动区七大活动区。广府庙会每年都有美食区，美食区是历届广府庙会中迎接客流量最大的区域，2012 年美食区三天迎客量就已近百万①，2016 年第六届广府庙会期间，共开展 70 多个项目、280 多场活动，吸引游客超过 500 万人次。历届广府庙会给当地创造了巨大的经济效益。

（三）民间信仰活动仪式在地方民间具有区域认同、社会整合的功能，可以起到加强"内部团结和外部联系"，推动地方经济联合的社会作用

"民间宗教在现代化进程中的复兴，与民间社会网络的复兴是互相促进的。如果说民间社会网络有助于民间经济联合的形成，那么民间宗教就是通过辅助民间社会网络的形成而间接地服务于民间经济联合的形成。"② 在现实社会中确实如此，一些地方通过恢复民间信仰的传统文化形式，举行一些民间信仰的活动仪式来加强社会团结、扩大社会联系，并以此促进社会经济的联合，沿海地区通过这些活动强化了海外华侨的地域、家族认同意识，加强了海内外华人的社会联系和经济合作，促进了地方经济的发展。

六　挖掘民间信仰的艺术价值与美学价值，丰富乡村精神文化生活

民间信仰作为民间文化的组成部分具有一定的艺术价值和美学价值，在发展民间文化、丰富人民群众的精神文化生活等方面起到了一定的作用。许多民间寺庙就像一座艺术宫殿，一些民间祭祀的物器本身就是一件精美的艺术品，而那些民间信仰的神化传奇故事、活动仪式等都是艺术作品，它们都包含丰富的文学艺术与美学价值。同时，在目前农村文化生活仍较单调的情况下，人们通过一些民间的祭祀、

---

① 洪文、静曲、安弈等：《"广府庙会"的现状及存在的问题》，《黑龙江史志》2015年第 11 期。

② 陈明文：《试论民间信仰在现代社会中的价值与作用》，《常德师范学院学报》（社会科学版）2003 年第 3 期。

表征仪式，来开展一些有地方特色的文化活动，或者通过将民间信仰的传奇、神话故事改编成富有地方特色的文艺节目等，可以丰富人们的精神文化生活。比如，陕西关中地区的传统庆典狂欢活动——社火。社火形式很多，精彩纷呈，有高台、高跷、旱船、舞狮、舞龙、秧歌等，具体形式随地域而有较大差异。在整个社火的表演程序中，化妆是神圣而关键的一步，社火脸谱也是这一古老行为在千百年传承中秘而不宣的玄妙所在。老的社火队大多都有来自历代相传的图谱，这是非常有研究价值的民间美术的一个内容。其图谱中的图案大多来自历代装饰纹样，再加上民间艺人大胆构思，想象奇特，利用色彩、图案、线条等穿插变化，产生了奇丽的艺术效果，绘制出一面面五彩缤纷、古朴典雅的社火脸谱，其造型粗犷、纹样稚拙、色彩浓烈，既简练单纯又复杂细腻，既对比强烈又和谐统一，给人一种更原始、更清新、更自由之感。当下，民间社火常与庙会相伴，不仅给人民群众带来无尽的精神享受；而且在百姓共同狂欢的同时，增加商贸交流。

第四节　和谐乡村视域下民间信仰的规范与引导

民间信仰作为人类的一种社会行为与生活方式，一种思想观念以及具体行为实践的过程，在中国广大农村地区的影响相当广泛。而民间信仰作为传统文化具有重要的研究价值，作为民间艺术的组成部分具有艺术价值，作为一种传统文化资源具有经济开发利用价值，挖掘民间信仰中符合社会主义建设和发展的道德观念，提炼出民间信仰活动仪式中区域认同、社会整合等积极因素，对于建设社会主义新农村具有重要意义。为此，社会各界人士需要理性地处理与百姓生活密切相关的民间信仰活动：一方面，应加强民间信仰文化价值的科学研究，正确发挥其在新农村建设中的积极作用，最大限度地减少或消除其活动中的不和谐因素；另一方面，形成社会各方面的合力，积极探索民间信仰在当代我国新农村建设中的培育路径，从而推动和谐美丽乡村建设进程，实现乡村振兴。

一 挖掘、传承民间信仰优秀文化，给民间信仰以基本认同

和谐共生是中国传统文化的基本精神之一。长期以来，儒释道三家对和谐共生的理念都有过深刻的阐释，将互通、共融、和谐、共进当作一种重要的价值取向和审美追求而积极倡导，并与其他不同地域、不同思想流派各具特色的文化在大一统的政权干预下彼此认同、相互影响、和睦共处，构成了具有内在统一性的文化共同体。在中国历史上，佛教、基督教、伊斯兰教等外来宗教，它们都能相融于中国文化的背景之下，形成了多元共生的宗教生态模式，体现了中华文化的和谐与包容。这种海纳百川、有容乃大的文化发展观，其实也是保持民族文化先进性的重要条件。放眼未来，我们应该将宗教信仰自由作为公民的基本权利进一步加以重视，给民间信仰以基本的认同，并与其他宗教一样平等对待。[①]

走出认识困境，正确把握民间信仰。从当前实际情况来看，一些地方的干部对民间信仰存在两大认识误区：一种是把民间信仰简单地看作"迷信"，从而对民间信仰基本持否定态度；另一种是过分强调维持民间信仰中所体现出的传统与习俗的重要性，对滥建寺庙现象置若罔闻、视而不见，一味地只重视民间信仰活动所带来的地方利益、经济利益，缺乏对民间信仰的引导和管理。加强对各级干部的宣传教育培训，提高对民间信仰的思想认识，是做好民间信仰工作的前提条件。为此，有必要加强各级领导干部民间信仰基本知识的教育培训，走出认识困境，提高对民间信仰的思想认识和正确把握能力。做到将有关民间信仰、宗教知识和相关政策法规"二纳入"：纳入各级党委政府中心组学习，纳入各级党校和行政学院干部培训的教学内容，使各级干部特别是广大基层干部能进一步解放思想、实事求是，正确认识民间信仰的现实特征和社会政治价值，给民间信仰以正确定位。从"不敢管、不愿管、不会管"转变到"敢于管、愿意管、善于管"，

---

① 张祝平：《中国民间信仰的当代变迁与社会适应研究》，中国社会科学出版社 2014年版，第 142 页。

切实做好新形势下对民间信仰的引导和管理工作。①

　　加强民间信仰的学术研究，挖掘传播民间信仰中的优秀传统文化。在学术研究中，要坚持对农村民间信仰的多元化研究，尊重不同领域、不同学科的学者从不同的角度、采用不同的方法进行学术研究，从民俗学、社会学、宗教学、人类学等角度进行研究，促进学术界的"百花齐放，百家争鸣"。国家宗教事务局研究中心、地方各级党委的宣传部、统战部以及政府负责管理与服务民族事务、宗教事务的部门等，可以借鉴学术界对民间信仰研究的成果，结合本地农村民间信仰的实际情况进行分析、论证，客观地定位本地的农村民间信仰，合情合理地区分其中的良风美俗与消极因素，取其精华，去其糟粕。对一些符合国家级、省级非物质文化遗产标准的民间信仰，及时地予以认定与保护。

　　二　整合民间信仰文化，充分发挥民间信仰的正向功能

　　民间信仰是一把"双刃剑"，既蕴含着有利于社会和谐及社会整合的价值观念、规范原则、合作理念，蕴含着有利于培育社会网络和社会信任的积极因素，也可能潜藏着与社会主义核心价值观相背离的价值观念，潜藏着扰乱、腐蚀社会秩序的消极因素。这些消极因素不利于建设社会主义新农村，不利于社会主义和谐社会的构建及社会主义核心价值观的培育和践行。

　　我国民间信仰文化经过长期发展，糅进了儒释道对己有用的成分，使之具有极大的宽泛性、兼容性，推崇仁爱、行善、勤俭、助人、诚信、利他等思想，具有崇仁尚善济世养民的情怀，而且特别强调万物有灵、敬天法祖、和谐共生等传统文化观念。显然，民间信仰中所内含的这些道德主张和生态伦理思想在今天依然有其积极意义，无论是对于民众的教化还是社会的建设都是一份值得珍惜的文化资源。为此，当前的关键是如何合理挖掘、科学传播，充分发挥其正向功能的问题。

　　弘扬民间信仰中的"精华"，引导广大信众为促进农村乡风文明

---

① 陈振华：《浅议民间信仰活动的引导和管理》，《中国宗教》2013 年第 11 期。

建设服务。乡风文明是建设社会主义新农村必不可少的重要组成部分。实现乡风文明，就是要不断地提高农村人民群众的思想道德和科学文化素质，培育和弘扬崇尚文明、崇尚科学、健康向上的社会风尚，促进农村社会风气的根本好转。民间信仰文化作为我国传统文化的一部分，其中积极方面的"精华"对促进乡风文明建设是有益而且必要的。诸如民间信仰所宣扬的某些道德价值观念有一定的社会伦理价值，在现代社会中仍能起到一定的道德教化作用。祖先信仰作为一种内化了的道德楷模对后世进行约束，同时也积聚着家族、宗族内部的共同价值和行为方式，通过代代延传和日常潜移默化，成为族众的集体意识和潜意识，对族众成员的思维及行为起着最基本的控制作用，形成宗族、家族内部的行为导向和约束机制，维系、协调着乡村社会的和谐发展。① 正是因为根深蒂固的祖先信仰及其宗脉传承教育与精神习得，使村民非常看重家族、宗族观念，使其遵守当地道德人伦，恪守风俗习惯，尊敬长者，并以德高望重的先祖为榜样，以求真向善、为人忠厚、不违祖训为规约。正如本尼迪克特所说："个人生活的主轴是对社会所遗留下来的传统模式和准则的顺应。每一个人，从他诞生的那刻起，他所面临的那些风俗塑造了他的经验和行为。……孩子长大成人，能参与各种活动时，该社会的习惯就成了他的习惯，该社会的信仰就成了他的信仰，该社会的禁忌就成了他的禁忌。"② 长期以来，祖先信仰渗透到乡民生活当中，在一代又一代的传播、教化过程中，逐渐演变成民间的风俗习惯以及祭祀禁忌，其根基深植于普通民众的意识思维或下意识之中。继承和弘扬民间信仰中的文化"精华"，让乡村群众树立良好的道德风尚，对建设"乡风文明"的新农村大有裨益。

引导民间信仰从事公益慈善事业，释放正向能量。济事利人、服务社会是中国传统文化的重要内容，也是民间信仰的优良传统。赈灾

---

① 冯永泰：《民间信仰与和谐社会的构建——基于非物质文化遗产视角》，《东岳论丛》2014 年第 4 期。

② ［美］鲁斯·本尼迪克特：《菊与刀》，黄学益译，中国社会科学出版社 2008 年版，第 2 页。

济困、修路铺桥历来是民间善举，积德行善、为国为民也一直为广大信众所实践和传承。通过对浙中、浙南地区村庙的考察，但凡在当地有一定影响的庙宇，每年都会在香火钱收入中确定一定的比例（通常是5%—10%）用于赈灾济困、修路铺桥等公益慈善事业。[①] 但我们也看到，一些信众对于村落庙宇修建及民间信仰事务有百般的热情，而对于村落中的公共事务却少有过问；特别是在有些乡村，气势磅礴、金碧辉煌的庙宇却映衬着常年失修的学校、破损的道路、残缺的文化设施，形成明显反差。目前，不少庙宇香火旺盛、捐助者颇多，收入可观，需要妥善引导。

福建省倡导民间信仰活动场所将宫庙收入的1/3用于公益慈善事业，引导民间信仰活动场所广泛开展捐资助学、扶贫济困、施医赠药、助残爱幼、修桥铺路等形式多样的公益慈善活动，力争民间信仰做到"年年有计划、月月有活动、常常献爱心"。为引导民间信仰公益慈善事业逐渐从自发性公益慈善活动向常态化公益慈善项目和组织发展，相继成立妈祖慈善基金、清水祖师慈善基金、青礁慈济基金会等民间信仰公益慈善组织，自觉接受政府监管，实现可持续、规范化运作。

福建省民间信仰活动场所是帮扶少数民族群众脱贫的重要力量。泉州通淮关岳庙成立慈善基金，近年来，累计捐资4153万元用于公益慈善活动，积极参与援助宁夏贫困地区，援建贵州毕节地区"同心水窖"，帮扶福建省霞浦县水门畲族乡。2016年，强台风袭击福建，面对自然灾害，福建省民间信仰活动场所和信众踊跃捐款捐物，仅泉州市民间信仰活动场所就筹集救灾款项460多万元，第一时间用于援助受灾群众。漳州市引导民间信仰活动场所融入"富美乡村"建设，2016年，用于公益慈善事业资金达2819万元。将民间信仰和公益慈善事业结合起来，释放正能量，树立正面形象，使之成为福建省公益

---

① 张祝平：《中国民间信仰的当代变迁与社会适应研究》，中国社会科学出版社2014年版，第144页。

慈善事业的有益补充。①

三　科学定位政府角色，引导民间信仰依法依规走向规范

历史经验表明，对民间信仰和民俗文化引导、管理得当尊重和保护民众的健康信仰和文化权益，社会和谐稳定，凝聚力、向心力增强；反之，就会激化矛盾，造成社会冲突，甚至动荡不安。当前，民间信仰价值彰显与陋俗复燃并存，在局部区域甚至与社会主义和谐文化极不相容。例如，各地滥建小庙、小庵带来民间信仰的无序发展已经成为一个社会问题，单纯依靠民间信仰的自适应来达到与现代社会的适应，显然存在某些困难。"该政府担当的必须担当"，而采用简单治理方式，会极大地伤害信仰者的感情，容易造成基层党群干群关系的紧张。民间信仰怎么与民众的需求相联系，怎么体现"以人为本"，怎么更好地发挥其在新农村建设中的积极作用，这应是和谐文化语境下，政府担当民间信仰管理职责的非常重要的方面。笔者认为，改革开放以来，政府职能的一个重要转变就是从社会管制转为社会服务。着眼当下，对民间信仰的引导和管理应采取政府主导型社会共同治理的社会化管理策略。政府在民间信仰文化生态系统的调适中，应坚持以引导、宣传、教育和法律监管为主，绝不能越俎代庖，代为管理。②各级政府应按照"以人为本"的理念，从政府、社会和民间信仰自身三方面着手，重点围绕民间信仰场所、民间信仰活动和民间信仰从职人员三大管理，按照属地管理、依法管理和综合管理的原则，体现尊重、引导和规范的工作要求，进一步明确职能部门，建立"三级网络，二级责任制"的工作机制，积极作为，履行政府职能。政府要在引导管理民间信仰中发挥主导作用的同时，注重发挥民间信仰场所自我管理的主体作用、民间信仰协会组织的协同管理作用和广大信众参与管理的作用。努力在政府规范管理、民间信仰场所自身管理、民间信仰组织协同管理、信众参与管理上不断加强和创新，逐步建立起引

---

① 黄进发：《注重正面引导　发挥积极作用　福建省民间信仰管理工作见成效》，《中国宗教》2017 年第 1 期。

② 张祝平：《论民间信仰文化生态系统的当代建构》，《浙江学刊》2013 年第 3 期。

导管理民间信仰的新机制。通过必要的引导，提高民间信仰组织自身的管理水平，进一步发挥民间信仰组织及相关人士的积极作用，引导广大信众以更大的热情投入社会主义和谐新农村建设。

目前，政府在民间信仰事务的管理上已经逐步从直接管理转化为公共服务，这从近些年来民间信仰场所举行大型活动时政府职能部门积极参与公共秩序维护、主动引导民间信仰与宗教旅游和休闲娱乐相结合等就可见一斑。政府职能的这种积极转向，将民间信仰活动作为丰富群众文化生活以及区域经济活动的重要平台，并将可能产生的社会矛盾进行事前预案，有效地实现了管理重心的前移。同时，对于民间信仰组织要求参与社会公益性服务的热望，只要合理、合法，政府应将其与普通民间组织同等对待，由控制改为支持、服务为其广拓渠道，并提供信息，使其可以顺利开展慈善服务和公益事业。① 福建省漳州市民间信仰活动场所 10 平方米以上的有 4700 多座，其中，有人管理的 3600 多座，纳入民宗部门管理的 541 座。民间信仰活动场所多数分布在乡村，每个村少则 1 座、多则七八座。从 2014 年开始，漳州市民宗局在全市开展"优美民间信仰活动场所"创建活动，把民间信仰活动场所建设融入市政府生态文明建设创建活动之中，与"富美乡村"建设融为一体，共同规划、同步建设。每年授予一批"优美民间信仰活动场所"作为环境建设示范点，不断推动全市民间信仰活动场所建设水平整体提升。"优美民间信仰活动场所"创建活动开展以来，漳州市民间信仰活动场所一年上一个台阶，场所内部外部环境优美、秩序井然、安全管理、对外交流等全面铺开，民间信仰的积极作用得以有效发挥。仅 2017 年，漳州市民间信仰组织赴台交流共 51批次、1190 人次；接待台湾参访团 213 次、18500 人次，发挥了民间信仰在对台交流交往中的纽带作用。②

依法治理是现代社会的主要特征，也是宗教工作的基本经验和主要原则。自 1991 年中央明确提出"加快宗教立法"以来，国家出台

① 张祝平：《论民间信仰文化生态系统的当代建构》，《浙江学刊》2013 年第 3 期。
② 林玉鹏：《开展场所创建活动　引导发挥积极作用》，《中国宗教》2018 年第 3 期。

了一系列相关行政法规和部门规章，一些省市也相继出台了有关宗教问题的地方法规规章。但是，由于行政法规、地方性法规、部门规章与地方政府规章的法律层级相对较低，还不能适应处理现实宗教生活中各种复杂问题的需要，特别是对于一些重要问题，如民间信仰的归属与管理问题等没有明确。因此，制定出台一部较为系统的《宗教法》，对我国宗教信仰（包括民间信仰）的合法性、长期性、活动场所、财产登记、仪式活动、神职人员的权利义务、教育培训、公共服务以及境内外文化交流等做出规定，这应是大势所趋。这样，可以使民间信仰有其"名分"，"回归本位"，并同其他制度化宗教一样有章可循，有组织可管，有法可依。①

四　赋予时代文明，建设和谐美丽新村

从我国民间信仰演进的漫长历史可以看出，民间信仰只有与社会发展相适应，与主流文化相协调，才能得以生存和发展。具有鲜明时代特征的主流文化，在塑造我国民间信仰过程中发挥过非常重要的作用，同样，我国民间信仰在保留、传承这些主流文化的过程中也起着相当重要的作用。在农村，社会主义核心价值体系建设，一方面应引领民众的思想道德建设，引领农村广大民众树立科学的世界观、人生观、价值观和社会主义共同理想信念，努力践行社会主义核心价值观，养成文明健康的生活方式，努力在农村社会形成讲正气、促和谐的良好风尚，促进民众自我管理、自我约束。另一方面要充分调动农村信众的积极性，引导他们为加快生产发展服务，激发和调动广大信众建设社会主义新农村的积极性、创造性，引导他们将美好的愿望与勤劳的致富观结合起来，通过自己努力发展生产，创造财富，建设美好生活。

建设社会主义新农村是一项伟大而艰巨的任务，需要团结一切可以团结的力量，调动一切可以调动的因素。在农村广大信众中，蕴藏着极大的建设社会主义新农村的积极因素，是建设社会主义新农村的一支非常重要的力量。笔者认为，当代重塑民间信仰，关键是要建立

---

① 张祝平：《论民间信仰文化生态系统的当代建构》，《浙江学刊》2013年第3期。

社会主义核心价值体系引导机制和培育民间信仰文化的内生机制，赋予时代文明新元素，树立民间信仰的良好社会形象，使民间信仰与社会主义社会相适应，为建设美丽和谐乡村服务。建立社会主义核心价值体系引导机制，就是用社会主义核心价值体系来引导和影响民间信仰的发展，使民间信仰的活动内容、活动方式及社会功能更加适应社会主义新农村建设的需要。具体来说，可将民间信仰场所纳入县级公共文化服务体系，使民间信仰在延续传统活动特色的同时，融入积极向上、健康有益、农民喜闻乐见的精神文明活动内容，使民间信仰场所成为宣传、教育和引导农民群众的新平台，从而进一步丰富农民精神文化生活，改善文化民生，促进农村文化的大发展大繁荣，增强民间信仰对社会主义主流政治文化的同质效应。

另外，传统性浓厚、村落性明显、归属感深厚的民间信仰一直是农村自身文化的重要部分，影响着农民的精神生活。重塑民间信仰要求进一步挖掘传统民间信仰中符合时代进步的积极因素，科学地阐释民间信仰传承的文化精神，用壁画、故事、说唱、戏曲等文化艺术表现手段，结合各种民间民俗文化活动，给农民以更好的道德引导和教化，这就需要培育民间信仰文化的内生机制，使民间信仰自身能随社会发展而做出适应调整。此外，民间信仰场所应积极开展社会公益慈善事业，履行社会责任，树立良好的社会形象，为建设美丽和谐的社会主义新农村发挥积极作用。①

福建民间信仰神祇大多数为历代人敬重的忠良义士及慈善施恩的传奇人物，妈祖是海上救苦救难的女神，保生大帝是慈悲济世的医神，陈靖姑是陆地上的妇幼保护神。近年来，福建省坚持在依法管理的基础上，注重正面引导，挖掘传承民间信仰优秀文化，融通福建精神。引导各地以文化节庆、学术研讨、民俗活动、书画楹联、地方戏曲等多种形式，挖掘和传承以神祇为载体的信俗文化，树立了一批具有福建特色、符合时代要求的民间信仰优秀文化典型。莆田着力弘扬"立德、行善、大爱"的妈祖精神，妈祖信俗成功列入《世界非物质

---

① 陈振华：《浅议民间信仰活动的引导和管理》，《中国宗教》2013 年第 11 期。

文化遗产名录》，成为全人类共同的精神财富。厦门注重挖掘传承保生大帝信俗"健康、慈济、和谐"理念，泉州注重弘扬传播关岳信俗"忠义、诚信"精神。这些民间信仰优秀文化内涵与"爱国爱乡、海纳百川、乐善好施、敢拼会赢"的福建精神相融相通，成为福建省民间信仰文化融入当代、融入基层的生动实例，成为展示当代福建兼容并蓄、和谐包容的重要名片。① 坚持以社会主义核心价值观为根本，发挥民间信仰在文化传承、道德教化、公益慈善、民间交流中的积极作用，引导信众自觉摒弃陈规陋俗，提升其道德教化和伦理规范水平，使信众群体更好地融入现代文明，同时也使民间信仰得以更好地为建设和谐美丽乡村做出自己的贡献，推进构建和谐美丽的新农村进程，实现乡村振兴。

---

① 黄进发：《注重正面引导 发挥积极作用 福建省民间信仰管理工作见成效》，《中国宗教》2017 年第 1 期。

第五章 传统村落与新村建设

第一节 中国传统村落概述

传统村落是华夏先民由采集与渔猎时代进化到农耕文明的重要标志，是各民族在历史演变中由"聚族而居"这一基本族群聚居模式发展起来的相对稳定的社会单元，是中国农村广阔地域上和历史渐变过程中一种实际存在的、历史最为悠久的时空坐落。中国传统村落的空间形态多样、文化成分多元，蕴含着丰富深邃的历史文化信息，传统村落是我国乡村历史、文化、自然资源的"活化石"和"博物馆"，也是中华民族优秀传统文化的重要载体。历经社会与时代的发展，传统村落不仅记录着民族的起伏兴衰，而且能够反映一定历史时空的社会物质文化与精神文化的发展状况，承载着珍贵的历史记忆、民族及地域文化信息。因此，传统村落在当下社会的生存与发展，是中华民族传统文化持久与旺盛生命力的体现。

但是，随着工业与科技时代的到来，作为数千年农业社会基本单位的村落，其命运在现代化发展进程中遭遇突变。特别是 20 世纪 80 年代以来，随着"城镇化、新农村建设、城乡统筹发展"的多重挑战和冲击，我国传统村落不断遭受"建设性、开发性"的破坏，遭遇了前所未有的危机。保护工作所面临的困难巨大，形势严峻。

一 传统村落的界定

传统村落是伴随着农耕文明发展而来的。作为拥有七千多年农耕文明史的国家，中国不仅历史悠久、文化底蕴深厚，而且疆域辽阔、民族众多、文化多元。在其悠远、广袤的历史时空中，经过各个民族不断的经验积累和创造性的建设，作为农业社会人类活动基本聚居单位与功能空间的村落大量落成。

村落是与城邑相对的概念，源于龙山时代聚落分化中的普通聚落，直至汉代，是一个连续发展的乡村基本聚居形态。有关"村落"的称谓，很早就出现在古代文献中，如《三国志·魏书》卷十六记载："入魏郡界，村落齐整如一，民得财足用饶。"这种聚居状态在秦汉时期主要被称为"庐""丘""聚"，以"村"来命名人们自由集聚成的聚落始于东汉中后期。而自魏晋南北朝隋唐逐渐形成以"村"称乡间聚落以来，乡间的大小聚居地，通常都可称为"村落"，或称为"村庄"，村庄聚落由此产生。

当然，作为聚落的村落并非一开始就进入了国家行政体系，而是有一个历史过程。汉代乡村组织的特点是里聚合一，是行政单元与自然聚落的一致；魏晋南北朝时期出现了里聚分离，作为自然聚落的"村"具有一定的行政意义；唐代，里正成为乡政的主持者，村正开始行使里正职掌，村落的行政与法律地位得到确认，乡里之制演化为乡村之制。① 这意味着，唐代以前，作为聚落的村落大体还是处于国家行政体制之外的。唐代之后，村落才真正进入发展阶段。

费孝通在《乡土中国》中认为："中国农民聚村而居的原因大致说来有下列几点：一、每家可耕的面积小，所谓小农经营，所以聚在一起住，住宅和农场不会距离得过分远；二、需要水利的地方他们有合作的需要，在一起住，合作起来比较方便；三、为了安全，人多了容易保卫；四、土地平等继承的原则下，兄弟分别继承祖上的遗业，使人口在一地方一代一代地积起来，成为相当大的村落。"② 由此可知，中国村落的形成，与中国传统的地理水利环境、小农生产模式、家庭继承方式以及历史发展联系在一起。从发生学的角度来说，"中国传统村落"是指中国古代先民在农耕文明进程中，在族群部落的基

---

① 马新、齐涛：《汉唐村落形态略论》，《中国史研究》2006 年第 2 期。

② 费孝通：《乡土中国》，北京出版社 2008 年版，第 5 页。

础模式上，进而因"聚族而居"的生产生活需求而建造的、具有相当规模、相对稳定的基本社会单元。

随着时代的演进，有一部分村落在近现代以来的城市化进程中成为城市的一部分；还有一些村落则保持了较为完整的原有风貌，在建筑风格、环境布局、生产生活、历史文化等方面都有不同程度的传承，这样的村落就是我们现在所称的"传统村落"。这些传统村落不仅包含以特色民居建筑为主的物质文化的固体实体，而且承载着特定历史阶段与地域空间的历史记忆、宗教信仰、节日习俗、方言俚语、乡规民约、家法族规等非物质文化遗产的活态传承，是中华民族物质文明与精神文明的重要载体。2012 年，住房和城乡建设部、文化部、财政部《关于加强传统村落保护发展工作的指导意见》指出："传统村落是拥有物质形态与非物质形态文化遗产，具有较高的历史、文化、科学、艺术、经济、社会价值的村落。传统村落承载着中华传统文化的精华，是农耕文明不可再生的文化遗产；凝聚着中华民族精神，是维系华夏子孙文化认同的纽带。"传统村落不仅仅是拥有丰富的历史资源，具有一定历史、文化、科学、艺术、社会、经济价值的客观物质存在，而且是农耕文明的载体及非物质文化遗产的活态传承。因此，传统村落保护工作对于当前传统文化传承、文化遗产保护、抵御外来文化渗透、民族团结及国土安全等具有重要的作用。

其实，以前我们称这类村落为古村落，2012 年 4 月，经传统村落保护和发展专家委员会第一次会议决议确定，将习惯称谓"古村落"改为"传统村落"，以突出其文明价值和传承的意义。"古村落"的称号只表达一种"历史久远"的时间性；"传统村落"则明确指出，这类村落富有珍贵的历史文化的遗产与传统，有着重要的价值，必须保护。①

二　开展传统村落评选的背景

早在 19 世纪中期，在工业化与科技化发展浪潮的裹挟下，部分

---

① 冯骥才：《传统村落的困境与出路——兼谈传统村落是另一类文化遗产》，《民间文化论坛》2013 年第 1 期。

西方国家的历史建筑即遭遇大规模的翻修与重建，刺激了相关专家与学者关于历史建筑修复与保护方法与路径的探索。如法国建筑学教授马利·维奥勒－勒－杜克（Eugene Viollet－le－Duc）提出的"风格性修复"理论，英国艺术评论家约翰·拉斯金（John Ruskin）、设计师威廉·莫里斯（William Morris）倡导的以历史原真性为核心的保护性修复等。这是较早关于历史建筑修复与保护的理论。随着历史建筑保护工作大规模开展，相关保护者对于保护工作的认识开始逐渐提高，使相关理论研究得到进一步深入，保护工作的覆盖范围逐步扩大至历史街区。但直至1930年法国《风景名胜地保护法》的颁布，历史村镇才首次进入文化遗产的保护范畴。自此，历经半个多世纪的实践与发展，至20世纪80年代前后，历史村落保护才在西方国家步入正轨并逐步走向成熟。至今西方国家已经形成了比较完善的实践、理论与法规三者相结合的保护体系和机制。其中以英国、法国、意大利为典型。

较之西方国家，中国关于传统村落保护工作的开展要晚很多。尽管中国在1982年已经建立了关于国家历史文化名城保护的文物保护机制，但2003年住房和城乡建设部、国家文物局才开始对历史文化名村进行评选，且保护范围较小。直至2012年的中国传统村落名录的评选，才意味着中国传统村落保护工作的全面开展。可见，中国传统村落保护工作得到开展，至今只有十余年的历史。

根据国家统计局数据，截至2017年年末，我国的行政村约有68万个，乡村常住人口为57661万，城镇人口为81347万，城镇化率为58.52%。民政部的统计数字表明，在2002—2012年的10年时间里，中国的自然村由363万个下降至271万个，平均每天消失80—100个自然村。如果时光回到20世纪50年代之前，这几百万个村落都属于传统村落，但是，现在它们大部分都已经遭到彻底且不可逆转的毁坏。

据村落研究中心的"遗存实情"记录统计数据，颇具历史、民族、地域文化和建筑艺术研究价值的传统村落，2004年总数为9707个，至2010年仅存5709个，平均每年递减7.3%，每天消亡1.6个传统村落。① 2014 年 6 月，中国村落文化研究中心又对"江河流域"区域原已纳入调查视野的 5709 个传统村落中的 1033 个进行回访、考察、调研。调研数据显示，2010 年尚为活态存在的 1033 个传统村落，在四年间，又有 461 个因各种原因消亡，幸存 572 个，消失了 44.6%，平均每年递减 11.1%，约 3 天就有 1 个传统村落消亡。② 实际上，就全国范围而言，传统村落消亡的速度整体上远高于上述数据。中国传统村落数量不断减少，大量吸附其上的民间文化也随之消失。所以，切实加强对传统村落的乡土建筑、非物质文化遗产、生态资源的挽救与保护，显得更为紧迫，意蕴深远。

表 5-1 显示，自 20 世纪 80 年代中期开始，中国的行政村、自然村数量呈严重下降趋势。行政村，自 1986—2011 年，数量减少 258020 个，平均每年减少 10321 个；自然村，自 1990—2013 年，数量减少 1123200 个，平均每年减少 48835 个。2015 年住房和城乡建设部的《中国城乡建设统计年鉴》数据显示，2014 年年末，中国大陆行政村个数为 54.67 万个，自然村的总数为 270.18 万个，比之前的数据略有上升。正如冯骥才所说："在 2000 年时，我国拥有 360 万个自然村，但到了 2010 年，这一数字变成了 270 万。也就是说，10 年间就消失了 90 万个自然村，这个数字令人触目惊心。"③ 在消失的村落中，其中有不少是具有历史风貌的传统村落。我国不可移动文物有 40 多万处，其中，7 万多处各级文物保护单位中，有半数以上分布在农村乡镇；还有 1300 多项国家级非物质文化遗产和 7000 多项省市县级非物质文化遗产，绝大多数都在传统村落里；少数民族的非物质文化遗产更是全部在传统村落中。④

---

① 胡彬彬：《我国传统村落及其文化遗存现状与保护思考》，《光明日报》2012 年 1 月 15 日第 7 版。

② 胡彬彬、吴灿等：《"江河流域"传统村落文化保护现状与建议》，《光明日报》2015 年 4 月 2 日第 7 版。

③ 赵晓林：《冯骥才：中国 10 年消失 90 万个自然村村落价值堪比长城》，凤凰网，2012-06-07，http://culture.ifeng.com/whrd/detail_2012_06/07/15115401_0.shtml。

④ 周乾松：《城镇化过程中加强传统村落保护的对策》，《城乡建设》2014 年第 8 期。

表 5 - 1   1962—2014 年部分年份的中国村落数量

时间（年）	行政村（个）	自然村（个）
1962	703000	
1965	648000	
1970	643000	
1975	677000	
1978	690388	
1983	750141	
1884	933485	
1985	940617	
1986	847894	3650000
1990	743278	3773200
2000	734715	3630000
2001	709257	3537000
2004	652718	3207379
2005	640319	3137146
2007	621046	2647000
2010	594658	2629800
2011	589874	2669500
2013	—	2650000
2014	546700	2701800

　　资料来源：行政村，1962—2004 年数据来源于国家统计局农村社会经济调查司编《中国农业统计资料汇编（1949—2004）》；2005—2008 年数据来源于中华人民共和国农业部编《新中国农业 60 年统计资料》，中国农业出版社 2009 年版；2009—2013 年数据来源于《中国统计年鉴》。自然村数据来源于《城乡建设统计公报》。同时参见刘馨秋、王思明《中国传统村落保护的困境与出路》，《中国农史》2015 年第 4 期。

　　为了挽救丰富的历史信息和文化景观资源，近年来，对如何保护和发展好传统村落在学术界引起了广泛关注，对传统村落的研究也处于趋热状态。传统村落的保护与发展是近年兴起的一个热门话题，也是一个充满中国特色的研究课题，还是一个涉及多个行业同时又相对独立的领域。之所以说传统村落是热门话题，是因为讨论和参与其中的人已经不再局限于遗产保护、规划设计等专业领域，而是扩散到了几乎所有的人文学科和相当数量理工学科，扩散到了中央到地方的各级政府部门，也扩散到了颇为广泛的普通民众。

三　传统村落评选标准的制定

住房和城乡建设部等部门根据传统村落建筑、选址、格局以及非物质文化遗产等要素制定了《传统村落评价认定指标体系（试行）》（〔2012〕58 号）①，规定了传统村落的评价依据和分值认定标准。为了使传统村落评审更具可操作性和公平性，在《传统村落评价认定指标体系（试行）》基础之上，编写了《评审指南》，供评审人员参考。《评审指南》对应《传统村落评价认定指标体系（试行）》，由村落传统建筑指标评价指南、村落选址和格局指标评价指南、村落承载的非物质文化遗产指标评价指南三部分组成。

（一）村落传统建筑指标评价指南

村落传统建筑评价旨在评估村落的传统建筑群的实物保存与工艺传承的完好度。中国村落传统建筑评价指标体系由两部分组成，分别为定量评估部分和定性评估部分（见表 5-2）。

定量评估部分包括：①久远度，指现存最早建筑（群）修建年代及现存传统建筑群集中修建的年代，不包括 1980 年以后修建的建筑（群）；②稀缺度，指村落范围内现存文物保护单位等级与数量的累计；③规模，指现存传统建筑占地面积；④比例，指现存传统建筑用地占全村建筑用地面积比例；⑤丰富度，指现存传统建筑的建筑功能种类，如居住、传统商业、防御、驿站等功能。

定性评估部分包括：①完整性，指现存传统建筑及其建筑（群）细部乃至周边环境保存情况；②工艺美学价值，指现存传统建筑（群）所具有的建筑造型、结构、材料或装饰等美学价值；③传统营造工艺传承，指至今仍大量应用传统建筑技艺营造日常生活建筑，如传统材料、传统工具与工艺等应用于日常生活建筑。

---

① 住房和城乡建设部等：《关于印发〈传统村落评价认定指标体系（试行）〉的通知》（建村〔2012〕12 号），2012 年 8 月 22 日。

表 5-2　　　　　　　　　中国村落传统建筑评价指标体系

类别	序号	指标	指标分解	分值标准及释义	满分	得分
定量评估	1	久远度	现存最早建筑（群）修建年代	明代及以前，4分；清代，3分；民国，2分；新中国成立至1980年以前，1分	4	
			传统建筑群集中修建年代	清代及以前，6分；民国，4分；新中国成立初至1980年以前，3分	6	
	2	稀缺度	文物保护单位等级	国家级，5分，超过1处，每处增加2分；省级，3分，超过1处，每处增加1.5分；市县级，2分，超过1处，每处增加1分；列入第三次文物普查的登记范围，1分，超过1处，每处增加0.5分。满分10分	10	
	3	规模	传统建筑占地面积	5公顷以上，15—20分；3—5公顷，10—14分；1—3公顷，5—9分；0—1公顷，0—4分	20	
	4	比例	传统建筑用地面积占全村建筑用地面积比例	60%以上，12—15分；40%—60%，8—11分；20%—40%，4—7分；0—20%，0—3分	15	
	5	丰富度	建筑功能种类	居住、传统商业、防御、驿站、祠堂、庙宇、书院、楼塔及其他种类。每一种类得2分，满分10分	10	
定性评估	6	完整性	现存传统建筑（群）及其建筑细部乃至周边环境保存情况	1. 现存传统建筑（群）及建筑细部乃至周边环境原貌保存完好，建筑质量良好且分布连片集中，风貌协调统一，仍有原住居民生活使用，保持了传统区的活态性，12—15分 2. 现存传统建筑（群）及细部乃至周边环境基本上原貌保存较完好，建筑质量较好且分布连片，仍有原住居民生活使用，不协调建筑少，8—11分 3. 现存传统建筑（群）部分倒塌，但"骨架"存在，部分建筑细部保存完好，有一定时期风貌特色。周边环境有一定破坏，不协调建筑较多，4—7分 4. 传统建筑（群）大部分倒塌，存留部分结构构件及细部装饰，具有一定历史与地域特色风貌，周边环境破坏较为严重，0—3分	15	

续表

类别	序号	指标	指标分解	分值标准及释义	满分	得分
定性评估	7	工艺美学价值	现存传统建筑（群）所具有的建筑造型、结构、材料或装饰等美学价值	1. 现存传统建筑（群）所具有的造型（外观、形体等）、结构、材料（配置对比、精细加工、地域材料）、装修装饰（木雕、石雕、砖雕、彩画、铺地、门窗隔断）等具有典型地域性或民族性特色，建造工艺独特，建筑细部及装饰十分精美，工艺美学价值高，9—12分 2. 建筑造型、结构、材料或装饰等具有本地域一般特征，代表本地文化与审美，部分建筑具有一定装饰文化，美学价值较高，5—8分 3. 建筑造型、结构、材料或装饰等不具备典型民族或地域代表性，建造与装饰仅体现当地乡土特色，美学价值一般，0—4分	12	
	8	传统营造工艺传承	至今仍大量应用传统建筑技艺营造日常生活建筑	1. 至今日常生活建筑营造仍大量应用传统材料、传统工具和工艺，采用的传统建筑形式和风格与传统风貌相协调，具有传统禁忌等地方习俗，成为非物质文化遗产，技术工艺水平有典型地域性，8—10分 2. 至今日常生活建筑营造较多应用传统材料、传统工具和工艺，采用的传统建筑形式和风格与传统风貌相协调，具有传统禁忌等地方习俗，技术工艺水平有地域代表性，5—7分 3. 至今日常生活建筑营造较少应用地域性传统材料、传统工具和工艺，采用的传统建筑形式和风格与传统风貌在一定程度上协调，营造特色有地域代表性，0—4分	8	
合计					100	

资料来源：住房和城乡建设部等：《传统村落评价认定指标体系（试行）》，2012 年 9 月 3 日。

（二）村落选址和格局指标评价指南

村落选址和格局评价旨在评估村落历史选址要素保存的丰富度及村落历史格局与环境的协调程度。村落选址和格局评价指标体系包括：①久远度，指现存传统村落现有选址形成年代；②丰富度，指现存传统村落历史环境要素种类，如古河道、古树、码头、公共建筑、城门等；③格局完整性，指传统村落格局保存程度；④科学文化价值，指现存村落选址、规划、营造等反映的科学、文化、历史、考古价值；⑤协调性，指现存传统村落建筑与周边山水自然环境或传统田园风光具有和谐共生的关系。

表 5 - 3　　　　　　　中国村落选址和格局评价指标体系

类别	序号	指标	指标分解	分值标准及释义	满分	得分
定量分析	1	久远度	现存传统村落现有选址形成年代	明清及明清以前，5 分；民国，3 分；新中国成立后，1 分	5	
	2	丰富度	现存传统村落历史环境要素种类	古河道、商业街、公共建筑、特色公共活动场地、堡寨、城门、码头、楼阁、古树及其他历史环境要素种类。每一种类得 2 分，满分 15 分	15	
定性分析	3	格局完整性	传统村落格局保存程度	1. 村落保持良好的传统格局，街巷体系完整，传统公共设施利用率高，与生产生活保持密切联系，整体风貌完整协调，格局体系中无突出不协调新建筑，26—30 分 2. 村落基本保持了传统格局，街巷体系较为完整，传统设施活态使用，与生产生活有一定联系，格局体系中不协调新建筑少，不影响整体风貌，16—25 分	30	

续表

类别	序号	指标	指标分解	分值标准及释义	满分	得分
定性分析	3	格局完整性	村落传统格局保存程度	3. 村落保留了一定的集中连片格局，保持了较为完整的骨架体系，能较为完整地看出原有的街巷体系，传统设施基本不使用，格局体系中不协调新建筑较多，影响了整体风貌，6—15分 4. 传统区域保持了少量的传统基本骨架体系，能零散看出原有的街巷体系，传统设施完全不使用，传统区域存在较多新建不协调建筑，风貌非常混乱，0—5分	30	
	4	科学文化价值	村落选址、规划、营造等反映的科学、文化、历史、考古价值	1. 村落选址、规划、营造具有典型的地域、特定历史背景或民族特色，村落与周边环境能明显体现选址所蕴含的深厚的文化或历史背景，有很高的科学、文化、历史、考古价值，25—35分 2. 村落选址、规划、营造具有一定地域和文化价值，村落与周边环境能体现选址所蕴含的深厚的文化或历史背景，有较高的科学、文化、考古、历史价值，15—24分 3. 村落选址、规划、营造保持本地区普遍的传统生活特色，村落与周边环境勉强体现选址所蕴含的深厚的文化或历史背景，科学、文化、历史、考古价值一般，0—14分	35	
	5	协调性	村落建筑与周边优美的自然山水环境或传统田园风光具有和谐共生的关系	1. 村落周边环境保持良好，与村落和谐共生，清晰地体现原有选址理念，11—15分 2. 村落周边环境有一定程度改变，但与村落较和谐，能够体现原有选址理念，5—10分 3. 村落周边环境遭受较为严重的破坏，与村落建筑相冲突，几乎不能体现原有选址理念，0—4分	15	
合计					100	

资料来源：住房和城乡建设部等：《传统村落评价认定指标体系（试行）》，2012年9月3日。

（三）村落承载的非物质文化遗产指标评价指南

非物质文化遗产评价旨在评价村落中承载的非物质文化遗产的价值。其指标体系包括：①稀缺度，指现存传统村落中的非物质文化遗产级别；②丰富度，指现存传统村落中非物质文化遗产种类；③连续性，指现存传统村落中非物质文化遗产延续至今连续传承时间；④规模，指现存传统村落中非物质文化遗产传承活动规模；⑤传承人，指现存传统村落中非物质文化遗产是否有明确代表性传承人；⑥活态性，指现存传统村落中非物质文化遗产的传承情况；⑦依存性，指现存传统村落中非物质文化遗产相关的仪式、传承人、材料、工艺及其他实践活动等与传统村落及其周边环境的依存程度。

表5-4　　　　中国村落承载的非物质文化遗产评价指标体系

类别	序号	指标	指标分解	分值标准及释义	满分	得分
定量分析	1	稀缺度	非物质文化遗产级别	世界级15分；国家级10分；省级5分（多项不累加）	15	
	2	丰富度	非物质文化遗产种类	省级，每项1分；国家级，每项2分，满分5分	5	
定性分析	3	连续性	至今连续传承时间	至今连续传承100年以上，15分；连续传承50年以上，8分	15	
	4	规模	传承活动规模	全村参加，5分；30人以上，4分；10—30人，3分；10人以下，2分	5	
	5	传承人	是否有明确代表性传承人	有，且为省级以上，5分；有，且为市级以上，3分；无，0分	5	
	6	活态性	传承情况	1. 传承良好，具有传承活力，25分 2. 传承一般，无专门管理，18分 3. 传承濒危无活力，10分	25	
	7	依存性	非物质文化遗产相关的仪式、传承人、材料、工艺以及其他实践活动等与村落及其周边环境的依存程度	1. 遗产相关生产材料、加工、活动及其空间、组织管理、工艺传承等内容与村落特定物质环境紧密相关，不可分离，26—30分 2. 遗产活动空间、工艺传承与村落空间具有一定的依赖性，活动组织与村民联系密切，具有民间管理组织，16—25分 3. 遗产活动组织与工艺传承与村落较为密切，为本地域共有特色遗产，具有代表性，6—15分 4. 遗产可不依赖村落保持独立传承，0—5分	30	
合计					100	

资料来源：住房和城乡建设部等：《传统村落评价认定指标体系（试行）》，2012年9月3日。

四　传统村落评选情况

2012 年 9 月，由住房和城乡建设部牵头成立了由建筑学、民俗学、规划学、艺术学、遗产学、人类学等专家组成的传统村落专家指导委员会，可以说是一件具有标志性的事件。专家委员会主任委员，是著名文化学者冯骥才先生。此前的一段时间，正是由于以冯先生为首的专家学者在不同场合的大声疾呼和广泛宣传，保护古村落的主张才得到了政府的高度关注和认可，并由住房和城乡建设部会同文化部、国家文物局、财政部（简称四部局）共同下发了关于开展传统村落调查的通知。传统村落专家指导委员会成立后，很快就开展了评选中国传统村落的工作。2012 年 12 月 19 日，住房和城乡建设部、文化部、财政部发通知公示中国传统村落名录，全国 28 个省共 646 个村落入选第一批中国传统村落名录。

2012 年 4 月，由住房和城乡建设部、文化部、国家文物局、财政部联合启动了中国传统村落的调查。通过各省政府相关部门组织专家的调研与审评工作初步完成，全国汇总的数字表明，中国现存的具有传统性质的村落近 12000 个。2012 年评选出第一批传统村落共 646 个；2013 年评选出第二批传统村落共 915 个；2014 年评选出第三批传统村落共 994 个；2016 年评选出第四批传统村落共 1598 个。四批一共评选出 4153 个传统村落（见表 5 - 5）。尽管对于拥有几百万个自然村的农业文明大国而言还是比例相当小的一部分，但是已经达到此前开展了十年的"中国历史文化名村"的 10 倍左右。随着传统村落名单的公布，社会各界的关注力也在迅速提高。

表 5 - 5　全国各省、自治区、直辖市前四批中国传统村落统计

省、自治区、直辖市	第一批（个）	第二批（个）	第三批（个）	第四批（个）	合计（个）	占总计比例（%）	合计排序
云南	62	232	208	113	615	14.81	1
贵州	90	202	134	119	545	13.12	2
浙江	43	47	86	225	401	9.66	3
山西	48	22	59	150	279	6.72	4

省、自治区、直辖市	第一批（个）	第二批（个）	第三批（个）	第四批（个）	合计（个）	占总计比例（％）	合计排序
湖南	30	42	19	166	257	6.19	5
福建	18	25	52	104	229	5.51	6
四川	20	42	22	141	225	5.42	7
江西	33	56	36	50	175	4.21	8
安徽	25	40	46	52	163	3.92	9
广西	39	30	20	72	161	3.88	10
广东	40	51	35	34	160	3.85	11
河北	32	7	18	88	145	3.49	12
河南	16	46	37	25	124	2.99	13
湖北	28	15	46	29	118	2.84	14
青海	13	7	21	38	79	1.90	15
山东	10	6	21	38	75	1.81	16
重庆	14	2	47	11	74	1.78	17
陕西	5	8	17	41	71	1.71	18
海南	7	0	12	28	47	1.13	19
内蒙古	3	5	16	20	44	1.06	20
甘肃	7	6	2	21	36	0.87	21
江苏	3	13	10	2	28	0.67	22
北京	9	4	3	5	21	0.51	23
西藏	5	1	5	8	19	0.46	24
辽宁	0	0	8	9	17	0.41	25
新疆	4	3	8	2	17	0.41	26
吉林	0	2	4	3	9	0.22	27
黑龙江	2	1	2	1	6	0.14	28
上海	5	0	0	0	5	0.12	29
宁夏	4	0	0	1	5	0.12	30
天津	1	0	0	2	3	0.07	31
总计	646	915	994	1598	4153	100	

注：因为四舍五入，各分项百分比之和不等100%。

五 传统村落的分布

在我国现代化建设快速发展中，科学记录和保护名村、名镇、名城的人文历史、自然风貌和各种原生态信息，不仅是一件功在当代、利在千秋的公益性文化工程，而且对研究、传承、弘扬和创新中国传统文化也具有重要作用。自2012年以来，全国分4批将4153个有重要保护价值的村落列入了《中国传统村落名录》，涵盖全国31个省份272个地级市、43个民族，大部分传统村落已列入名录（见表5－6）。但是，仍有部分地区未开展深入调查挖掘，一些有价值的村落没有列入保护范围。7月28日，住房和城乡建设部办公厅印发了《关于做好第五批中国传统村落调查推荐工作的通知》，部署开展第五批中国传统村落调查推荐工作，这标志着第五批中国传统村落的评选工作的启动。第五批中国传统村落调查是最后一次全国性调查，力争将所有有重要保护价值的村落全部纳入《中国传统村落名录》，建立基本完善的《中国传统村落名录》。通知要求各地高度重视，充分利用现有资料，组织做好传统村落调查推荐工作，特别是要对尚未深入开展传统村落调查挖掘的县（市）、乡镇和民族地区进行调查。要调动大专院校、科研设计单位、社会团体及专家学者等社会各方面力量，开展深入挖掘调查，确保推荐上报的传统村落具有一定保护价值。

表5－6　　　　全国各地理片区前四批传统村落分布分析

区域		四批合计（个）	合计排名	总和（个）	占比（%）
西南片区	云南省	615	1	1478	35.59
	贵州省	545	2		
	四川省	225	7		
	重庆市	74	17		
	西藏自治区	19	24		
华东片区	浙江省	401	3	1076	25.91
	福建省	229	6		
	江西省	175	8		
	安徽省	163	9		
	山东省	75	16		
	江苏省	28	22		
	上海市	5	29		

续表

区域		四批合计（个）	合计排名	总和（个）	占比（%）
华中片区	湖南省	257	5	499	12.02
	河南省	124	13		
	湖北省	118	14		
华北片区	山西省	279	4	492	11.85
	河北省	145	12		
	内蒙古自治区	44	20		
	北京市	21	23		
	天津市	3	31		
华南片区	广西壮族自治区	161	10	368	8.86
	广东省	160	11		
	海南省	47	19		
西北片区	青海省	79	15	208	5.01
	陕西省	71	18		
	甘肃省	36	21		
	新疆维吾尔自治区	17	26		
东北片区	辽宁省	17	25	32	0.77
	吉林省	9	27		
	黑龙江省	6	28		

注：因为四舍五入，各分项百分比之和不等100%。

首先，数据显示，云南省、贵州省、浙江省各申报 615 个、545 个、401 个，位列传统村落排行榜前三；天津市、宁夏回族自治区与上海市（两者数量相同）、黑龙江省仅有 3 个、5 个、6 个，位列传统村落排行榜后三。可见，现已公布的传统村落在省、市、自治州层面分布存在极端现象，前者与后者数量级差异显著。

其次，基于上述数据，把全国所属地理片区分为华中、华东、华南、华北、东北、西南、西北七个片区，比较各片区总和，分析研究得出七个片区呈现三层级分布特点。第一层级为西南片区和华东片区，总和在 1000 个以上，前者包含云南省、贵州省、四川省、重庆市及西藏自治区在内的 1478 个传统村落，后者则包含浙江省、福建省、江西省、安徽省、山东省、江苏省及上海市在内的 1076 个传统村落。其次为第二层级的华中片区（499 个）、华北片区（492 个）、华南片区（368 个）及西北片区（208 个），总和在 200—500 个之间，共包含 13 个省、自治区及直辖市。第三层级为东北片区（32个），总和为 100 个以下，共计 3 个省。

以中国幅员之辽阔、历史之悠久，保留下 1% 的传统村落是毫不为过的。这是中华民族的文化认同感的现实需要，也是中华文明作为人类最古老、最持久的文明之一而应该有的历史责任。1% 就是三四万个传统村落。考虑到此前已经形成的严重破坏以及政府工作的程序性以及基层技术人员的不足，几年之内把三四万个村落列入保护范围将会是一个很难实现的目标。退而求其次，先把目标定在 1‰ 或许是比较现实的。1‰ 就是三四千个，这正是我们目前在努力的目标。

第二节　传统村落的当代价值

传统村落是中华民族上下五千年留下来的宝贵遗产，不同民族在不同自然环境中形成了不同特色的自然村落形态，文化传统丰富多样。每一个民族的传统村落都有自己独特的文化，这些代表地方特色的精神文化内涵，最直接地体现了中华文化的民族气质、民间情感以及民族文化多样性。传统村落具有独特的历史文化价值、情感价值、景观价值和经济价值。

一　历史文化价值

中国有着五千年的悠久历史，传统村落正是中国五千年文明历程，尤其是农耕文明的最佳见证。传统村落是传统文化的主要产生地和传承地，具有很高的历史价值、文化价值。深深扎根于中华沃土的传统村落，是中华民族生活、生产、生存的基本载体，是传统观念、习俗、社会与家庭等多元文化孕育而生的中华本土文化，是一部拥有千姿百态、异彩纷呈、文化厚重的史书，是中华传统文化的根脉。传统村落拥有古朴的建筑风貌、悠久的历史文化和传统的民俗风情，是中国重要的文化遗产资源，尤其在全球化背景下的今天，传统村落的文化价值和社会价值正受到越来越多的关注。2012 年 12 月，住房和城乡建设部、文化部、财政部联合下发的《关于加强传统村落保护发展工作的指导意见》指出："传统村落承载着中华传统文化的精华，是农耕文明不可再生的文化遗产。传统村落凝聚着中华民族精神，是维系华夏子孙文化认同的纽带。传统村落保留着民族文化的多样性，是繁荣发展民族文化的根基。"

村落是我们农耕生活遥远的源头与根据地，保护传统村落有利于农耕文明与历史文化的传承。中国农耕文明的相关历史信息往往需要在历史经典文献中寻觅，除此之外，还有历史文物等各类物质文化与非物质文化遗产，作为承载了丰富历史信息的载体，被代以相继地保存下来，这也成为我们认知农耕文明、传承历史文化的主要途径之一。传统村落就是这样一个历史文化载体。考古资料证明，中国有着悠久的农耕文明史。如湖南道县玉蟾岩所发现的上万年的人工栽培稻种，澧县城头山、彭头山的稻田遗址等，都足以证明中国农耕文明史的悠长久远。但是，在中国数千年的农业社会和农耕文明史中，家庭、家族、宗族、氏族构成传统村落，乃至国家与民族的基本组成单位，并通过血缘纽带，传承内在文化传统。因此，相对于经典文献和出土文物、文献，传统村落所承载的相关历史信息更具鲜活性。

传统村落是一个最好的民居民俗博物馆，可以在这里研究民居、民俗、建筑、木雕、石雕、砖雕、楹联、宗祠、家教等，尤其是传统村落中的乡土建筑有着无法估量的历史文化价值。《乡土建筑遗产宪章》认为："乡土建筑遗产在人类的情感和自豪中占有重要地位。它已经被公认为是有特征和有魅力的社会产物。它看起来是不拘于形式的，但却是有秩序的。它是有实用价值的，同时又是美丽和有趣味的。它是那个时代生活的聚焦点，同时又是社会历史的记录。它是人类的作品，也是时代的创造物。如果不重视保存这些组成人类自身生活核心的传统村落，将无法体现人类遗产的价值。乡土建筑遗产是重要的，它是一个社会文化的基本表现，是社会与其所处地区关系的基本表现，同时也是世界文化多样性的表现。"1999 年，联合国教科文组织第二十四届世界遗产委员会上，安徽省黟县西递、宏村两处古民居，作为皖南传统村落的代表，被列入世界文化遗产。西递、宏村古民居群是徽派建筑的典型代表，现存完好的明清民居440多幢，其布局之工、结构之巧、装饰之美、营造之精为世所罕见。位于宏村的承志堂，是一幢保存完整的大型民居建筑，整栋民居布局精巧、飞金重彩，处处又暗含设计者和主人的设计理念及寓意，反映了悠久历史所留下的广博深邃的文化底蕴。湖光山色与层楼叠院和谐共处，自然景观与人文内涵交相辉映，是西递、宏村区别于其他传统村落的建筑特色，是中华儿女智慧的记忆见证，人与自然结合的典范，儒家文化与徽派文化思想影响下的东方传统村落人居环境的代表，蕴含着独特的魅力。

　　传统村落文化既包括有形的物质文化的固态存在，又包括非物质文化的活态传承，是物质文化遗产与非物质文化遗产的重要载体。传统村落的物质文化遗产包括古遗址、古建筑、古墓葬、画壁、石窟等不可移动文物，也包括历史上重要生活实物、艺术品、文献、手稿等可移动文物。如位于湘西土家族苗族自治州永顺县灵溪镇老司城村，既是中国历史上土司制度的物化载体，其本身也是物质文化遗产的重要组成部分。2016年1月，中南大学中国村落文化研究中心在湖南省江永县兰溪瑶族乡勾蓝瑶寨的水龙祠发现了一处明代水壁画，是迄今为止发现的中国长江以南地区最大规模的古代建筑壁画艺术遗存。传统村落的非物质文化遗产包括口头传统、民俗活动和礼仪节庆、传统手工艺等。如湖北黄冈市麻城市歧亭镇杏花村就有杏花村传说、"河东狮吼"典故、麻城花挑、麻城皮影戏、歧亭骨髓炎中药秘方、东颜街牌子锣等非物质文化遗产。我国的非物质文化遗产主要在村落，少数民族的非物质文化遗产基本上在村落。传统村落是物质文化遗产与非物质文化遗产的综合体，它不仅有以精美的传统民居建筑为主的物质形态文化遗存，还有一方水土创造民间传说、传统音乐、传统技艺、传统民俗活动等的无形文化遗存。除此之外，还有大量独特的历史记忆、宗族传衍、俚语方言、乡规民约、生产方式等，共同构成中国传统文化不能脱离的生命土壤。首批评选出的646个国家级传统村落中，有国家非物质文化遗产名录项目 700 多项，占全部 1200 多个国家级非物质文化遗产名录数目的 50% 以上。传统村落最直接地体现了中华文化的民间情感、民族气质和文化多样性。这些文化遗产与其所在村落存在紧密的依存关系，因村落的存在而存在，并使村落传统厚重鲜活。如果传统村落消失，依附于村落的物质与非物质文化遗产也必然遭受毁灭性打击。因此，保护传统村落有利于保护物质文化遗产和非物质文化遗产。

二 情感价值

传统村落承载着数千年的历史文化和中国人乡土情结，村落空间形态诠释着乡情、宗亲等社会关系和人与人之间"德业相劝、过失相规、患难相恤"的传统价值观念，是中国传统文化的重要组成部分。在生活节奏不断加快、生存压力日益增大、自然环境不断恶化的现代城市社会中，越来越多的人开始想念故乡，"乡土情结""乡村记忆"在高速发展的工业社会中蔓延。与城市工业文明不同，人们魂牵梦萦的田间村落，其文化内涵表现为一种恬然朴素、淡泊安稳的生活态度。传统村落中的人际交往主要在家庭内部以及亲戚邻里之间，而不是广泛的社会里，有别于现代社会中松散化的人际关系，这恰恰能够给予现代人一种精神上的满足。孟德拉斯在《农民的终结》一书中对于乡村情感就有阐释："较之工业的高度发展，农业的发展可以给人以安全稳定、千年平衡的印象。相对于城市的狂躁、复杂与多变，乡村则有着更多诗意与温情，它承载着乡音、乡土、乡情以及古朴的生活、恒久的价值和传统。"不同地域、不同民族用千百年来的积淀形成的聚合感、归宿感、安全感、亲切感、秩序感、领域感等各种情感，是传统村落村民赖以生存的一大精神支柱，即乡愁。传统村落通过千百年的历史记忆而形成的归宿感、安全感和认同感，既是村民赖以生存的精神支柱，也是中国各族人民的心灵寓所。"茅檐长扫静无苔，花木成畦手自栽。一水护田将绿绕，两山排闼送青来。"中国的传统古村镇，是我国广大农村人口赖以生存的土地，是追梦四海、漂泊在外务工人员的精神港湾，是中华文化衍生发展的根基。习近平总书记曾多次谈论乡愁，他强调："要保护和弘扬传统优秀文化，让城乡居民望得见山、看得见水、记得住乡愁。"

中华民族是一个慎终追远、敬慕祖先的民族。传统村落承载着中国人落叶归根的乡土情结，蕴藏着包括宗族、人际交往、风俗仪式在内的生活形态和社会关系，又体现了中华民族利用和改造自然、人与自然和谐共生的智慧。在中国传统村落中，一般都有祭拜祖先的祠堂，许多家族中藏有家谱，这对于同根同族民众的凝聚具有重要的作用。如在湖南汝城县，其境内现在还有 707 座氏族祠堂。在这些祠堂中，不少就是当时的望族为念祖行孝而建，或是这些望族的后裔为了炫耀望族门庭、重振家声、聚凝血统之力而修。因此，传统村落也成为同宗族成员连接家族血脉、传承族群文化、凝聚民族力量的重要载体。传统村落及其文化是构建统一战线的重要手段和工具，具有凝聚散布在世界各地的华侨和广大港澳台同胞情感的功能。散布于世界各地的华人，寻根究底，几乎都可以从传统村落中找到家族的源头。"落叶归根"的情结、赤诚的"中国心"，很大程度上就寄托在中国的传统村落里。保护好中国传统村落，有利于凝结海外华人的民族情结。

三　社会价值

传统村落中的人际交往主要在家庭内部以及亲戚邻里之间，而不是广泛的社会里。家庭关系是以血缘亲情关系为纽带的一种最自然、最直接的人际关系，在这种关系里，最重要的是父子关系、兄弟长幼关系和夫妻关系。中国传统道德认为，人之初，都为人子，我为人子，受父母的生养之恩。因此，对父母尽孝道，是子女应尽的义务。兄弟关系则要求为人之兄，行友之义；为人之弟，行悌之义，从而达到兄弟长幼的相和。夫妻之间则要有温亲之情而不失伦理正义，讲究恩爱温情、主次有序、从一而终，使家庭具有较强的稳定性。可见，所有家庭关系的联结都是在血缘关系基础上的"人情"维系，而家庭作为社会的基本细胞，其和谐与稳定奠定了社会和谐稳定的基础。

整个社会结构是家庭结构的放大，以直接情感为基础的家庭伦理推广到社会，形成儒家伦理。乡情、宗亲等在个人社会关系中占据了重要部分。在儒家伦理所揭示的五伦关系中，友情是亲情、宗法关系之外的唯一的以人的内在精神需求为依据的关系。因此，这种关系尤其强调朋友间的相互了解、相互信任和相互关怀。这种关系尚义不尚利，鄙视以名利为目的的交结，故有"君子之交淡如水，小人之交甘若醴"之说，这种关系强调荣辱与共、患难相扶，鄙视"落井下石""忘恩负义"的人情背叛者。

中南大学中国村落文化研究中心在 2015 年和 2016 年曾对湖南、贵州、云南一些传统村落分布相对稠密区域进行过实地考察调研，并对民间宗教信仰在这些区域传统村落中的传播手段与途径给予特别的关注。这些区域在漫长的历史进程中形成了许多以民族群体、氏族血缘关系组建起来的传统村落，极具民族特色。"护稷为忠、敬祖示孝、积德布仁、举善有义"的传统一直在这里得以传承和延续。原住居民对天地自然、神灵祖先以及自身民族历史，无不充满敬畏。这些信仰传统历千年未变，本土宗教在这里除发挥着宗教本身所具有的教理教义宣扬、传播、传承功能外，还起到了强化家族氏族民族血缘关系、维护家国人伦秩序、劝善崇德等方面的作用。自 20 世纪 80 年代始，先是在一些国际文化组织的名义下，由某些背景复杂的境外机构出资在这些地区建起了"原生态博物馆"，为境外人员出入提供了条件。外来文化进入的势头强劲，渗透力度大。随着社会环境的改变，部分传统村落原住居民在面对外来文化的冲击和影响时，逐渐接受和吸收外来文化，摒弃世代相传的文化传统，使传统文化的原有内容被侵蚀风化，甚至被解构，已严重影响到中国传统文化尤其是意识形态方面的传承与延续。因此，对传统村落的保护，就是对传统村落物质文化及非物质文化传承载体的保护，有助于村落文化的传承，有助于保护中国传统文化的多样性，从而激发原住居民的地域归属感、文化自信感、民族自豪感。此外，还可以将一些具有重大历史纪念价值的传统村落作为爱国主义的教育基地，这对于提高民众的思想道德素质、增强全民的爱国主义热情、防范西方意识形态的渗透有着积极的作用。

四 景观价值

由于文化的差异及自然环境的不同，现存的传统村落形成了各具特色的景观特征，即各地的传统村落都有自己独特的景观意象和文化特征，这些特色景观极大地丰富了我国的整体景观系统，是景观多样性的重要组成部分。目前，我国已经开始探索关于特色景观的保护体系，全国特色景观旅游名镇（村）自 2009 年起由中华人民共和国住房和城乡建设部与国家旅游局共同评定，至今共有两批 216 个村镇入选，这其中就包括相当一部分传统村落。

传统村落既有形制丰富的乡土建筑，又有与自然和谐协调的村落选址，还有优美的村域山水格局和历史风貌，呈现出独具地域特色的景观美。国内外众多有识之士已明确提出，在开发建设人居环境方面应向东方人学习，向中国的古人学习。美国学者约翰·西蒙德（John O. Simonds）在《景观建筑学》一书中对东方传统自然观、环境观及其面向自然的规划设计意象和造诣给了极高的评价，并极力推崇，作为"重新学习旧日的真理"，介绍了东方的大量优秀创作实例。美国著名建筑学家吉·戈兰尼（G. S. Golany）盛赞："在历史上，中国十分重视资源保护和环境美，中国的住宅、村庄和城市设计，具有与自然和谐而且随大自然的演变而演变的独特风格。"特别是以传统民居为主的各种民族传统建筑，门窗等建筑细部大多采用木雕、砖雕、石雕、彩绘等雕刻，这些雕刻和绘画汲取民族文化和民间艺术的养分，内容极其丰富，有花鸟、植物、人物、戏曲、神话、寓言等，表达的寓意多为中国传统的福、禄、寿、喜、财，人物多为体现中国的孝道文化，韵味深长，展现了村落具有的独特价值，是不可多得的人文景观资源。

中国五千年的农耕文化形成了千姿百态的传统村落。传统村落体现了中国传统文化中固有的生态和谐观，为实现生态文明提供了坚实的哲学基础和思想源泉。中国传统文化中倡导的"道法自然""天人合一"等思想，与建设美丽中国理念在一定程度上是一致的。传统村落在建设美丽中国的任务中具有重要的生态战略地位和价值。传统村落富有的地域特色景观系统，构思巧妙，经历长时期的传承，包含着人类与自然和谐相处的历史智慧。这些富有地域特色的景观系统，是美丽中国建设首要关注和参考的重点，千姿百态的传统村落是美丽中国的核心景区和景观"基因库"。① 对当前的城镇化、城乡统筹发展进程中遇到的资源浪费、环境污染、生态破坏等问题有着重要的借鉴意义。

五　经济价值

传统村落是我国历代流传下来的宝贵遗产，蕴含着不可忽视的经济开发价值。中国传统村落拥有丰富的自然旅游资源和人文旅游资源，在历史、建筑、自然景观、工艺习俗等方面表现出的独特魅力，吸引着国内外人们返璞归真，深入乡间，感受乡土文化，体验质朴乡村旅游所带来的愉悦。传统村落的一草一木、文物古迹，乃至乡音民歌，无不凝刻着深邃悠久的社会记忆，无形中吸引着前来寻根溯源、想要领略传统村落独特魅力的游人。

中国乡村旅游起步于 20 世纪 80 年代，90 年代后迅速发展。目前，中国已经进入大众化旅游时代，乡村旅游顺应了发展热潮，在规模、质量、效益等方面均不断提升。早在 1998 年，我国政府就提出了城乡旅游业共同发展计划，把当年的旅游主题定为"中国华夏城乡游"；到 2006 年，乡村旅游进一步得到重视，当年旅游日主题为"中国乡村游"，提出"新农村、新旅游、新体验、新风尚"；紧接着 2007 年又将"和谐城乡游"确定为旅游主题，倡导"魅力乡村、活力城市、和谐中国"。传统村落的旅游资源逐渐获得青睐，是中国旅游资源的重要组成部分。

世代相袭的、传承于民间的传统手工艺是具有很高旅游价值的。例如，辽北高密艺术三绝之一就是剪纸，该地区的剪纸历史非常悠久，是妇女的一项广为流传的民俗活动。因为特殊的地理环境，高密冬季比较寒冷，无法进行劳作，大部分村民都在家，所以，闲暇时间就用剪纸来打发，高密剪纸技艺非常精湛，无论是剪的吉祥图案还是花鸟虫鱼，都栩栩如生，惟妙惟肖。在北方冬季，红红的剪纸与白雪皑皑的环境相映成趣，为寒冷的冬天增加了一丝活泼的气息，也让人

---

① 周建明：《中国传统村落：保护与发展》，中国建筑工业出版社 2014 年版，第 15 页。

感到丝丝暖意，成为高密旅游资源的亮点。

传统村落中的民居及古宗祠等建筑物，具有极高的建筑艺术价值，蕴含精妙绝伦的建筑技巧，极具旅游观光价值。近年来，随着特色旅游业的兴起，越来越多的都市人到传统村落中，感受古村落建筑的悠久历史，倾听建筑文化的变迁故事。以广西永安古城村为例，其中最具建筑艺术价值的当属永安大士阁。大士阁始建于明洪武年间，是广西现存最古老的木质建筑，因其阁楼中供奉观音大士而得名。整个阁楼共有 36 根格木柱子（红漆），分三种规格：530 毫米、450 毫米、360 毫米①，全部坐在石质荷莲柱础上。屋面的瓦为红色无釉陶制，脊上刻有精美灰雕，檐口上下错落有致，层次丰富，使整个建筑造型轻盈、柔和。上檐较下檐短，后楼较前楼出檐更大，整体楼阁后大前小，其设计构思之巧妙、造型之优美，堪称古代木质结构建筑典范。再如，皖南的宏村目前仍有 150 余幢保存完好的明清古民居，有历经 400 多年的参天古木，有藏身于高墙深院的百年牡丹，有精雕细镂、飞金重彩的"民间故宫"承志堂、敬修堂，有气度恢宏、古朴宽敞的乐贤堂、三立堂，还有清代修建的"南湖书院"，更有绕家穿户、贯通月沼和南湖的古水利系统，都让人陶醉其间，流连忘返。

传统村落不仅具有发展乡村旅游业的巨大潜力，而且也是农村农副产品开发的培育基地。传统村落农业、副业资源的开发价值也不容忽视，许多传统村落或拥有得天独厚的自然资源，或拥有世代传承的精巧技艺，许多村落在世世代代的生产生活中，保留下许多智慧结晶。通过文化创意精加工等开发模式，使这些农产品、农副产品逐步升级转型，增加其附加值，可以促进传统村落开创一条绿色、生态、环保、可持续发展的致富之路。比如，西递、宏村因其独特的人文景观吸引了大量的游客前来旅游观光，当地政府积极组织石雕培训宣讲班，不仅吸引了更多的人学习石雕，提升了石雕技艺的

---

① 广西民族传统建筑实录编委会：《广西民族传统建筑实录》，广西科学技术出版社1991 年版，第 182 页。

知名度，使石雕这门传统手工技艺得以继续传承，让真正的乡土文化和乡土气息延承下去。同时，还能增加农民收入，促进经济发展。不仅拉动当地经济，同时对所在传统村落也是有力的宣传和推介。

随着时代的发展，人们越来越重视对于传统村落的保护和建设，逐渐意识到传统村落在历史文化、情感、景观、经济等方面所具有的重要价值。保护与发展好传统村落所拥有的宝贵资源，对促进传统村落经济发展至关重要，传统村落完全能走出一条传统与现代、农业与服务业相融合的可持续的乡村发展新道路。

第三节　保护与发展传统村落，建设和谐美丽新村

传统村落镌刻着农业、农村和农民发展的历史印记，积淀着几千年的农耕文化，是认识和传承中华农业文明的根基。每个传统村落都体现着当地的建筑艺术、村镇空间格局，反映着村落与周边自然环境的和谐关系，具有审美和研究价值。可以说，传统村落是中国乡村历史文化与自然遗产的"活化石"和"博物馆"。但是，飞速发展的工业文明正疯狂地吞噬着农耕文明，传统农业生产和生活方式、农业文化、民俗、特色民居被湮没，乡村社会在成片地消失，承载着中国五千年文明的传统村落正处于被终结的过程中。对传统村落进行系统深入的调查研究，既可以抢救性挖掘、整理村落农业文化遗产，有利于传承乡土文化和历史记忆，也是和谐美丽新村建设的现实要求。2013年7月，习近平总书记在湖北考察时强调："建设美丽乡村，不能大拆大建，特别是古村落要保护好。"①

---

① 中国共产党新网：《留住乡愁，是对传统村落最好的保护》，http：//cpc. people. com. cn/pinglun/big5/n1/2016/1125/c241220 - 28896542. html。

一　传统村落保护面临的困境

（一）乡土建筑的自然性损毁

长期以来，由于人们对传统村落稀缺性和不可再生性认识不足、保护乏力，除历史文化名村得到较好保护外，大多数传统村落"散落乡间无人识、无钱修"，处于自生自灭的状态，得不到有效保护，造成乡土建筑自然性毁损比较严重。

众所周知，传统村落大多年代久远，散落在相对偏僻、贫困落后的地区，传统村落建筑的土木结构，抗风雨侵蚀及抗灾能力差，由于受到风雨侵蚀和洪水、泥石流、地震、台风等自然力的破坏，许多传统村落的格局风貌、生态环境不断遭到破坏，众多已无人居住的民宅、祠堂面临着倒塌的威胁。原有的里巷、民宅、地貌水系、植被缺乏必要的保护，其历史特征和传统文化风貌也将很快消失殆尽。目前，一些传统村落破败不堪，街道萧条，很多倒塌的墙体、椽檐、门匾触目惊心。一些民间民俗文化濒临消亡，不少传统技能和民间艺术后继乏人，面临失传危险。

当前，传统村落不仅数量在大幅持续减少，尚存村落现状也不容乐观。即使在村落保护越来越受到关注，"历史文化名村""中国传统村落""美丽乡村"等建设项目相继启动的形势下，传统村落的损毁情况依然严重。

比如：江苏漆桥村。南京高淳区漆桥村是江南地区最大的孔子后裔聚居地，被誉为"金陵第一古村落"。漆桥村上有一条拥有2000年历史500米长的老街巷。2011年，老街保护和开发办公室成立，总投资5.3亿元的修缮工程在2012年春节后全面启动。但截至目前，只有沿街的危宅得以修复，而街巷以外的古建筑仍然破损严重。即使文保单位挂牌的明代民居也未能获得有效保护，屋顶木梁遭严重腐蚀，仅靠竹竿和木头临时承重，房屋岌岌可危。

（二）拆旧建新的自建性破坏

新农村建设旨在通过对农村经济、政治、文化、社会、生态等各方面的建设，推动乡村经济发展、基础设施改善，提高乡村居民生活质量，促进农村全面发展。但在过去十多年的新农村建设中，有的地方不考虑传统村落文化遗产的保护传承，简单地将新农村建设变成了

"新村庄建设"，对村落进行大规模的改建，拆掉传统民居，改旧为新、拆旧建新。具有地方特色的传统街巷和历史建筑被拆除，新建现代化的村民住宅；把一些依山傍水、古朴宁静的村落推倒重新规划，建设整齐划一的农民别墅（公寓）；原住居民被整体搬迁集中安置，原有的生产生活方式荡然无存。结果是传统村落的格局风貌和乡土建筑遭受"毁灭性破坏"，传统的生活方式逐渐消失，大量具有重要历史价值、文化价值的传统村落被损毁。

比如：江苏焦溪村。焦溪村隶属常州市武进区郑陆镇，其历史可以追溯到传说中 4000 多年前虞舜禅位后到高山安营扎寨。虽然焦溪村在 2014 年被列为中国历史文化名村和中国传统村落，保护规划也已出台，但古村面貌却仍然不尽如人意。"大量的现代化钢筋水泥住宅建筑，耸立于古村落群体建筑之间，甚至个别弄巷的新建筑形成了对古民居的围合群，陷整个古村落于不洋不土、不伦不类的尴尬境地。有些由金山条石铺成的具有历史风貌的古街道被改为水泥路，更有一些村民因热衷于毁旧造新，即为建造新居而擅自拆改古建筑，将原有的古民居及其周围那种典雅古朴的环境氛围破坏殆尽。"①

（三）过度商业化开发导致的"开发性破坏"

住房和城乡建设部明确要求，村落保护规划的一项核心内容就是控制过度开发，控制商业开发的面积和规模，不允许把一条原来有老百姓生活的街区改造成商业街，更不允许把村民全都搬出来，成为博物馆式的开发行为。② 但当前不少地方政府片面追求传统村落的经济价值，"重开发利用，轻保护管理"的现象相当普遍。一些具有重要价值的乡土建筑因保护管理不善而遭到损毁，尤其是成功申报定级的历史文化名村，面临着过度或不当旅游开发的破坏，正在走上文化遗产"加速折旧""文化变异"之路。个别村镇为了接纳更多的游人，不适宜地在古村内外修建宽阔的柏油马路、停车场、宾馆以及现代化

① 参见刘馨秋、王思明《中国传统村落保护的困境与出路》，《中国农史》2015 年第 4 期。

② 《住建部：控制传统村落商业开发规模不允许全迁村民》，http：//www.chinanews.con/gn/2014/10－28/6723992.shtml。

的游乐设施，与原有建筑极不协调，破坏了原有古村的意境和淳朴。有的地方甚至将传统村落整体转让承包，或变相将经营权转让给旅游公司开发经营，以保护为由搬迁村民的现象仍然普遍存在。而旅游公司把传统村落仅仅当成是赚钱的工具，"把古迹当景点，把遗产当卖点"，盲目地进行工程建设，麻木"拆古"，再疯狂"造古"，导致村落肌理遭到严重破坏。尤其是有的国家级历史文化名镇名村，违背相关的管理规定，无原则顺从开发商意愿过度开发，使传统村落失去历史信息记忆，成为一个"文化空壳"。①

比如：北京高碑店村。高碑店村坐落在北京朝阳区通惠河畔，曾是商贾云集的漕运集散地，距今已有近千年的历史。2006 年被列入北京市首批 79 个新农村建设试点村名单。如今，一栋栋三层仿古建筑取代了曾经的民居，高碑店村已被打造成一个崭新的京郊民俗旅游重要基地。

比如：河南方顶村。方顶村位于郑州上街区西南隅，明洪武年间由山西方姓族人始建，距今已有 600 年历史。方顶村完整地保存了明清时期的古建筑 100 余座、300 余间，是目前郑州发现的规模最大、保存较为完整的明清传统民居建筑群。2012 年，郑州市上街区政府就方顶明清古文化村落开发，与北京一家投资有限公司签约，投资数十亿元，计划把方顶村打造成民俗游景点。然而预想的景点还没有开发，村民们就被告知要拆迁，拆迁是为了让村民住上新型城镇化建设的楼房，但在交房之前只能先发动村民租房外迁。全村 400 多户人家，如今只有 30 多位村民留守。老街上多数宅子都大门紧闭，仅有寥寥几户维持着日常生活。②

传统村落是一种活的遗产，也是一种生活景观。文化习俗和生活场景是历史文化名村的灵魂，村民更是传统农业文化和民俗的载体，如果在开发中忽视村民，那就意味着抛弃了村落的灵魂，而仅有民居

---

① 周建明：《中国传统村落：保护与发展》，中国建筑工业出版社 2014 年版，第 27 页。

② 《郑州方顶村古村落面临旅游开发留村不留人引争议》，《大河报》2013 年 12 月 5 日。

建筑的村落也就不存在农业文化传承和村落生活延续的功能，失去了传统村落的原真面貌。

（四）工业化、城镇化导致"空心村"日益严重

中国广大农村劳动力大量向城市转移，直接导致传统农业以及为传统农业的繁荣所支撑的传统村落的衰败，一些偏远的农村社区已经成了名副其实的"空壳化"社区，几乎无法为村落传统文化的传承提供必需的人力资源保证。于是，传统村落文化遗产的传承与再生产面临被中断的危机。

中国社会科学院 2012 年发布的《城市蓝皮书：中国城市发展报告》中的调研结果显示，2011 年，中国城市常住人口首次超过了农村常住人口，城市化率突破50%大关，达到51.27%。① 至 2014 年年末，这一数值又有所增高，全国大陆乡村常住人口仅占总人口比重的45.23%。近年来，中国村落文化研究中心田野考察小组的调查显示，不少传统村落呈现"空心化"发展趋向，不少村民离开村落迁移至城镇生活，传统村落呈现"人去房空"的景象，村落精英流失导致村落发展缺乏主力军。2017 年年末，四川常住人口 8302 万，比上年年末增加40 万，其中城镇人口 4217 万，乡村人口 4085 万。常住人口城镇化率50.79%，比上年末提高1.58 个百分点。②《中国传统村落保护调查报告（2017）》的数据显示，川渝传统村落外出打工的青壮年比例基本在50%以上，甚至更高。比如，四川巴中市青木镇黄桷树村，总人口有 836 人，但留守在村的仅有 50 人；在邛崃市花楸村，在1580 人的总人口中，60 岁以上老人达到 400 多人，常年在家的30—50 岁年龄段的劳动力不足 200 人；在泸县兆雅镇新溪村，在鼎盛时有 400 多户 1600 余人，但如今 600 余米的古街空空荡荡，只有十余户三四十人居住，基本为 60 岁以上的老人，其余住户基本搬迁一空。又如，贵州雷山县控拜村，其人口总数 2000 多人，现在村里留

---

① 参见住房和城乡建设部《中国城乡建设统计年鉴》，http://www.tjcn.org/tjnj/CCC/34739.html。

② 四川省统计局：《2017 年四川省国民经济和社会发展统计公报》，http://www.sc.stats.gov.cn/sjfb/tjgb/201802/t20180228_254426.html。

守的不足 200 人。20 世纪 80 年代末出生的 20 多人，如今只有 3 人因为身体原因无法外出而留在村里。河南南部的丁李弯村、西河大湾和韩山村等传统村落，虽然建筑物保存非常完好，但由于大多村民外出打工，或在县城购置新房生活，"空心化"现象严重，使房屋长期闲置而无人看管、修缮，保存状况堪忧。宁夏的下滩村，只有 60 多名老人居住，最年轻的一位已年届五十，村落荒凉空旷，公路旁不少的房屋已经无人居住。外出的青壮年除农忙时节回乡帮忙做活之外皆在外生活工作，连节日也极少回家。老人平时深居简出，除放羊或者做农活外，就是在家中看电视。过节或者庙会时村里也冷冷清清。①

传统村落出现"空心化"现象的原因可归结为两大类：一类是劳动力外流，大量的青壮年进入城市等经济更发达地区务工或经商，村落中主要有老人、儿童居住；另一类是村民的主体搬迁，村落居民可能由于政府整体搬迁政策或者旅游开发需要而大规模地搬离原住所。传统村落保护与发展的主要力量是村民，随着大量村民进城务工，村落原本生产生活瓦解，空巢化严重，并逐渐从"空巢"到"弃巢"演变。一方面会使传统村落里的传统建筑、文物古迹等物质文化遗产日渐破败凋敝；另一方面会导致附着在传统村落上的异彩纷呈的传统文化精髓的传承出现断层。传统村落的"空心化"，客观上使传统村落"文化生态"②发生不可逆转的嬗变，"空心化"无疑加剧了传统村落文化保护与传承的难度。

（五）村民改善居住条件意愿与村落原真性保护之间的矛盾突出

随着国民经济的快速发展，农民的收入不断提高，生活水平得到大幅度改善，村民改善居住条件的愿望不断增强。调查发现，大多数古村古镇的原住居民有"宁住新房，不修老宅"的思想，即便不能住上新房，也希望直接改造老宅的空间布局和生活设施。因为许多古民居由于建筑年代久远，基础设施、居室格局和居住环境比较落后，已

---

① 《中国传统村落蓝皮书：中国传统村落保护调查报告（2017）》，社会科学文献出版社 2017 年版。
② 麻勇恒：《苗族村落社会中的文化生态嬗变研究——以纪巧村 1989 年以来春节习俗的渐变为例》，《民俗研究》2013 年第 2 期。

无法满足居民的现代生活需求。特别是一些外出打工的村民长期适应了城市的生活习惯，追求现代化便利的生活条件和文化品质，已经不满足于原有的生活环境，急于改变自己现有的居住环境。不少村民表示，住在老建筑里不踏实，担心房屋倒塌。虽然已经得到国家的拨款，但是仍然阻挡不了村民在老建筑群里拆旧建新的行为。原住居民为了改变落后的居住条件，拆掉原有的传统建筑，代之以充满现代感的楼房，这在客观上破坏了传统村落的整体风貌。在全国范围内，这样的现象极为普遍。

然而，原地活态修缮也面临两难抉择。如果旧居不是文物保护单位，那么或修或建完全由村民个人决定。修缮旧居的成本通常高于拆旧建新，而留在村中的居民往往无经济能力修缮老屋，外出务工的年轻人挣了钱也大多会选择直接拆除旧居，改建为砖瓦甚至混凝土结构的房屋。即使村民有古建筑的保护意识，但在经济重压之下，也很难将保护放在首位。如果政府部门对此没有统一管理，没有足够的修缮资金和技术等方面的支持和投入，那么这种自发的、非专业性的修缮对古建筑来说仍然具有强烈的破坏性。如果旧居属于文物保护单位，那么按照文物保护法的规定，在房屋产权人无力维修的情况下，政府有责任对文物进行抢修，然后向责任人结算费用。但实际情况是，责任人通常不会承担也无力承担修缮费用，政府不但出了修缮的钱，还要付给产权人租金。在这种模式下，政府承担财政重压，而对于大量古建筑、古村落来说，政府的投入也只是杯水车薪，因此，即使是挂了牌的文保单位，也难逃白蚁、渗漏、腐烂、霉变、火灾的残酷现实。

比如：江苏明月湾村、杨湾村。随着时代的变迁，明月湾村的家庭规模由过去的几代同堂发展为今天的小家庭生活模式，老宅也随之分割给多个户主。如果老宅需要进行整体修缮，必须征得全体户主的同意。虽然居住在明月湾村的户主大多有改善老宅居住条件的意愿，但他们大多数年事已高，经济条件有限，对于老宅的修缮工作心有余而力不足，只能任由其继续破败。虽然自2006年作为景点开放以来，明月湾村有了营业收入，如2011年共接待游客15万人次，实现营业收入 100 万元，但这些收入只能维持日常工资开销，不够投入下一处古宅的修复，与政府庞大的投入更不成比例。

与明月湾村同属于苏州市吴中区的杨湾村，村内所存的明清建筑也因缺少修缮资金和疏于管理而破损严重或被村民占用，有些甚至处于"危房"状态，而部分经过翻建的老房和新建的楼房则破坏了村落原有的格局。即使属于文物保护单位的旧居，其保护情况也不容乐观。一方面政府无法承担每处民居的高昂的修缮费用，另一方面居民也认识到了旧屋的价值，因此，即使早已搬至他处，也不愿意被政府低价收购，导致古建筑长期空置，加速损毁。

二　传统村落保护的基本原则

自 20 世纪末开始，胡彬彬、冯骥才等专家学者就不断采取各种方式对中国传统村落的保护进行呼吁谏言。由胡彬彬教授创办的中国村落文化研究中心还以理论结合实践的方式积极探索保护传统村落的有效途径，不仅不定期对中国传统村落开展田野调查，采集大量一手数据与资料，而且打造了一流的创新研究平台，集合了具有不同学科背景的人才，以第一手材料为基础，理论结合实际，对传统村落文化进行多学科的交叉研究。中国传统村落保护工作在 20 世纪 80 年代就已开始，但将传统村落作为一个专门的保护对象进行保护，则始于2003 年"中国历史文化名村"的评选工作。传统村落是中华民族甚至是全世界的珍贵遗产，对其的保护不能只停留在国家层面，社会各界都应该齐心协力，共同参与，贡献自己的力量。整体而言，经过 15 年的努力，我们制定了相关的法律法规，建立了有效的保护机制，形成了政府主导、社会各界积极参与的"上令下行、合力保护"的局面，使大批古建筑得到及时修复及有效保护，有效地减缓了传统村落的消亡速度，保护工作取得了一定的成绩。但是，尽管相继开展了"历史文化名村""中国传统村落""美丽乡村"等一些保护传统村落的项目，当前传统村落保护依然面临许多困境：传统村落随着现代文明的发展正在迅速衰落，吸附其上的传统文化也濒临灭绝，保护发展状况不容乐观。2017 年 1 月，住房和城乡建设部部长梁晖在新闻发布会上强调，全国经调查上报的 12000 多个传统村落，它们仅占我们国家行政村的 1.9%，自然村落的 0.5%，其中有较高保护价值的村落已经不到 5000 个。① 中国传统村落保护工作所面临的问题错综复杂，任重道远。在保护的过程中，应坚持以下四个原则：

（一）原真性保护原则

传统村落的保护与发展首先必须体现历史环境原生性原则。尘封的历史遗存携带了大量真实的历史信息，是古村历史文化价值的主要载体。如果失去了这些真实的载体，传统村落的保护与发展就失去了存在的依据。传统村落保护应尽量保存有价值的构件和工艺手法，如传统村落文物建筑的结构布局、材料应用、工艺技术和艺术风格等。尊重传统建筑风貌，不改变传统建筑形式，对确定保护的濒危建筑物、构筑物应及时抢救修缮，对于影响传统村落整体风貌的建筑应予以整治。中国地域广阔、民族众多，传统村落的建筑风格各具特色。近年来，随着村落旅游业的发展，不少村民走上了致富道路。因此，具有现代建筑风貌的建筑悄然兴起，与村寨古色古香的民族风格、独具特色的传统建筑风貌极不协调，严重地破坏了自身特色。保护传统村落，必须保持其原生性。只有坚持原生性保护原则，留住传统村落的特质文化，才能留住传统村落的"魂"。

（二）整体性保护原则

传统村落的发展要遵循保护历史风貌完整性的原则。住房和城乡建设部、文化部、国家文物局、财政部发布的《关于开展传统村落调查的通知》指出："符合传统村落的标准还要有较完整的村落规划体系，村落在选址、建设的时候根据传统观念依据自然生态环境建造。"这强调了传统村落的落成是自然与人文环境相结合的结果，也说明传统村落的保护不但要保护其有形的外观，更要注重与之密切相关的自然与人文生态环境。以"文化生态学理论"为基础的整体性保护原则，强调的是文化与所处自然和生态环境之间的作用关系。传统村落作为文化的载体，也必然受到当地自然与人文环境的影响，并与之互

---

① 国务院新闻办公室：《国新办就改善农村人居环境工作进展情况举行发布会》，ht-tp：//www.scio.gov.cn/index.htm，2017 - 01 - 18。

相作用，共同组成了统一完善的文化生态系统。这个系统涵盖内容广泛，涉及价值观念、宗教信仰、社会制度、道德伦理、科学技术以及经济体制形式等方方面面。因此，传统村落保护概念可延伸为以传统村落主体为中心的文化生态系统的整体保护。尊重传统选址格局及与周边景观环境的依存关系，注重整体保护，禁止各类破坏行为。尊重村民作为文化遗产所有者的主体地位，鼓励村民按照传统习惯开展乡社文化活动，并保护与之相关的空间场所、物质载体以及生产生活资料。换言之，就是将村落原住居民的生产生活等活态文化的保护都纳入传统村落的整体性保护原则中。

（三）活态性保护原则

村落生命力的根本在人，传统建筑如果离开了村落原住居民的存在，终究不过是个空壳子，村落中人文的、历史的文脉文象等都将消失。要保持村落的活态性，就要留住原住居民，防止"空心村"的出现。当前，我们对于传统村落的保护内容较为有限，着重于有形的物质文化遗存，往往忽视了无形的非物质文化及作为文化传承者的保护。而事实上，以古建筑为主的传统村落物质文化遗存，只能以"固态"的形式体现传统村落文化的一部分。而传统村落文化的价值，更体现在原住居民活态的生产生活方式、风俗习惯、精神信仰、道德与价值取向等世代相传、延续至今的非物质文化的方方面面。换言之，传统村落的"活态"存在，是其他诸多价值依附的根本。对中国传统村落的保护，需要加深对村落传承的活态文化的保护以及这些文化的传承主体"人"的保护。唯有如此，才能确保民族历史文化不出现"断层"及保护机制的有效性；只有把传统村落的保护与新农村建设有机结合起来，才能形成传统村落的人与文化都"活"起来的保护新格局。

（四）可持续性保护原则

传统村落发展应遵循可持续发展原则，即以服务民生、提高效益作为传统村落保护与发展的核心，积极保护与合理利用历史文化遗产，探索"在保护中求发展，在发展中更好地保护"的良性循环，实现政治、经济、社会、文化、生态可持续性发展。传统村落有丰富的物质文化遗产与非物质文化遗产，是中华传统文化的重要载体，也因此具有重要的旅游开发价值。依托传统村落的历史文化资源，打造旅游产业，既能集聚资本确保保护工作的开展，又能带动地方经济的发展，改善民众的物质生活状况。然而，事实上，不少地方政府和旅游企业在开发中往往本末倒置，忘却了开发的初衷是为了更好地保护与发展传统村落，而片面地追求经济效益的最大化，使传统村落普遍出现"开发性破坏"的现象。如超负荷的商业业态的注入，不仅对传统村落居民的生活带来冲击，而且对当地的生态环境造成了较大的威胁。还有部分地方政府及旅游开发公司为了提高传统村落的市场竞争力以获取最大化的利润，对古建筑进行过度改造，严重破坏了传统村落的原有风貌，甚至造成了传统村落空有其表的局面。所以，对于传统村落的利用，必须坚持可持续发展原则，注重对商业开发程度的把握，结合实际情况，以长效、持续保护为主的原则进行规划，避免过度商业化对村落造成破坏。唯有如此，传统村落才能在旅游业发展的热潮中发挥其应有的价值。正如《世界文化遗产公约》所指出的："文物建筑保护最好的方法是继续使用它们。传统村落的保护方式应该是动态的、可持续的。"①

三 传承传统村落文化，建设各具特色的美丽新村

传统村落是乡村版图不可分割的一部分，传统村落的保护与发展不能孤立地看，要放在整个乡村衰落与振兴的大背景下寻求出路。②2018 年 3 月 8 日，习近平在参加十三届全国人大一次会议山东代表团审议的讲话中指出："特别要保护好传统村落、民族村寨、传统建筑。"③传统村落的保护与发展的总要求和乡村振兴战略的"产业兴旺、生态宜居、乡风文明、治理有效、生活富裕"总目标是一致的。从生态方明到乡村振兴，习近平曾多次描绘中国乡村的美丽图画。因

---

① 《中国传统村落蓝皮书：中国传统村落保护调查报告（2017）》，社会科学文献出版社 2017 年版，第 17 页。

② 张志勇：《乡村振兴战略拓宽古村落活化之路》，《中国艺术报》2018 年 1 月 8 日。

③ 求是网：《习近平的美丽乡村"话中画"》，https：//www.qstheory.cn/zhucmqu/bkix/2018 - 04/27/c. 1122754903. htm。

此，在乡村振兴战略的时代背景下，以乡村振兴为契机，从经济、政治、文化、生态等方面，因地制宜，分类推进，加大对传统村落保护力度，保护农耕文化和弘扬优秀传统文化，促进传统村落全面发展，建设"望山见水、记住乡愁"的美丽乡村。

（一）培养文化保护意识，传承传统村落文化

1. 认识传统村落的价值，培养人们的自觉保护意识

虽然政府已经开展了历史文化名村、中国传统村落等认定工作，入选村落总数达到 4193 个，但大多村落只是挂了国字头的名牌，其历史价值和文化内涵并未得到深入研究，村落也未能真正实现活态传承。传统村落保护工作能否顺利推进，关键在于人们对传统村落价值的认识以及自觉保护的意识。这里所说的人，既包括居住在古建筑、古村落中的村民，还包括政府相关部门的管理者、参与村落开发的投资者甚至每一个消费者。村民有了自觉保护意识，就不会随意拆建旧居，抛弃传统的农业生产和生活方式；政府管理者有了自觉保护意识，就不会迁出村民，把旅游开发与村落保护混为一谈；参与村落开发的投资者有了保护意识，就不会忽视农业文化，把古村落建成只有空壳的景区；如果每一个消费者都认识到传统村落的珍贵价值，都有自觉保护意识，就不会让违背村落原真性保护原则的行为拥有生存的土壤。因此，应该从文化素质教育、道德培养、法律法规制定、宣传、物质与非物质激励等多方面入手，提高人们对农耕文化和传统村落价值的认识。

首先，广泛开展社会宣教，营造村落保护发展良好氛围。冯骥才先生说："在完成评估认定之后，下一阶段要更加注重保护成效的落实与民众文化自觉的提升。"充分利用广播、电视、报刊等传统媒体和微信、微博等新媒体对社会民众进行宣传，让公众了解传统村落文化与自然遗产的保护发展，开展各类活动，扩大传统村落保护意识的影响力。与中央电视台等新闻媒体合作，到实地拍摄中国传统村落的纪录片，有代表性地选取部分传统村落进行展示，同步在省建设博览会设立传统村落展区，进一步扩大影响。

其次，提升领导干部的文保意识和文化自觉。通常传统村落保护

与发展工作的最终落实，都需要广大领导干部配合，尤其是政策制定，政府起主导作用。让各级领导干部学习"文化遗产保护专题课"，以提高各级领导干部的文保意识和文化自觉，使其在具体工作中能够主动承担传统村落的保护工作，树立正确的保护观念。

最后，加强村民的文保宣教。广大村民是传统村落保护的主体力量，通过举办农民夜校，把传统村落价值相关知识编写成教材，授课于村落村民；把村落保护发展的相关要求写入村民公约，规范村民违背传统村落保护发展的行为；把村落资源开发利用成果惠及全体村民，提高村民对村落价值的认识，从而激发村民对传统村落保护与发展的积极性和主动性，引导和鼓励全体村民参与传统村落保护与发展工作。

2. 深入挖掘传统村落文化资源，传承村落优秀传统文化

传统村落是我国文化遗产信息量最大的最后一块阵地，具有独特的价值，只有意识到传统村落文化的价值，深入挖掘传统村落文化资源，才能对传统村落的各种文化进行传承发展，而对传统村落文化的传承发展是有效保护的具体途径。

首先，创新对传统村落的传承方式。在传统村落文化保护上，要充分利用现有条件，打开思路，创新传承方式，对一些濒临灭绝的传统非物质文化遗产项目，在现有传承人活态传承的基础上，要充分利用现有数字化记录方式进行传承；加大对非物质文化遗产的宣传，让非物质文化遗产进入学校课本和社区，使传承活动常态化发展，让人们能真正了解非物质文化遗产，认识非物质文化遗产蕴含的重要价值。

其次，提高非物质文化遗产产品附加值。很多传统非物质文化遗产技艺本身来源于人们的生产生活需求，在这些产品中，蕴含了前人对生活深刻的理解与追求，深入挖掘传统非物质文化遗产产品的现代生活价值，加大对非物质文化遗产衍生品的创新性开发，对开发品进行加工生产，促进第三产业和第二产业深度融合，使传统村落优秀文化得到传承发展。

最后，传统村落众多的原生态环境和异彩纷呈的人文环境是进行

村落旅游开发的重要资源,有着广阔的发展前景。走特色化和创新化路线是传统村落旅游发展的关键。一是坚持原真性,以此区别于城市休闲项目;二是坚持本土性,有别于其他普通村落,避免同质化竞争。注重协调开发与保护的互动关系,在增加村落经济收入的同时,进一步弘扬传统村落的历史文化。

(二) 发展多种保护模式,促进传统村落经济发展

1. 加大政府与社会资金投入,加强村落物质遗存修缮

政府是传统村落保护的主体投资者,这是由政府公共职能所决定的。[①] 省、市、县级各级政府应确立本级专项财政预算,专门用于传统村落保护,该经费要随地方财政收入的增长而同步增加,以此保障乡土建筑等重点文化遗产保护经费投入。同时,还需要社会力量的支持。目前即使政府加大对传统村落的资金投入,但仍然是杯水车薪,需要通过多渠道筹集资金,积极利用外资、民间投资、银行信贷和资本市场融资等融资平台进行筹资,如果可以,打破传统的通过金融机构融资的模式,利用互联网技术,通过资金众筹来解决当前传统村落保护与发展中资金短缺的实际情况。即在传统村落保护与发展中每一个项目的发起者借助互联网或者"众筹网"平台的开放性,集结社会公众的力量,集中大家的资金为传统村落保护与发展的某个项目筹集资金。如"古村之友"推荐的第十一个众筹项目"一起来香格里拉纳帕海边盖房子——纳帕海青旅众筹"。首先是资金预算的公布及其众筹的项目内容,其次是将众筹的选择分为八个档:10元、68元、128元、208元、508元、888元、10000元、无私支持。每个档有相应的回报,比如10元的众筹回报为:①成为我们的"合伙人",完成您心里的青旅梦想,受邀来到现场或微信平台全程参与青旅的建设与运营;②青旅家人感恩墙上将留有你的名字和照片等。10000元的众筹回报为:①拥有前面所列支持的所有回报;②成为纳帕海青旅的"真正股东",股东本人(可带三位家属)10年时间想来就来,吃住免费,免费接机接站,不限次数……归结起来,这种众筹模式十分有

---

① 周乾松:《城镇化过程中加强传统村落保护的对策》,《城乡建设》2014年第8期。

利于个体或民间组织为传统村落保护与发展的各类项目筹集资金，既降低了融资成本，也提高了融资效率。充分调动全社会力量，加大资金投入，使传统村落的传统建筑、文保单位、历史环境要素等物质文化遗产得到及时修复。

2. 创新传统村落发展模式，提升村民自我发展能力

传统村落的保护必须是整体性的，这意味着不仅要保护建筑，还要保护其中的传统文化，如家庭组成、生态环境、生产生活方式、谋生手段、手工工艺等。每个传统村落都蕴藏有深邃的历史文化信息，其比一般村落文化内涵更丰富，价值更多元，所以，不能像一般村落那样在农村建立分支工厂，鼓励城市生产企业迁往村落，为村民提供就业机会，以及村落过度商业化、劳动力输出、城镇化等这样的发展，这种发展模式虽然在一定程度上能够稳定村落经济，但却会对传统村落原有的村落格局、传统风貌、生产生活方式、文化习俗产生巨大的影响和破坏。同时，传统村落数量大、分布广，各传统村落的区位因素、资源禀赋、经济水平也有差异，所以，传统村落的发展模式不是统一的。秉承"因地制宜"的原则，可以尝试发挥村落的自身优势，探索切入点，将村落保护与建筑民居、农业工程、景观、生态农业、特色民俗、农产品生产等结合起来，真正实现传统村落的活态传承。根据传统村落保护发展的特殊性，结合各地传统村落具体情况，总结为以下几类发展模式。①

（1）与典型古建筑和传统民居结合模式。村落由建筑构成，村落的生成也是一种社会性建筑行为。② 村落中的古建筑、传统民居以及错综复杂的古街巷弄构成了村落的骨骼。谈到村落保护或是村落旅游，人们首先想到的大多是装饰精美的古民居和古朴厚重的石板路，就连住房和城乡建设部等部门制定的《传统村落评价认定指标体系（试行）》，也将"村落传统建筑评价指标体系"列在第一位。因此，

---

① 刘馨秋、王思明：《中国传统村落保护的困境与出路》，《中国农史》2015 年第 4 期。

② 彭松：《从建筑到村落形态——以皖南西递村为例的村落形态研究》，硕士学位论文，东南大学，2004 年。

将村落保护与古民居建筑保护相结合，是当前传统村落保护中应用较多的一种模式。

比如：福建洪坑村与土楼。洪坑村位于福建省永定区湖坑镇东北部，宋末元初由林氏开基，是世界文化遗产——福建（永定）土楼所在重点村之一，现存明清土楼 40 余座。洪坑村将土楼旅游开发与全村经济发展紧密结合，扎实推进土楼保护与旅游开发等各项工作。旅游公司负责将洪坑景区门票收益的 10% 分给村里，其中 8% 分给村民，2% 作为村集体收入。除门票分成以外，村民收入还包括楼租、景区工作报酬、做生意等。永定旅游业发展拉动土楼片区村民人均收入年增长约 3000 元。在商机的吸引下，以前外出打工的村民也都陆续回到家乡，洪坑村充满了生机与活力。[1]

（2）与农业工程设施保护利用结合模式。比如：新疆库木坎村等与坎儿井。坎儿井是一种古老的地下水利灌溉工程，与长城、大运河并称为中国古代三大工程，是目前仍在延续利用的活文化遗产。2009 年第三次全国文物普查发现，吐鲁番 1108 口坎儿井中，仅剩下 278 口有水。为了保护这一"地下长城"，在国家文物部门的支持下，新疆坎儿井维修工程随即启动。

坎儿井需要专门的维护艺人在每年冬闲时钻进狭小的井穴掏捞清淤，以保证坎儿井来年的出水量足够滋润绿洲、满足下游人畜和农田用水。维修工程启动后，鄯善县库木坎村具有坎儿井维护技能的村民不仅可以领到工钱，还被文物部门邀请对年轻人进行加固维修方面的培训。[2]艾丁湖乡庄子村的坎儿井保护工程获得 133 万元的资金保障，而且掏挖暗渠淤泥的活儿由村民来干，每人每天至少能挣 140 元，既增加了村民收入，又使坎儿井及其维修技艺得到了有效保护。[3]

① 《永定县洪坑村：一座土楼富了一方人》，《福建日报》2013 年 1 月 13 日。
② 赵戈：《新疆为坎儿井疏通"血脉" 珍贵文化遗产再现生机》，中国政府网，2015 年 4 月 11 日。
③ 《新疆人民广播电台聚焦"访惠聚" 生动报道住村工作组争取修复项目》，新疆新闻在线网，2015 年 4 月 29 日。

亚尔乡新城西门村还建有坎儿井民俗园，园区包括坎儿井、坎儿井博物馆、民俗街、民居宾馆、葡萄园等，既能让人们参观拥有400多年历史的坎儿井，又能了解维吾尔族民俗风情，同时带动当地经济发展，是坎儿井除农田灌溉和居民用水之外的新的利用方式。

（3）与农业景观结合模式。比如：江苏东旺村等与兴化垛田。垛田是兴化地区一种独特的农田地貌，是在湖荡纵横的沼泽地区，用开挖网状深沟或小河的泥土堆积而成的垛状高田。每块垛田四周均被水环绕，各不相连，面积大小不等，形态各异，高低错落，似水面上的万千小岛，因此又有"千岛之乡"的美誉，先后入选中国重要农业文化遗产和全球重要农业文化遗产名录。

近年来，兴化利用垛田从事大规模油菜生产，发展乡村旅游、观光农业，至今已连续成功举办五届中国兴化千岛菜花旅游节，垛田也已成为享誉全国的乡村旅游亮点，"垛田香葱""垛田芋头"等脱水蔬菜也远销英国、日本、韩国等20多个国家和地区，为当地创造了可观的经济收益。同时，这片奇特的农业景观也先后入选中国重要农业文化遗产和全球重要农业文化遗产名录，得到了进一步的重视与保护。

（4）与传统生态农业生产方式结合模式。比如：浙江龙现村与青田稻田养鱼。龙现村位于青田县城西南部方山乡境内，当地村民根据自然环境条件，将山地开拓为梯田，种植水稻，同时利用山林中丰富的水资源，在稻田中养殖田鱼，从而形成了独特的稻田养鱼生产方式，至今已经延续了1200多年。

2005年，青田稻鱼共生系统成为全球重要的农业文化遗产。此后，青田县政府采取了一系列措施，进行持续性管理，为龙现村的发展带来了积极的影响。在农村经济方面，稻田养鱼的品牌效应刺激了农产价格的提升，龙现村田鱼价格从2004年的24元/千克上升到2013年的100元/千克；水稻价格从2004年的2元/千克上升到2013年的4元/千克，较普通水稻价格高出约60%；田鱼干价格由2005年的160元/千克上升到2013年的360元/千克。此外，通过稻田养鱼技术的推广，龙现村水稻亩产和田鱼亩产都得到大幅增加，稻田养鱼与农家乐休闲旅游相结合也极大地提升了农民的经济收入。在农村社会文化方面，稻田养鱼边际效益的提高促进了当地农村富余劳动力的解放，提升了当地农民的自豪感，而且传统稻田养鱼中的优秀非物质文化遗产也得到了有效保护和传承。在农村生态环境方面，由于保护力度的加强，稻田养鱼过程中减少了化肥和农药的使用，农业面源污染得到有效控制，生物多样性也获得稳定提高。[①]

（5）与传统特色农产品结合模式。比如：江西荷桥村、龙港村等与万年贡米。1995 年，考古学家在万年县仙人洞与吊桶环两处遗址发现了距今一万两千年前的栽培水稻植硅石，把世界栽培水稻的历史提前了五千年，成为现今世界上年代最早的水稻栽培稻遗存之一。2010 年，"万年稻作文化系统"被联合国粮农组织批准为全球重要农业文化遗产（GIAHS）项目试点。在认识到万年贡米与稻作文化系统的价值之后，当地农业部门加大对贡米产业的扶持力度，指导企业进行整合，推出万年贡米品牌，在龙港村等地建立优质稻生产基地，研发深加工，打造粮食加工全产业链，同时以旅游观光、休闲娱乐带动稻米产业延伸发展模式，实现农民增收，以弘扬稻作文化为口号，开展民间民俗文化活动，为当地经济社会的可持续发展注入了新的动力和活力。

（6）与传统民风民俗结合模式。比如：贵州苗族村寨与斗牛节。斗牛是苗族等少数民族传统的民俗活动。近年来，贵州各地为了开展乡村旅游，都把斗牛节作为主打产品。2014 年，镇远县涌溪乡芽溪村举办一年一度的斗牛节，吸引观众 5 万余人次，为当地居民带来直接经济收入 80 余万元[②]；凯里舟溪镇举办的斗牛节，吸引了来自贵州各村寨上百头牛参加争霸赛，6 万多村民和游客观看比赛。特色传统民俗既是推动乡村旅游发展、拉动农村经济的重要文化资源，也是当前传统村落保护可以借助的有效途径。

---

① 刘伟玮、闵庆文等：《农业文化遗产认定对农村发展的影响及对策研究——以浙江省青田县龙现村为例》，《农业世界》2014 年第 6 期。

② 《镇远涌溪乡闰九九重阳举办活动　传承少数民族民间文化》，新华网贵州频道，2014 年 11 月 4 日。

（三）统筹村落生态系统治理，打造生态宜居家园

1. 推进村落山水林田草湖治理，修复村落自然生态环境

传统村落的自然环境要素包括山、水、林、田、草、湖，这些美丽的自然风光与村落布局融为一体，不仅能反映特定历史时期的居住文化和地域背景，还与村民生产生活的方式密切相关。民族与地方的文化特性是在其生活的自然环境中形成的，因此，自然环境要素是保护发展框架中的重要组成部分。推进山水林田湖草系统治理，将其作为一个生命共同体，统一保护、统一修复。对山川资料的保护要禁止开山、采石、开矿、开荒等破坏景观、植被和地形地貌改变、影响山川等自然状态的行为发生；对水系资源的保护，全面推行河长制、湖长制，对河流沿岸经营单位及水上旅游经营者实施环境监督制度，明确禁止工业、商业及生活等污水、废水直接排入河流，禁止随便堆放垃圾或向河流丢弃任何形式的废弃物，沿岸应完善垃圾收集、运送和处理设施；对农田森林的保护，要严格控制居民建房以及其他设施的建设不得随意占用农田，对农田周边碎石垒筑已损坏的部分，要进行维修加固，保持农田的完整和层次感，充分体现传统村落传统农耕文化等。维护生态系统平衡，严格控制人工建设的发生与蔓延，保护水系清洁与生态山体，严禁掠夺性的资源开发，修复传统村落的自然生态环境，恢复传统村落田园氛围，使传统村落文化在绿色环境下永续发展。

2. 加强村落生态环境治理，维护村落绿色环境

建设生态文明是中华民族永续发展的千年大计，人类要像对待自己的生命一样对待生态环境。然而，目前村落生态环境问题突出，如全国一年大概有 10 亿吨的秸秆，其中包括大多数传统村落的秸秆，综合利用的比例只占到很小的一部分，大部分的秸秆还是焚烧处理；塑料农膜的大量使用，回收利用又没跟上，随处可见的农膜乱丢乱放；家庭小型养殖产生的畜禽粪污问题污染环境。根据中央农村工作会议精神，要加强村落突出环境问题综合治理。为了使传统村落在一个健康的环境中得到保护与发展，一是要加强面源污染防治。按照绿色发展模式，农药、化肥等使用适量、废弃物循环利用，农业生产以保护生态为底线。二是防污染要细化。从点滴做起，用有机肥代替化

肥，病虫害绿色防控，减少农药使用，污水、空气的质量要保障畜禽粪污处理系统的规模应用、开展农作物秸秆综合利用，等等。三是加强监管与宣传。有针对性地宣传环境保护理念，面对农村发展环境，落实县、乡、村三级农村环境保护主体责任。让每个村民都有较强的环保意识。

（四）自治、法治、德治相结合，营造和谐有序家园

1. 加强基层党组建设，充分发挥领导核心作用

党的十九大报告指出："党政军民学，东西南北中，党是领导一切的。"① 农村基层党组织是农村基层组织的领导核心，是落实党的农村工作任务的战斗堡垒，包括乡（镇）、村两级，重点是村级党组织。加强传统村落基层党组织建设，一是集中精力建设一支素质高、能力强的骨干队伍。"支部强不强，全靠领头羊"，加强传统村落基层党组织带头建设，应打破城乡、地域、行业、身份界限，选拔村党组织书记要不拘一格，只要是优秀人才，不限职业和年龄。二是创新村干部教育培训工作。各级党组织应将村干部和第一书记的培训纳入干部教育培训规划，每年举办村落党组织书记培训班，采取多种形式，注重对村干部进行党风党纪、现代农业、实用技术以及民主管理等方面知识技能的培训，提升村干部的思想政治素质和发展村经济产业能力。三是建立好村落党员发展管理工作。将具有示范带头作用的青年吸收进党组织，扎实抓好基层党组织建设这一基础工程，坚持党组织在传统村落基层治理中的领导地位，充分发挥党组织为传统村落保护与发展的积极作用。

2. 深化村民自治实践，调动村民参与自治的热情

村民参与传统村落的保护与发展必须具备有效的参与途径，从而确保村民的知情权、参与权、监督权和话语权不受侵犯，深化村民自治实践，充分尊重村民自治权利，调动村民参与自治的热情。为了动员更多的村民参与保护发展工作，必须将村民纳入整个保护程序中

---

① 习近平：《决胜全面建成小康社会夺取新时代中国特色社会主义伟大胜利——在中国共产党第十九次全国代表大会上的报告》，人民出版社 2017 年版，第 20 页。

去，通过运用村民能够接受的方式，在尽可能不影响村民正常生活的前提下组织村民参与活动①，从村民自上而下参与方式和村民自下而上参与方式来深化村民自治实践。

首先，村民自上而下的参与方式。传统村落的保护发展工作围绕规划、实施和反馈三个阶段进行展开，因此，村民要以访谈、座谈会、问卷、公告、村民会议的方式在规划阶段参与资料调查、目标确立、方案选择、方案确立和方案公示五个段落；在实施阶段，参与项目建设许可审批和项目施工两个段落；在反馈阶段，参与实施监督。

其次，村民自下而上的保护方式。对传统村落的保护与发展，村民自下而上保护方式的重点在于监督与反馈机制。在日常性保护中，需要定期召开座谈会，村民就涉及政府在村落保护与发展工作过程中的问题与村委会展开集中商讨，村委会应充分考虑村民的建设性意见，并及时反映给政府主管部门，由政府部门通过正式方式予以反馈。

与此同时，政府部门要采取相关措施，鼓励村民在村委会协助下展开对村落自下而上的日常性保护。如此，以解决传统村落保护与发展中存在的"政府的钱拨下去，资金花在什么地方，村民基本上不太清楚"等类似的"政府错位、村民缺位"的问题，提高村民在村落保护与发展中的主观能动性。

3. 完善法律法规，增强村落法治水平

自2012年启动传统古村落的全面调查工作至今，住房和城乡建设部等部门制定了《传统村落评价认定指标体系（试行）》《传统村落保护发展规划编制基本要求（试行）》等法规；多次印发关于传统村落保护发展工作、保护项目实施工作的指导意见；进行了三次中国传统村落评选工作，并将600个传统村落纳入中央财政支持范围。此外，要求每个国家名录的传统村落都根据《中华人民共和国城乡规划法》《中华人民共和国文物保护法》《中华人民共和国非物质文化遗产法》《村庄和集镇规划建设管理条例》《历史文化名城名镇名村保

---

① 熊超、夏健：《村民参与式古村落保护模式研究——基于社会网络的建构》，《现代城市研究》2016年第1期。

护条例》《传统村落保护发展规划编制基本要求（试行）》等有关规定，编制相应的保护发展规划，以确保每个传统村落得到切实有效的保护。在上述已完成工作的基础上，应加强组织领导，有关部门通力配合，严格执行各传统村落保护规划中的各项任务，认真落实工作，同时避免不同部门针对同一问题进行重复规划，影响工作效率。还应建立传统村落保护动态监管信息系统，对历史文化资源的保存状况和保护规划实施进行跟踪监测，做到执法必严、违法必究，使中国传统村落保护工作进入依法管理的轨道。同时，协调有关部门继续做好传统村落的申报工作，并加快历史建筑的调查、公布、建档、设立标志等，及时总结有关专项资金的使用情况，进一步规范传统村落保护与发展的管理。

4. 新乡贤积极参与，发挥村落德治传统

当代乡贤在传统村落文化的保护与发展、乡村治理方面可以发挥重要作用。相对于普通村民来说，他们拥有更高的文化水平、更广阔的视野、更好的平台以及更丰富的资源；相对于村干部来说，乡贤的威信更多地来自民间，他们的建议往往更能被村民接受。而作为熟知村落文化和风俗的原住居民，乡贤可以说是村落文化的信息库，同时也是村落文化最具有代表性的传播者。比如贵州省的部分传统村落在村内开展"道德讲堂"，主动聘请有德行、有威望的"乡贤"授课，将传统优秀文化与村落的实际相结合，引导村民文化自觉。有的传统村落成立了"乡贤会"，吸引了一些视野开阔、拥有一定资本或者具有创业能力、得到了村民的信任并具有一定威望的精英人士积极参与，他们凭借自己的学识、眼光、经验参与到传统村落济困、调解纠纷、经济及文化建设等各个层面之中，将自身所具有的知识、财力和创造力贡献给传统村落。

（五）改善村落民生保障，提升村民幸福指数

1. 推动村落基础设施升级，使村民共享现代科技成果

传统村落历史悠久、遗产丰富，但基础设施往往比较落后，房屋状况不佳，缺乏自来水、电力、供气、卫生设施、排水设施等，这些都是现代生活和生产所必需的。为了缓解传统村落保护与村民生活条

件改善之间的矛盾，在不损害乡土建筑本体、格局和历史风貌的前提下，必须要着力改善村落道路交通、供水排水、电力工程、电信工程、生活能源等问题，推动城乡基础设施互联互通。一是加大农村公路建设力度。目前，传统村落由于交通条件的限制，无论是文化旅游资源还是自然生态资源都无法得到更好的开发，提高传统村落交通基础设施的建设水平是进行传统村落保护发展的前提。二是加大传统村落供排水工程建设力度，特别是高氟、苦咸、污染水及血吸病虫区的饮水安全问题，应该重点关注。三是加大传统村落的能源建设力度，现在大多传统村落使用的能源还是煤炭、秸秆、柴火等效率低且污染严重的材料，通过普及供电、供气设备，推广沼气、秸秆气化等清洁能源，能使村落的生活环境和质量得到大幅度提高。

2. 加快完善村落保障体系，使村民基本生活获得保障

目前，我国农村社会保障体系尚不健全，还不能满足人们的需要。尤其在传统村落社区中，如医疗保险其覆盖面还不到40%，相对重要的养老保险覆盖面还不到10%。① 至于村民享受到的其他社会保障福利那就更少了。加快传统村落中学有所教、劳有所得、病有所医、老有所养、住有所居的全覆盖的社会保障体系，是解决传统村落"空心化"而导致衰败问题的关键举措。保障政策的落实需要资金的支持，要提高村落社会保障支出在财政总支出的比重，建立最低社会保障线，以养老保险、医疗保险和最低生活保障为主，所以，目前除建立健全以大病统筹为主的新型合作医疗制度和医疗救助制度外，还要积极推进农村养老保险制度建设和农村最低生活保障制度。

3. 继续改善村落人居环境，使村民生活质量得到提高

因为村落传统民居年代久远，陈旧的格局及落后的配套设施有很多已无法适应现代社会生活，如厨房、卫生间设施条件严重落后，采光、通风等条件也不尽如人意，还有不少村民表示，他们住在老宅里不踏实，生怕哪一天房屋就塌下来了。所以，村落进入当代，一切都

---

① 周建明：《中国传统村落：保护与发展》，中国建筑工业出版社2014年版，第39页。

要现代化，村民有享受现代文明和科技带来的便利与恩惠。①

首先，要对人居室内环境进行改造。在不改变街区历史格局、尺度和建筑外墙的历史真实的前提下，加固传统民居结构，改造内部的使用功能，如通过改造内部卫生间和厨房来适应现代生活需要，甚至重新调整内部结构，使传统村落村民内的生活质量大大提高。

其次，要对传统村落周围的环境进行调查，包括大气、土壤、水体、噪声、灰尘、垃圾处理、辐射等方面都应符合国家环境保护的规定。注重改善农村人居环境，突出抓好农村垃圾治理和厕所革命，推行"户集、村收、镇运、县处理"城乡环卫一体化模式，实现村落垃圾处理率100%。尽快全面完成村落厕所改造，在村落公共活动地段和主要道路两侧应设置符合环境保护要求的公共厕所；建立健全的安全防灾管理制度，落实防火、防洪、防震等巡查制度，制定应急疏散预案等，改善村落安全条件。当然，无论是室内环境改造还是室外环境建设，都要遵循传统村落原真性保护原则，只有留住传统村落的特质文化，才能留住传统村落的"魂"；只有传统村落生活质量得到提高，宜于人居，其保护和发展才会更加牢固。

传统村落，作为一个国家社会单位最基层的构成，对一个国家的发展起着举足轻重的作用。一个国家的精神文明水平决定了其对待传统的态度。随着工业化、城镇化进程的不断发展，传统村落主体格局和结构被破坏、村落人口流失、田地被闲置，传统村落的发展受到了前所未有的挑战。在乡村振兴战略指导思想下，我们应当在尊重自然、尊重历史、尊重文化的基础上找到一条适应传统村落的发展之路。保留传统村落的优秀文化遗产，充分利用乡村生态价值优势，落实乡村产业发展，使农民坚定自身的文化自觉和自信，保持本民族本地域的民俗传统和精神要素，在自身文化根底的基础上进行传承革新，不仅在物质上也在精神上呼应新农村建设，为全面实现乡村振兴打下坚实基础，构建社会主义和谐新村。

---

① 冯骥才：《传统村落的困境与出路——兼谈传统村落是另一类文化遗产》，《民间文化论》2013年第1期。

第六章　乡贤文化与现代乡村治理

"要治理好今天的中国，需要对我国历史和传统文化有深入了解，也需要对我国古代治国理政的探索和智慧进行积极总结。"① 随着我国乡村社会由传统向现代的逐步转型，作为国家治理基础环节的乡村治理面临诸多难题。乡贤文化是中国传统文化的重要组成部分，是民族和时代的精神符码，是连接古与今、传统与现代、故土与他乡的精神纽带。它依附于某一乡村区域内村民的生产、生活、情感、习惯及信仰之中，对乡村居民的言行发挥引领、规范及模塑等作用。乡贤文化积淀了我国千百年来乡村基层治理的智慧和经验，对于今天的乡村治理仍具有独特的人文道德价值。因此，如何发挥乡贤文化的价值是当前完善我国乡村治理亟须解决的问题，不仅关系乡村传统文化的承继，也关系乡村治理现代化的水平。

第一节　乡贤与乡贤文化

近百年来，中国乡村社会秩序一直处于大的变动和调整中，尽管原有的乡贤文化和乡贤群体随着时代的变迁已无法复原，但其作为我们文化传统的一个部分以及探索并施行了上千年的乡村治理模式的一部分，值得我们去认真研究和对待。当国家致力于实现治理能力和治理体系现代化并实施乡村振兴战略之际，我们更应重视和发掘我们固有的乡贤文化，扶持并鼓励更多新乡贤积极参加乡村社会治理，真正

---

① 慎海雄：《以历史为镜鉴，汲取治国理政智慧》，《瞭望》2014 年第 46 期。

把我国广大农村地区建设成为"看得见山，望得见水，记得住乡愁"
的美好家园。

一 中国传统社会的乡土性

"乡"字和"土"字是理解"乡土社会"这个词的两个最为关键
的字。"乡"在中国，假借为行政区域名，是中国行政区划基层单位，
属县或县以下的行政区领导。"乡"意味着一个特定区域文化以及在
这个区域中情感归属的概念。"土"表示一个特定的地区、区域范围
的概念。当"乡"和"土"合成为一个词语的时候，它表示在一个
特定的地区范围或特定的地理区域文化的某种特殊情感联系。"乡土
社会"是理解和研究中国大多数农村社会结构的一把金钥匙。

中国大部分农村是一个典型的"面朝黄土背朝天"的农业社会。
传统"日出而作，日落而息"的农业耕种方式以及占总人口绝大多数
的农业人口造就了中国农村浓烈的"乡土"气息。著名的社会学家费
孝通就曾在他的著作《乡土中国》中提到："从基层上看去，中国社
会是乡土性的。"[1] 可以看出，在社会学界的研究中，乡土社会是中国
基层农村社会特性的一种概括，而乡土社会就成为社会学家对中国大
多数农村社会性质的基本判断。由于这个概念比较直观地反映了中国
基层农村社会的独特品性，所以，逐渐地超出了社会学的范围而为政
治学、历史学和法学等学科所沿用。在中国，乡土社会具有土地依
赖、聚村而居和家族归属三个显著的特点。

（一）土地依赖

乡土社会中的"'土'字的基本意义是指泥土。乡下人离不开泥
土，因为在乡下住，种地是最普通的谋生办法"。[2] 土地是农民赖以生
存的物质基础，也是农民最关心的东西，没有土地的农民意味着赖以
生存的生存资料得不到保证，农民最基础的生计都会出现问题。正是
由于农民对土地十分依赖，才使土地成为解决农民、农村甚至是农业
的关键问题。在中国的历史岁月长河中，无论是"均贫富、等贵贱"，

---

① 费孝通：《乡土中国》，人民出版社 2008 年版，第 1 页。
② 同上。

还是"耕者有其田"，它们共同的指向皆是土地问题。谁拥有了土地，谁就得到了农民的心，那么谁就能建立自己的王朝。回顾历史不难看出：中国几千年封建王朝演变的实质就是土地的争夺。而且古代王朝的更替和古代王朝强弱的变化，追根究底是对土地的改革或革命。

（二）聚村而居

由于农民对土地的依赖以及落后的交通等限制，使农村居民的活动范围非常有限。往往是若干户相互联系的人家聚居在一起，形成一个村落。这样的聚村而居会产生两种后果：一种形成"熟人社会"，村民受当地长期形成的村规民约、习惯法等支配；另一种由于长期共存、相互熟识，使村民对村落产生了归属感和依赖感。前者形成村落的"礼治秩序"，后者形成村民的"乡土意识"。① "礼治秩序"所展示的是文化传统和非正式制度的巨大力量。"乡土意识"体现了村落居民对村落"落叶归根"的归属感。

（三）家族归属

在中国文化中，多数情况下，"家"实际上指的是家族或宗族。个人从来都不是意志自由、行为自决的独立个体，庞大的"家"结构把个人的社会生活完全纳入了家族的整体意义结构之中，从而成为家族整体结构的一部分。"强大的家族力量不但维系着中国的家庭稳定，也复制了千百年来形成的社会关系。每一代人都按照上一代人培养他那样教育他的下一代，这种对家的依赖和忠诚构成了中国人行为的意义基础。"② 中国的传统家庭是一个自成一体的小天地、小王国。不同的家庭之间相互独立，拥有血亲或血缘的家庭组成了整体结构意义上的家族，而各个家族之间也是相对独立的。正是这些相互独立而又相互依存的家族组成了中国基层农村的乡土社会。

二　传统乡贤与新乡贤

回顾历史我们可以发现，中国传统乡村社会一直有着浓厚的重

---

① 饶旭鹏：《中国农村社会结构演变的历程——从乡土社会到新乡土社会》，《开发研究》2012 年第 5 期。

② 同上。

贤、尚贤的良好风尚，并由此构成了独具中国特色的乡贤文化。乡贤借助自己的威望、品行、才学主动履行起了凝聚族群、尊祖继统的职责，他们不仅是乡村社会优良道德和淳美家风的示范者与引导者，而且还是规范族人和乡民行为的监督者与执行者。他们在打理好本族事务的同时，也在很大程度上承担了不少慈善、教化、解决纠纷等社会功能，很好地参与了乡村社会的共同治理。

（一）传统乡贤及其基本特征

"乡贤"一词，《汉语大词典》的解释是："乡里中德行高尚的人。"对于传统乡贤的界定，有的学者提出："乡贤，是对有作为的官员或有崇高威望、为社会做出重大贡献的社会贤达的尊称，是对去世者予以表彰的荣誉称号，也是对享有这一称号者人生价值的肯定。"[①]这个定义表明：乡贤是对已逝的威望高、贡献大的贤达人士的一种尊称，这些贤达人士拥有德行和声望，他们的品行、奉献桑梓的高尚品格得到人们的认可，在促进地方发展、教化地方风气等方面发挥着重要作用。有的学者认为："乡贤，狭义地讲，是指通过一定程序入祀乡贤祠的本地先贤；广义地讲，除入祀乡贤祠者外，乡贤还可包括其功德为地方社会所推崇，其事迹在地方志、碑刻乃至地方父老口耳相传的地方人士。"[②] 这一定义从狭义和广义两个方面对传统乡贤做出解释，强调了乡贤的地方性特征，主张以乡贤祠、地方志、碑刻等方式记载并弘扬乡贤清正廉洁、忠信孝悌、德高望重的高尚品格，从而为引领公众积极向善营造一种浓厚的社会氛围。

概言之，传统意义上的乡贤，一般是指具有功名、学识、官职的人退居乡里，或未出仕而结庐乡野且影响乡村文化建设的"乡绅"。他们是传统农村社会中有德、有才、有声望并得到村民祭祀的贤达人士。他们有学识、有见识又善行相邻，在农村思想道德建设以及整合农村社会规范方面具有独特的作用，是中国农耕文明得以延续发展、

---

① 王先明：《"新乡贤"的历史传承与当代建构》，《光明日报》2014年8月20日第1版。

② 邹小站：《乡贤文化应在当今有所作为》，《决策探索》（下半月）2015年第3期。

农村秩序得以维系稳定的重要角色。在平民眼中，他们的家世值得乡人景仰羡慕，为人清白而无劣迹。家族维持地方风俗，主持岁时庙会，救助孤寡残弱，成为民间邻里中有社会地位、有文化影响的威权人士。同时，他们以其身份网罗社会资源，为乡村邻里争得更多的利益。明清以来，虽然平民乡贤逐渐增多，但总体上乡绅仍然是构成乡贤的主体力量。因此，传统时代的身份等级制度赋予"乡贤"独特的社会地位，并以此来维系正常社会秩序中的官、绅、民三种力量，使自身所扮演的角色在维护乡村社会文化习俗中显得更加重要而且多样化。他们在乡村热心地方教育，修建学校，组织族学，办私塾，以多种途径教化百姓，管理族产及民间田产，支持地域内的经济事业和文化发展，包括公益事业如道路修筑、桥梁构建、学宫营造，甚至寺庙修缮，等等。

古代乡贤既是中国传统社会治理格局中的重要力量，也是维系古代基层社会运转的主导力量，曾经作为乡村治理的重要角色在历史进程中发挥过积极的作用。传统乡贤有五个显著的特点：

第一，明显的地域性。乡贤，顾名思义，即具有突出的地域性特点，强调乡贤乃是出生于、生活于或长时间工作于一定地域。① 而这里的地域是特指的小城镇以及乡村。地域性特征是构成乡贤的直接要素，乡贤往往是出生于故土，生于斯长于斯，久而久之对其产生浓厚的乡情。因而，传统乡贤能够在地方发展以及地方事务治理中产生自觉的责任感和使命感。

第二，较高层次的社会地位与不可小觑的政治影响力。传统乡贤独特的家庭、社会背景以及政治状况决定了他们一般具有较高层次的社会影响力以及不可小觑的政治影响力。"乡绅是唯一能合法地代表当地社群管理地方事务、参与政治过程的集团，而这一特权从未扩展到其他任何社群和组织。"② 学者的研究表明，在明清时期的基层社会

---

① 王泉根：《中国乡贤文化研究的当代形态与上虞经验》，《中国文化研究》2011 年冬之卷。

② 费孝通：《中国绅士》，中国社会科学出版社 2006 年版，第 41 页。

治理中，任何其他社群和组织的构成人员都无法像乡绅那样全面地参与到地方的政治决策和执行过程中，无论在公共领域还是私人领域都与国家权力发生紧密的联系。① 在古代的乡村中，传统乡贤更像是百姓的父母官，乡村中的各种大事小情，上至村民驱逐或是生死的大事、下至鸡毛蒜皮的小事，乡贤的参与都是极为重要的。这些也都充分表明，传统乡贤在地方公务和社会治理中享有较高的社会地位和影响力。但是，传统乡贤的这种影响力以及对政治施加的影响并不是来自国家权力的授予，并无法定的权力资格可言，而完全是来自基层社会的普遍认可、拥戴，以及在长期的地方治理实践中权力的认可以及两者的默契。②

第三，拥有较高的声望和知名度。传统乡贤一般是乡里望族，或是各行各业的佼佼者，在地方上有一定的知名度，他们能够垂范乡里，体现在经济上周济乡民，文化上传播教化，社会秩序维持上化解纷争。简言之，他们的所作所为能够在乡里形成较为广泛的影响，从而产生一定的知名度，能够为乡民所折服。正如有学者所言："乡贤在家世方面有一个值得乡人景仰羡慕的经历，清白而没有劣迹。有一份丰厚的财产，属于耕读之家。其家族对地方社会有所贡献，尤其在维持地方风习、主持节令庙会、救助孤寡贫弱、推动地方公益事业发展方面，赢得乡里声望。"③

第四，弘扬时代价值观。传统乡贤的一个重要社会功能是传播特定时代的社会价值观。在长达两千多年的封建帝制过程中，儒家的伦理纲常以及不同时期的皇权思想、封建思想正是传统乡贤宣扬其时代价值观的主要内容。传统乡贤作为地域性道德文化的掌握者以及乡村社会资源、物质资源的掌控者，往往能够运用自身优越的话语权和儒

---

① 徐祖澜：《乡绅之治与国家权力——以明清时期中国乡村为背景》，《法学家》2010年第6期。

② 张兆成：《论传统乡贤与现代新乡贤的内涵界定与社会功能》，《江苏师范大学学报》（哲学社会科学版）2016年第4期。

③ 王先明：《乡贤：维系古代基层社会运转的主导力量》，《北京日报》2014年11月24日第19版。

家道德思想来灌输乡民以传统儒家价值观，进而实现稳定乡村民心、人心之重要功能。通过这些思想价值观的宣扬来实现对乡村秩序的软治理。正是在此意义上，完全可以认为，传统乡贤实际上充当着正统权威在乡村的代言人角色，是正式权威在地域性治理中的封建代理人。"他们近似于官而异于官，近似于民又在民之上，依托封建政权所赋予的一定的政治、经济、文化特权，扮演了朝廷、官府政令在乡村的执行者和乡村民众政治、文化代言人的角色，是乡村社会的文化发展、道德教化、公益事业发展的主要推动力量，也是防止官府力量过于消极或过度干预乡村事务、平衡地方社会国家与民众关系、维护乡村社会的稳定的基础和重要力量。"①

第五，拥有良好的教育背景。虽然在传统乡贤的界定上学者之间多有争议，但是，大多数学者都认为，传统乡贤的必要素质特征都要求具有良好的个人素质、家庭教育和社会教育。无论是科举落第还是通过科举制度已上升至官僚体系之中或退职在家，抑或是居乡的秀才、举人，还是当地的名门望族、有德居乡人士，都是传统乡贤的重要组成部分。在这些传统乡贤的构成要素及特征中，普遍要求具有一定的文化素质乃是题中应有之义。正是在此意义上说，传统乡绅（乡贤）是严格区别于近现代社会成为社会革命对象的土豪劣绅的，他们是一个良性社会群体，为传统乡村的建设发展贡献了很大的力量。

（二）新乡贤及其基本构成

目前，人们所共识的对新乡贤的解释是"那些受过良好教育，在地方上拥有一定的经济实力和威望，并且愿意造福乡民的人士"。② 从这一定义可以看出，新乡贤需具备优良的道德品行、良好的教育背景，在经济、文化及社会影响力上具有一般村民所没有的优势，他们还拥有较强的号召力和较高的话语权，在凝聚乡村力量、重建乡土社会以及促进农村经济社会发展、农村社会和谐稳定等方面发挥着重要

---

① 王先明：《乡贤：维系古代基层社会运转的主导力量》，《北京日报》2014 年 11 月 24 日第 19 版。

② 胡彬彬：《培育当代乡贤　重建乡土社会》，《社会治理》2016 年第 2 期。

作用。

新乡贤主要由两部分构成：一是本土型新乡贤。他们生于斯长于斯，在乡里是德才兼备、受人尊敬的贤达人士。无论是道德模范、知识分子还是德高望重的长者，他们都根据自身所长为家乡建设做出了一定的贡献。二是外出型新乡贤。他们是一批具有奉献精神的农村精英。新乡贤从乡村走出，在具备了一定的经验、学识和财富之后，由于乡情乡愁的牵引，回乡参与社会主义新农村建设。在新时期，新乡贤的主体更加宽泛，"'乡贤'泛指乡中贤德之人，比如说德高望重的还乡高官、耕读故土的贤人志士、农村的优秀基层干部、道德模范、热爱家乡反哺桑梓的成功人士等。"[1]

总之，当代意义上的"乡贤"或"新乡贤"是乡贤文化的传承者。乡贤的主体范围更加广泛，他们不再是乡绅、儒生的形象。他们除少数地方名流外，大多是从地方上走出去的有开创能力、有先进经营理念的新人。主要包括优秀基层干部、道德模范、身边好人、退休公职人员、企业主、海外华侨、复员退伍军人、经济文化能人、教育科研人员、饱学之士，等等。这些新乡贤来自不同的岗位，虽然在促进农村经济社会发展中的作用有所差异，但他们都以饱满的热情投身于家乡的建设，他们的业绩和对地方社会经济文化建设的作用包括影响力，直接作用于当代，为当代人所感知、所激励，具有鲜明的时代性。他们在农村基层群众中威望高、口碑好。他们不仅是改革开放的弄潮儿，更和中国走向世界的大背景相联系，是时代发展的示范者、引领者。他们返回故乡，用所学所长来反哺桑梓，为社会主义新农村建设出力献策，其善言善行在当地都起到了垂范乡邻、教育和影响后人的作用，为时代积蓄的都是正能量。他们是乡贤文化的传承者，成为乡村社会建设、习俗教化、乡里公务的主导力量和带头人。

三　乡贤文化及其基本特征

中国的乡贤文化最早可以追溯到虞舜时期。《史记·五帝本纪》载："舜耕历山，历山之人皆让畔；渔雷泽，雷泽之人皆让居；陶河

---

① 陈秋强：《乡贤：乡村治理现代化的重要力量》，《社会治理》2016 年第 2 期。

滨，河滨器皆不苦窳。一年而所居成聚，二年成邑，三年成都。"虞舜早期就是一位杰出的乡贤，他生活在哪里，哪里的人们就受到教育和感化，并产生了见贤思齐、敦风化俗的力量。春秋战国时期，管子、孟子和荀子均有对乡村治理和村民教育的论述，孟子讲的"一乡之善士"可谓乡贤的最早称呼。

源远流长的中华农耕文明孕育并涵养了以教化乡民、造福桑梓、泽惠乡里、凝聚人心、引领价值为主要职志的乡贤文化。乡贤文化是中华优秀传统文化在乡村治理和伦理文明建设的一种实践文本，有着把社会主流文化和上层文化贯穿到乡村社会治理和建设中同时又为主流文化和上层文化提供生活经验和理论源泉的文化类型，集聚着乡贤对乡村治理和伦理文明建设的心血与智慧。乡贤文化属于地域文化的重要部分，是乡贤所创造的具有人文价值的物质成果和精神财富，它既包括古代乡贤留下的文物、文献、传说以及热爱乡土、关心乡村世道人心及维护乡村社会秩序、以德服人的优良传统和文化精神，又包含现代乡村精英对传统乡贤精神的继承、践行与创新。乡贤文化是县级基层地区研究本地历代名流先贤的德行贡献，用以弘文励教、建构和谐社会的文化理念和教化策略。

近年来，乡村社会的"沦陷"以及治理与建设过程中面临的诸多困境，激发了乡贤文化的自觉和对乡贤文化的研究，主要表现在以下四个方面：

一是在改革开放过程中先富起来的乡村能人有了乡贤意识，开始主动参与乡村建设。不仅捐资修桥、铺路，助学者逐渐增多，而且愿意直接参与乡村公共事务管理者也逐渐增多。研究者调查发现："近年来，浙江、广东等东部沿海经济发达地区和中西部资源丰富地区，建筑老板、工程承包商与工矿企业主等参与村庄选举的趋势日渐普遍。"[1]

二是乡贤文化开始成为学术研究的热点问题。重新认识传统乡贤文化起初出现在史学界。世纪之交，一些研究近现代史的学者开始重新评价晚清、民国时期乡绅的社会作用，打破了政治话语中土豪劣绅

---

① 何倩倩：《"乡贤治村"调查》，《决策》2015年第4期。

的单面形象。① 近几年，乡贤文化逐渐成为政治学、社会学等领域关注"三农"问题学者的共同话题。有学者看到了那些经济实力雄厚的乡村企业主事实上已经成为"新乡绅"，且开始对乡村政治权力有所要求，由此提出地方政府应该满足其合理的政治要求，发挥其在乡村治理中积极的影响力②；有学者认为，乡贤治理回归契合当前乡村乡土性特质③；还有学者认为，乡贤文化在农村社会主义核心价值观践行及培育过程中，能发挥重大促进作用，是践行与培育社会主义核心价值观的重要载体④，等等。

三是乡贤文化已经成为媒体讨论的公众话题。从 2005 年开始，东南沿海地区的一些地方报纸，如《南通日报》《潮州日报》《福建日报》《温州日报》《闽东日报》等，开始使用"乡贤"来称呼返乡创业与捐资建设家乡的那些心系乡梓的人，"乡贤"这个古老的词汇再度进入了当代日常用语之中。2014 年，《光明日报》发表一系列文章，如《乡贤回乡，重构传统乡村文化》（2014 年 7 月 2 日第 1 版）、《再造乡贤群体重建乡土文明》（2014 年 8 月 11 日第 2 版）、《既要传扬"古贤"更要重视"今贤"》（2014 年 8 月 12 日第 002 版）等，随后，《中国社会科学报》《人民日报》《中国文化报》《人民政协报》《解放日报》《农民日报》等具有全国影响力的重要报纸也都纷纷发文热议乡贤文化，《解放日报》还把第 69 届文化讲坛的主题定为"乡贤文化的当代价值"，乡贤文化的当代价值以及如何传承等问题逐渐成为公众话题。

四是传承、发扬乡贤文化成为政府理念。在 2014 年全国政协会

---

① 参见余新忠《清中后期乡绅的社会救济——苏州丰豫义庄研究》，《南开学报》1997 年第 3 期；李巨澜《试论民国时期新乡绅阶层的形成及其影响》，《华东师范大学学报》（哲学社会科学版）2003 年第 4 期；王先明《变动时代的乡绅——乡绅与乡村社会结构变迁（1901—1945）》，人民出版社 2009 年版。

② 杨国勇、朱海伦：《"新乡绅"主政与农村民主政治建设》，《社会科学战线》2006 年第 6 期。

③ 李建兴：《乡村变革与乡贤治理的回归》，《浙江社会科学》2015 年第 7 期。

④ 杨军：《"乡贤文化"在推进践行社会主义核心价值观中的作用探究》，《西安文理学院学报》（社会科学版）2015 年第 2 期。

议上，全国政协委员、香港利万集团董事长兼总裁王志良提交了一份《关于在全国推广乡贤文化研究的建议》的提案。2015 年，"创新乡贤文化"被写入了"中央一号文件"。

乡贤文化既与地域文化、方志文化、姓氏文化、名人文化、旅游文化等密切相连，但又不同于这些文化类型。乡贤文化是扎根于中国乡村的本土文化，既具有中国优秀传统文化的特征，又呈现出自己相对独立的地域性、人本性、仁德性和现实性等特点，是教化乡里、涵育乡风文明、建设和谐幸福乡村的重要精神力量。

第一，地域性。乡贤文化研究的对象，一般都是本地区的历史名流与当代时贤，这些名流时贤生于斯长于斯，因而具有本地域的唯一性与占有性，他们的出生地不存在争议。这些乡贤一般是在该地区出生，并在该地区长大，以后走出家乡，走向五湖四海；或留在家乡，服务贡献桑梓。另外，乡贤文化也研究较为特殊的外籍乡贤。一些地方的名流时贤是来自外地、外籍的乡贤，这些外籍乡贤来到本地，做出较大德行贡献，而且很受本地乡民的信任、敬仰和拥戴。那么，这些特殊的外来乡贤也会是当地乡贤文化的研究对象。

第二，人本性。乡贤文化的人本性很强，因为乡贤文化的研究对象主要是人，以人为本，主要围绕名流时贤做文章，而较少涉及其他。这显然与地域文化、方志文化、旅游文化、地方史文化大为不同，后面的几种文化不仅要研究本地的名贤大家，而且还要记录、研究当地的政治、经济、生活、社会、人文、地理、民俗、特产、旅游资源和建筑等，可以看出，他们的研究对象和范围都要比乡贤文化宽泛得多。

第三，仁德性。仁德，向来被认为是中国文化的基本精神。仁德，是古代儒家思想的主干思想，是一种以道德修养为本位的文化，因而中华民族的仁德性由来已久，并且深深根植于民族的骨髓之中。乡贤文化正是仁德的具体贯彻和重要表现。乡贤文化十分强调研究对象——"仁德"的本性，在关注乡贤对本地建设贡献的同时，还要考究他们的道德操守、思想品质、人文关怀，把乡贤个人价值的实现放在整体关系的良性互动之中、放在一定的道德伦理关系中来考察。乡贤既要是当时的名人，同时必须要是好人、仁德的人。因而并非所有"名人"都是乡贤和乡贤文化研究的对象。仁德性与正面的时代价值既是乡贤文化坚守的研究尺度，也是乡贤文化研究所坚守的红线和底线。

四　乡规民约

乡规民约、村规民约是乡村民众为了办理公共事务和公益事业、维护社会治安、调解民间纠纷、保障村民利益、实现村民自治、民主议定和修改并共同遵守的社会规范。[1] 它"规范着乡民的行为方式，调节着村民之间，以及村民和基层组织之间的关系，化解着乡村社区的纠纷，维护着乡村社会秩序的稳定。"[2] 由此，乡规民约也成为传统中国"最具代表性、运行时间最长、治理作用与效果最为显著的一种非正式制度规则"。[3] 一直以来，乡规民约都被视为农村自治的重要表现形式，也是基层民主政治发展的重要成果。

当然，乡规民约并非凭空而来，实际上，在我国古代很早的一些经典名著之中就有提倡敬老、睦邻等做法的论述，这些都可以看作乡规民约的源流。例如，《周礼·天官冢宰·大宰》云："以八则治都鄙"——"六曰礼俗，以驭其民"；亦云"以八统诏王驭万民"——"一曰亲亲，二曰敬故"，两种规定都隐约透露了以"礼"对民众进行治理的意识，尤其是"敬故"这一规定，更是"尊老"这一传统美德的渊源。又如，《礼记·礼运》云："人不独亲其亲，不独子其子……货恶其弃于地也，不必藏于己；力恶其不出于身也，不必为己。"再如，《孟子》卷五《滕文公章句上》云："死徙无出乡，乡田同耕。出入相友，守望相助，疾病相扶持，则百姓亲睦。"等等。无论是《周礼》《礼记》还是《孟子》，都有一些关于"敬故""相保

---

① 陈寒非、高其才：《乡规民约在乡村治理中的积极作用实证研究》，《清华法学》2018 年第 1 期。

② 周家明、刘祖云：《传统乡规民约何以可能——兼论乡规民约治理的条件》，《民俗研究》2013 年第 5 期。

③ 周俊华、刘素燕：《研究者视角下乡规民约的理论发展与演化》，《云南师范大学学报》（哲学社会科学版）2017 年第 3 期。

相受""守望相助"等邻里相亲、相敬、帮扶的阐述，都反映了我国古代先贤希望民众之间相亲相爱，以期实现"老吾老以及人之老，幼吾幼以及人之幼"的大同世界。

"敬故""亲睦"等思想古已有之，但将其以成文规则的乡规民约体现出来的则是在北宋及其后世，其中以《吕氏乡约》影响最大。明清至民国，乡规民约对于移风易俗功效颇大，同时也确实起到了协助官府稳固基层统治的效果。在传统中国，"表面上看，国家权力的终端是州县，事实上，农业时代的国家没有，也不可能放弃对农村的统治"①，但囿于历史的局限性，国家的统治力量很难有能力充分地深入基层，所以，"地方官员对农村的控制一般是借助乡绅阶层实行间接控制"。② 在古代中国，民众在遭遇严重的自然灾害之时，尽管国家也经常会有救灾或赈济之举，但若遭遇一般性的天灾人祸，除依赖自身的能力之外，就主要依赖于宗族和乡邻的帮扶了。因此，宗族和邻里之间的帮扶就显得弥足珍贵。然而，有了邻里帮扶的理念，并不代表绝大多数民众就会自发践行，这需要统治阶层的默许甚至提倡和基层士绅或社会精英的持续推动。"自秦汉以来，历代出现了一些以乡村长老和士绅贤达为代表的乡村基层组织和治理权威，以填补县级政府以下的权威真空。"③ 正因如此，才为以乡规民约为载体的乡民自治提供了存在的可能性。

新中国成立后，国家依据政令或法律对基层社会进行治理的能力急速增强，乡规民约逐渐式微。但是，在目前的基层社会治理中，乡规民约的影响力仍不可小觑。

作为一种重要的乡村治理方式和规范，乡规民约一直备受学术界关注，研究成果颇为丰富。从国内外研究情况来看，当前学术界对乡规民约的研究已经达到了一定的广度和深度，尤其是对传统乡规民约的现代递嬗过程展开了较为全面系统的考察，拓展了乡规民约的相关

---

① 周铁涛：《村规民约的历史嬗变与现代转型》，《求实》2017 年第 5 期。
② 同上。
③ 杨建华：《传统基层社会治理文化的现代转型》，《中国特色社会主义研究》2015 年第 5 期。

基础理论。然而，值得注意的是，一方面，国外学术界对乡规民约的研究虽有涉及，但并无专门系统的研究，而是在讨论传统法文化及传统社会秩序等问题时有所涉及，其观点深受海外汉学研究传统的影响，也受发达国家社会科学理论传统及研究范式之局限。另一方面，国内学术界对乡规民约的研究已经取得了较为丰富的成果，但无论是早期还是当下的一些研究，学者的研究旨趣侧重于传统及当代乡规民约的基础理论等方面，学理探讨多于实证研究，尤其对乡规民约在乡村治理中积极作用的类型化研究不够充分，没有更为深入地讨论乡规民约积极作用发挥的基础及相关制约因素，并在此基础上合理构建乡规民约积极作用的发挥机制。[①] 鉴于此，当前我们应该思考和解决的问题是：乡规民约在乡村治理中具体有哪些积极作用？当前是哪些因素制约了乡规民约作用的发挥？在法治社会建设背景下如何合理构建乡规民约积极作用发挥机制？

虽然乡规民约是由乡村居民共同商量、共同讨论、共同制定，每个村民都必须遵守和执行的行为规范，但是，一般的乡民并没有这样的能力和号召力来制定并遵守这样的行为规范，而有这种能力的群体，正是上文所提到过的乡贤——有名望的官僚、士大夫、绅士、知识分子等。明恩溥在《中国乡村生活》一书中，对传统乡土中国的"乡村头面人物"的地位和功能进行了阐释："我们在中国社会中所能发现的最重要的例证是小社区的地方自治，这些小社区的组合构成了该帝国更大的组成部分。村子的管理掌握在村民自己手中。起先，这种情形容易被误认为一种纯粹的民主，但稍做考察便可明白，在实际上这一任务并非由全体村民承担，而是由少数几个人承担。"在这里面所提到的"乡村头面人物"即那些活跃在乡村社会、对乡村社会具有实际控制力的乡贤。

乡规民约产生于乡村社会之中，在村民日常生活逻辑中形成生长，具有内生性，是不同于国家法律的社会规范，在乡村治理中有其

---

① 陈寒非、高其才：《乡规民约在乡村治理中的积极作用实证研究》，《清华法学》2018 年第 1 期。

独立发挥作用的空间。与此同时，由于国家与社会之间的互动性，乡规民约是在国家法律指导下制定并实施的，并不完全独立于国家法律，在一定程度上其与国家法律调整乡村秩序的目标是一致的，能够很好地促进乡村社会秩序的构建。正因如此，乡规民约在乡村治理中既有积极作用，也有消极作用；当下应该大力发挥其积极作用，防范其消极作用。

《中共中央关于全面推进依法治国若干重大问题的决定》提出了"增强全民法治观念，推进法治社会建设"的目标，强调"推进多层次多领域依法治理"，要求"发挥市民公约、乡规民约、行业规章、团体章程等社会规范在社会治理中的积极作用"。这表明，在法治国家、法治社会建设中，需要进一步提高乡规民约、村规民约的地位，高度重视乡规民约、村规民约的价值，全面发挥乡规民约、村规民约的作用，在乡村治理中充分运用乡规民约、村规民约。

千百年来，乡规民约深深扎根于国人的心中，即便我国的法治建设日益完善，但乡规民约始终能在国家治理体系之中找到自己的正确定位，那就是作为法律规范的有益补充，服务于国家对基层社会的有效治理和社会主义新农村建设。当今，乡规民约在调整乡村社会关系，促进乡村经济社会发展，提高农民生活水平的积极作用毋庸置疑。但同时，要促进乡规民约的与时俱进：既要用"国家法"为乡规民约的新发展建好顶层设计，又要用社会主义核心价值观引领乡规民约发展的新风尚，同时强化乡规民约的执行能力，使乡规民约免于沦为一纸空文。唯有如此，才能从乡规民约中汲取正能量，充分挖掘乡规民约之中的"德治"因素，使之与现代法治相结合，早日实现"法安天下，德润人心"的德治、法治、自治相结合的乡村治理的良好局面。具体地讲，就是在发挥乡规民约在乡村治理中的作用时要注意以下两点：

一是促进村规民约的与时俱进。乡规民约是依法治国的道德基础。乡规民约植入了乡土伦理，具有契约性和自律性，凝聚了村民的共识，村民乐于接受。因此，必须以社会主义核心价值观为指导，引导乡贤积极参与制定，结合乡村社会的新实际，围绕个人品德、家庭美德、社会公德、邻里关系、村风民俗、公共秩序、计划生育、土地调整、住宅改造等各方面的基本要求，不断修改、完善、充实村规民约，真正发挥其教育、引导、约束以及惩戒等作用。①

二是必须促进法治精神与村规民约的融合。当今，即便是"国家法律法规日渐成为乡村社会的主要调整规则，村规民约的存在和发展受到空前限制"②，但其适用仍有拓展的空间与可能，毕竟在基层社会治理过程之中法律并非总是万能的，有时也需要一些民间规则作为补充。正因如此，改革开放之后，社会治理步入正轨，国家对于乡规民约重新予以正视，根据 1982 年《宪法》第二十四条相继制定了《村民委员会自治法》与《城市居民委员会组织法》，两部法律赋予了基层民众制定乡规民约的权利。面对《宪法》第二十四条与据其所制定的《村民委员会自治法》与《城市居民委员会组织法》以及数量众多的乡规民约，可以看出，我国在群众基层自治方面已形成了由上而下和由下而上相结合的治理体系。同时，村规民约源起于道德传统，但必须要在法治的框架下才能成熟和完善。乡规民约必须遵守"不得与宪法、法律、法规和国家的政策相抵触"这一前提。村规民约不仅要立足于民众生产生活的实际，更应该契合现代法治精神，才能提升村规民约的含金量，提升其执行过程中的严肃性和长效性。"作为乡村治理的有效形式，乡规民约是获取村民信任的最为有效的手段"③，那么，乡规民约在制定与实施的过程中，应体现和维护公民的合法权益，唯有如此，乡规民约才能获得民众的关注、重视和信任，其执行能力随之才会有保障，比如，有的村制定《村规民约奖励制度》等，不仅为村民带来了更大的实惠，也实现了村民自我教育、自我管理、自我约束，对培育文明乡风起到明显推动作用。

---

① 刘淑兰：《乡村治理中乡贤文化的时代价值及其实现路径》，《理论月刊》2016 年第 2 期。

② 范忠信、武乾：《"枫桥经验"与法治型新农村建设》，中国法制出版社 2013 年版，第 20 页。

③ 刘志奇、李俊奎：《改革开放以来中国乡规民约的创新与重构——以河北省林西县为例》，《河北学刊》2018 年第 1 期。

第二节　乡村治理中的乡贤文化

一　乡贤文化在中国古代乡村治理中的作用

（一）教化民众，化礼成俗

无论是乡规民约在内的乡贤文化，还是以仁德为核心的儒家文化，它们最重要的作用就是教化民众，化礼成俗。汉代大儒董仲舒直言道："君王南面而治天下，莫不以教化为大务，教化行而习俗美也。"中国古代立法的巅峰之作《唐律疏议·名例律》在开篇就写道："德礼为政教之本，刑罚为政教所用，犹昏晓阳秋相须而成者。"

教化民众、化礼成俗的重要性，在乡贤文化中也得到了极大的体现。虽然乡规民约这种乡贤文化是由基层的乡村居民自发制定并遵守的，但是，基层组织中的"关键人物"，如乡绅、士绅、士大夫、知识分子等乡贤，他们在带头制定乡规民约时，必然会将皇帝的谕旨、官府的告示、国家指定法等作为指导或吸纳的对象。比如，北宋时期，蓝田的吕兄弟作为关学创立者张载的弟子，潜心乡村伦理文明建设，在躬行儒家伦理文化的同时重视乡风文明，在家乡蓝田制订乡约即著名的《吕氏乡约》，规定同约人要"德业相劝""过失相规""礼俗相交""患难相恤"。① 乡约是一种乡里公约，内容涉及家庭关系、邻里关系以及族人关系的调节与和睦相处，同时也把朝廷和精英阶层的价值理念具化到日常生活的各个方面，其核心部分主要是伦理文明建设，包括教忠教孝、崇德向善、移风易俗、立志修身等，目的在于维持乡村秩序并使风俗淳厚，人们安居乐业。

（二）息讼罢争，维护稳定

中国古代社会化解纠纷的目标和价值追求就是"无讼"。从《易经》中"讼，惕，中吉，终凶"。到孔子"无讼"观的提出，再到封

---

① 吕大钧：《吕氏乡约乡仪》，陈俊民、蓝田吕氏遗著辑校，中华书局 1993 年版，第 563—566 页。

建正统法律思想形成，人们便形成了一个根深蒂固的意识：无争讼，便是天堂世界。由于根深蒂固的"无讼"思想，所以，乡规民约的制定也是对这种思想淋漓尽致的体现。在传统乡村社会，各种矛盾纠纷无处不在、无时不在，乡民之间因财产、土地、山林、水源、坟地等方面的利益冲突，或者因选择婚配不慎，轻易许诺，过后毁约，种种事宜皆会发生诉讼的情况。但是，在古代的传统乡规民约中，往往规定乡民发生纠纷一般不能径直诉诸官府，而是由乡老、村正、里正先行调解。《南赣乡约》规定："一应斗殴不平之事，约长闻之，即与晓谕解释。"吕坤的《乡甲约》亦规定："民间纠纷，甲长报之约正、副，即与扶理。"《牧书令》记载，约长"一闻地方有口角吵嚷之事，即行飞往排解，务使民勿斗争"。清代浙江萧山《朱氏家谱》劝诫族人，"和乡里以息争讼……如家族中有因口角细故及财帛田产至起争端，妄欲涉讼者，家法必先禀明本房房长处理，或处理不明，方许伊赴祠禀告祖先，公议是非，令其和息"。不难发现，当乡民发生民事纠纷时，经过基层"调解员"乡老、村正、里正、房长等的调解已成为古代诉讼的必经程序。事实上，传统乡民的大多数诉求讼争经过基层"调解员"的调节之后，最终到达官府案头的诉讼已经所剩无几了。

（三）延伸管理，弥补不足

秦晖在《传统十论》一书中谈道："国权不下县，县下惟宗族，宗族皆自治，自治靠伦理，伦理造乡绅。"封建统治呈一个大金字塔形态，皇帝盘踞顶尖，以官为中腰，而巩固统治的基础则在民。在传统乡村中，乡民居住的是"鸡犬相闻，老死不相往来"的相对封闭的环境，由于在这样的基层社会结构下，皇权无法形成有效的绝对控制，只能委托乡贤对基层社会进行直接管理和控制。但乡村治理过程中，乡贤因为不具备官方的以及正式的控制和管理权力，所以，他们必须借助传统的、符合道德伦理的并且得到广泛认可的价值观和理念，来不断强化其在处理乡村事务中的绝对权威。统治者也清醒地认识到乡规民约等乡贤文化对维护基层社会和谐、调整基层村民关系、维护基层各方面稳定具有突出的作用。于是乎，这种在宗族、地缘、族群关系基础上的行为规范，在当时统治者的默认、支持、推行下与其他相关的法律典文共同发挥着作用。这样，作为传统文化意识形态载体的乡规民约就成为乡村精英阶层治理统治乡村社会的制胜法宝。①中国传统社会长期存在的包括乡规民约在内的乡贤文化，它们不仅调整了村民之间的利害冲突，维持了乡村的基本稳定，也在基层社会治理方面发挥了不可磨灭的作用，传统乡村社会的不少社会基层事务、经济事务都需要包括乡规民约在内的乡贤文化来规范和约束，传统乡贤文化维护了乡土社会的良好秩序和淳风美俗。

传统乡规民约从形式上可分为成文的、不成文的（口口相传的），前者有特定的制定主体，后者则为约定俗成。在制定之初，乡老里长等制定者就紧密结合本地域实际情况，文本的内容无处不在地体现着民间智慧，往往包含着浓郁的伦理乡情。其公布、宣讲、普及的过程和形式各具特色、喜闻乐见，乡村民众往往积极参与。其实施的过程多种多样，比如罚酒、游寨、出族、出村、送官等简便易行、效果显著。传统乡规民约在制定、普及、实施方面所表现出来的优势是高高在上的国家管理所不能比拟的。②

二　乡绅治村：乡贤治村的历史逻辑

中国古代政治权力不下到乡村，乡村基本是由士绅（乡贤）来治理，在《礼记·礼运》描述古代的理想社会就是贤能治国理政，"大道之行也，天下为公，选贤与能，讲善修睦"。墨家也推崇贤能之士治理国家。《墨子·尚贤》中论道："大人之务，将在于众贤而已。故古者圣王之为政，列德而尚贤。虽在农与工肆之人，有能则举之。"儒家特别推崇贤能之治，在《礼记·中庸》中，孔子认为："为政在人，取人以身，修身以道，修道以仁。"儒家认为，选贤任能符合天理，《论语·为政》提出："为政以德，譬如北辰，居其所而众星共之。"在先秦时期就已仰仗乡贤或乡绅来主导，秦汉以后便推行以

"三老啬夫"为乡村最高领袖的乡治制度。正如有学者指出的那样："士大夫居乡者为绅。"他们退居乡村成为乡村社区具有社会—文化威权的阶层，在地方学务（如社学、义学、族学甚至私塾）、地方公产（如社仓、义仓以及族产、学产等）、地方公务（如道路修筑、桥梁构建、学宫营造，甚至寺庙修缮）等中扮演着极其重要的角色。可以说，"在漫长的中国历史进程中，乡绅或乡贤始终是乡村社会建设、风习教化、乡里公共事务的主导力量"。[①] 到北宋时期，蓝田的吕大忠、吕大钧兄弟等地方乡贤自发制定、实施的《吕氏乡约》，为乡贤主导乡村治理开创了制度建设的先例。明清以后，乡约由自发的道德自治组织变成官僚政府的下属机构，并与保甲相结合（如吕坤的《乡甲约》），甚至逐渐出现了军事化的倾向。[②] 特别是 16 世纪以来，士绅受到阳明学影响，开始将关注焦点从政治转向社会，虽然"有不少的'士'关怀着合理秩序的重建，但是他们的实践方向已从朝廷转移到社会"，不少士绅开始在乡村"创建书院、民间传教"，进而带来"宗族组织的强化、乡约的发展"[③]，乡村事务包括乡里政治安宁、发展乡里经济、调解乡里纠纷、处理疑难和诉讼案件、进行文化教育建设、设立一些民间性质的自治机构（主要是处理公益事业和地方公益款项）等[④]，尽管如此，乡贤治村成为古代的一种常态。乡绅自治这一传统依然被传承下来，成为当代乡贤协同或自主乡村治理的重要历史依据。

从源远流长的历史中可以看出，传统"乡绅治村"和当代"乡贤治村"是一脉相承、薪火相传的，两者都显示了乡村精英在乡村治理的重要地位。随着时代的向前发展，当代"乡贤治村"既是对传统"乡绅治村"的传承，也是对传统"乡绅治村"的超越。

在传统的乡土中国，作为传统封建农耕时代的乡贤大家，他们中

---

①　王先明：《乡贤：维系古代基层社会运转的主导力量》，《北京日报》2014 年 11 月 24 日第 19 版。

②　吴飞：《从乡约到乡村建设》，http://www.dou-ban.com/group/topic/28678347/。

③　余英时：《士与中国文化》，上海人民出版社 2003 年版，第 3 页。

④　赵秀玲：《中国乡里制度》，社会科学文献出版社 1998 年版，第 259—262 页。

绝大部分皆是当时的知识分子、饱学之士或儒学大家，他们是中国传统乡村真正意义上的协调者和管理者。这些乡贤大家上朝可以为官为相，离朝可以为贤为绅，正是他们自身的才华、道德底蕴、管理能力以及村民对他们的认可，使他们是古代维系乡村社会稳定、调和乡村基本关系的最基本力量。所以，中国传统社会长期存在的乡绅治村现象以及不断传承的士绅文化，正是从政治和文化两个层面夯实了乡村社会有序运作的治理基础。①

在近代以前，传统乡绅是维护传统乡村基层稳定的主干力量。尽管当代中国乡村与农耕文化支撑的传统中国农村有着巨大的差异，但是，优秀的乡贤文化却依然滋润着当代乡村的精神土壤，维护着乡村的基本稳定，乡贤文化在新农村建设中同样有其不可低估的传承和弘扬价值。乡贤仍是治理现代乡村社会稳定的重要力量，乡贤治村仍是乡村社会治理中的一个重要发展方向。近些年，我们能不能重新挖掘优秀的乡贤文化，培育乡贤治村这个问题已经慢慢地引起了各方学者、研究者和有识之士的关注与重视。同时，当代中国不少地区在乡村治理和建设中，继承和弘扬乡贤文化，注重发挥新乡贤在新农村建设中的示范和引领作用。富有经验、学识、技艺、专长、财富和道德素养的新乡贤以促进乡村建设和发展为己任，积极参与新农村的各项建设工作。他们以其道德底蕴感化乡民，激励乡民，从而不仅从物质上，更从精神上推进了当代中国乡村治理，为建成中国特色社会主义新农村奠定了强大的精神基础和文化底蕴。

三 当代乡村治理呼唤新乡贤文化

自新中国成立以来，在国家整体发展战略与规划的主导之下，中国的各项建设长期以城镇为中心，而乡村一直处于相对边缘甚至是依附城市的地位。以基层政权为主导的乡村治理，也受到了种种的制约和影响。特别是随着城镇化进程的全面展开与深入，以村落为生产生活共同体的治理环境，遭到严重的冲击，滋生和诱发诸多或表面或深

---

① 裴斌：《乡贤治村与村民自治的发展走向》，《甘肃社会科学》2016 年第 2 期。

层的问题。① 为此，我们在考察分析当代中国的乡村治理难题时，不能将它看成是单一的"治理"问题，也不可将它简单地视为只是"乡村"的问题，它是当代中国社会变迁中遇到的综合性难题的一个缩影。

（一）乡村治理存在的困境

其一，当代中国乡村治理的首要问题就是治理范围的变化。由于长期以城乡二元分立发展、城市中心主义的发展主义为主导，那种安土重迁的故乡情怀、血浓于水的脉脉温情、礼俗主导的熟人社会，已经在不少乡村荡然无存。据有关研究成果，中国的乡村正在经历不同程度的解体：有的传统治理资源还比较丰富，共同体保留尚好；有的部分解体；有的已经基本解体甚至严重萎缩。② 在城镇化进程中，乡村发展远远落后于城市发展，村庄在不断消失，农村人口在不断流失，乡村正在不断边缘化、老龄化、凋敝化甚至是空心化，总体上呈现出城市的兴盛与乡村的相对衰败的景象。从某种意义上讲，"乡土中国"的描述已经被"城乡中国"的描述所替代。

其二，乡村经济发展滞后。新中国成立以来，一直实行农村哺育城市的政策，长期以来形成的城乡二元经济结构至今仍没有改变，城乡经济发展不均衡局面也没有根本转变。一方面，强化城市经济发展、弱化农村经济发展是城镇化进程中的必然结果。城镇化是城乡发展的必然趋势，发展城市能更好地提高生产力，促进整个社会的发展，同时，城市的发展也能带动和促进农村的发展。因此，不能否定城镇化的进程。另一方面，城乡发展缺乏整体规划，没有形成城乡经济一体化的格局，农村经济不能有效地补充城市经济，尤其是农村发展缺乏整体规划，因此，城市经济发展与农村经济发展形成了一种竞争关系，而没有形成一种良好的相互补充关系，甚至城市的发展在一定程度上剥夺了农村发展的机会。虽然农村开始进行一定的发展转型，陆续推出农家乐、生态旅游、生态养殖等绿色农村经济发展模

---

① 颜德如：《以新乡贤推进当代中国乡村治理》，《理论探讨》2016 年第 1 期。
② 刘伟：《村落解体与中国乡镇治理的路径选择》，《中国行政管理》2014 年第 6 期。

式，但乡村经济发展仍没有与城市经济形成对接，农村经济发展严重滞后。

其三，乡规民约作用失范。在乡村治理范围的变化前提下，以往以"熟人社会"为基础的乡规民约被破坏，乡村事务一定程度上被宗族、能人所控制，有的乡村甚至被黑恶势力所控制，在一些利益巨大的乡村，贿选、暴力选举等违法现象比较严重，村民利益得不到重视，乡规民约在一定程度上停止运作，有的乡村甚至呈现"丛林状态"。在乡村治理的外部场域，政府表现出一定程度的越位或缺位。乡规民约的制定和执行需要政府部门的指导和监督，但实践中政府的指导和监督作用被不恰当地运用，往往出现两个极端状况：一是政府放任乡规民约的制定和执行，导致政府缺位；二是政府强行通过行政手段不恰当地干预乡村治理，乡规民约要么成为政府下达的文件，要么被变相废止，直接表现为政府的越位管理。政府缺位将使乡规民约的制定和执行缺失重要的监督主体，易使农村成为法外之地，导致有的地区乡规民约内容违法违规，执行出现偏差。政府越位干预乡规民约的制定和执行，直接违背了村民自治等相关法律法规的立法原意，也难以反映村民的真实意愿，乡规民约"被"失效。①

其四，传统文化逐渐衰落。一方面，传统优秀文化不被乡村所继承和认可，现有的乡村文化成为"无本之木、无源之水"。传统文化在乡村日渐凋零已经成为学者和社会公众的共同认知。另一方面，现代文明中民主、法治、自由、公正等价值观又没有被乡村广泛接受。拜金主义、消费主义、个人主义、享乐主义等不良价值观在农村中不断蔓延。乡村文化呈现出功利化、庸俗化、荒漠化等特点。

面对乡村治理中存在的诸多困境，人们在不断地探索和实践，一些成功转型的乡村，在乡村治理上提供了新的借鉴。《光明日报》推出的"新乡贤新农村"系列报道，深入挖掘"新乡贤"与社会主义新农村建设的新鲜故事和新鲜经验，为乡村治理提供了新鲜血液和新鲜活力，给人们重要启示，值得从历史的深度与现实的高度予以总

---

① 李金哲：《困境与路径：以新乡贤推进当代乡村治理》，《求实》2017 年第 6 期。

结、省思和凝练。

（二）新乡贤文化的作用

随着时代的推移，中国的乡村在发生着质的变化，这就要求乡村中乡贤文化也要与时俱进、不断创新、多措并举。新乡贤文化的创新建构，既有利于进一步促进传统优秀文化与现代优秀文化融合，又有利于进一步加强社会主义新农村道德建设，更有利于进一步加快社会主义新农村建设。2015 年"中央一号文件"指出："创新乡贤文化，弘扬善行义举，以乡情乡愁为纽带吸引和凝聚各方人士支持家乡建设，传承乡村文明。"[①] 乡贤文化的精神底蕴不仅对社会主义核心价值观落地生根有重要意义，而且就社会价值而言，也有利于促进乡村治理的现代化。由此可见，创新乡贤文化在乡村治理中的运用方式，不仅是对传统乡贤文化的传承，更是对乡村治理方式的有效创新。它是在习近平新时代中国特色社会主义思想的指导下，坚持和完善中国特色社会主义制度，不断推进国家治理体系和国家治理能力现代化。乡村治理呼唤乡贤文化，乡村振兴需要贤达人士。

第一，新乡贤文化有利于农村经济社会的发展。新时期的乡贤构成已不同于传统社会以功名身份为核心的乡绅阶层，他们大多是各行业的成功人士、时代精英，他们许多具有娴熟的技术、先进的管理经验、前瞻性视野或开拓创新的时代品格。乡贤把乡村作为自己心灵深处的精神家园，与家乡有着割舍不断的感情。即使有的已远离家乡，但那份炽烈的家乡情，令他们不遗余力地利用自己的学识专长、创业经验反哺桑梓，得到乡民的广泛赞誉，也促进了当地经济社会的发展。"乡贤回归却能够通过自身的影响力开展各种形式的教育活动……帮助农民接受新思想、新观念，带领农民走上农业现代化道路。"[②] 发展新乡贤文化，吸引新乡贤归乡，能够广泛吸纳社会资源，协调管理公共事务，为社会主义新农村建设凝聚智慧和力量。

---

① 中共中央、国务院：《关于加大改革创新力度加快农业现代化建设的若干意见》，《人民日报》2015 年 2 月 2 日第 1 版。

② 刘祁：《"三农"视角下乡贤文化的现代价值及其实现路径》，《老区建设》2016 年第 14 期。

近年来，我国农村特别是一些发达地区的农村大力倡导乡贤治村，推出了许多新举措。如推进"金凤还巢"工程，"乡贤回归"工程，成立镇村"优秀科技人才""首席乡土专家库"等，把培育产业与树立典型相结合。乡贤陆续回乡，他们不仅给当地村民争取了特殊政策、带来了大量资金，创办了特色产业，打造了亮点工程，带来了乡民经济收入的提升，更传播了一种先进的管理理念和文明的生活方式。据调查，福建宁化县积极实施"明商回归工程"，乡贤成为推动当地经济发展的新生力量。据不完全统计，乡贤投资项目共有 56 个，总投资额达到 90 多亿元。目前，以福特科光电、月兔空调、海西（宁化）电子商务城、东华山生态文化旅游等为代表的一批投资规模大、具有科技或文化优势的项目投产或在建，不仅推动了宁化产业转型升级，也有利于生态旅游产业的发展。①

第二，新乡贤文化有利于文明乡风的塑造。新乡贤文化批判性地继承了中国传统文化，创新性地融合了中国优秀传统文化和现代优秀文化，是滋养农村乡风文明的精神力量。新乡贤文化与社会主义核心价值观的基本要求具有一致性，是乡风文明的基石。新乡贤文化来自乡土民间，具有亲民性、草根性，是广大乡民崇德向善的力量。新乡贤文化对农民的思想、道德、行为具有导向功能。乡贤或利用自己的政治地位维护乡村社会秩序，或发挥自己的社会影响力为乡村争取资源，或利用经济实力引领乡民致富，或利用自己的才学教化乡民。作为新乡贤文化的主要承载者和传播者，往往能够自觉地在乡村倡导先进文化，在乡村地区维护社会主义新农村发展。②

现代乡贤能够及时把握党和国家的政策，通过报纸、杂志以及现代网络信息系统掌握先进文化的发展动态，积极倡导和践行社会主义精神文明。在日常乡村事务中，乡贤往往能够运用喜闻乐见的形式培育群众的价值准则，能够自觉地把社会主义核心价值观和优秀传统文

---

① 俞祥波、宁化：《乡贤投资项目助推产业转型升级》，《三明日报》2014 年 11 月 10 日第 1 版。

② 郭超：《用乡贤文化滋养主流价值观——访北京大学教授张颐武》，《光明日报》2014 年 8 月 15 日第 2 版。

化有机地结合起来①，使优秀传统文化与社会主义先进文化、社会主义主流价值观充分对接，能够用接地气、听得懂、群众乐于接受的载体宣传，把农村群众的价值准则统一到社会主义核心价值观的要求上来。② 他们是乡村稳定发展、社会和谐的主导力量。据报道，湖南郴州桂阳县正和镇阳山古村通过举行乡贤文化讲堂暨好人表彰活动，挖掘地方乡贤人物事迹、家风家训、互助互爱、孝老爱亲等优秀人文精神和乡贤文化，不断提高村民思想道德水平，凝聚乡村社会正能量，营造乡村和谐文明的良好氛围，使阳山古村的精神风貌焕然一新。③在乡村生活中，我们应大力宣扬新乡贤文化，挖掘乡村道德模范事迹，树立道德模范典型，宣传道德模范精神，加强乡村思想道德建设，提高村民思想道德水平，形成风清气正的乡村精神风貌。

第三，新乡贤文化有利于健全自治、法治、德治相结合的乡村治理体系。乡贤文化以中国传统文化为根基，蕴含着德治、善治的力量，是维护乡村社会和谐稳定的思想源泉。在当前我国的乡村治理中，基层政府是主导，但乡贤作为体制外精英也起着重要的中介或辅助作用，实现了对乡村社会的间接控制与管理。乡贤与村委会在乡村公共事务中各有所长、互相弥补，共同治理村庄，促进乡村社会和谐。

不可否认，现在乡村在一定程度上仍是"熟人社会"，在很大程度上宗族、血缘、地缘、人情、面子、孝道等仍在乡村社会中占据主导地位。对于新乡贤而言，从新式教育的背景来看，他们未必能熟读儒家经典，熟知礼仪教化，但现代乡贤大多具有现代思维方式，知晓党的政策、了解国家的政策法规，特别是有较为先进的社会主义道德观及民主法治意识。他们在处理乡村事务的实践中往往能够运用现代社会的道德伦理观念以及掌握的民主、法治知识去解决现实中乡村矛盾，有效地化解乡村社会所发生的各种矛盾纠纷。同时，他们对当地

---

① 王志良：《继承和弘扬乡贤文化　践行社会主义核心价值观》，《光明日报》2014 年 7 月 23 日第 1 版。

② 游开余：《新乡贤文化涵育文明新风尚》，《思想政治研究》2015 年第 9 期。

③ 新浪网：http://news.sina.com.cn/2016 - 07 - 15/doc - ifxuapvw2056323.shtml。

传承下来的民俗、民风以及生产、生活情况了如指掌。他们熟谙地方事务以及群众心理，了解并能很好地协调处理群众利益诉求；他们办事公道、善于在不同乡民之间协调事务以及善于在乡民与乡镇政府之间搭建沟通桥梁。正是由于他们在乡村是熟人熟事，又加上办事公正，善于协调，从而在长期的与民相处过程中增进了感情，乡民能够听进其言，听其规劝行事。

不仅如此，新乡贤通过组织修缮修复乡村原有的祠堂、庙宇、祖屋、族谱、家谱等文化载体活动，推动村史编写篆刻工作，结合现代宣传手段，如微博微信、电视网络等，保存、回顾和唤醒村民共同的历史记忆，焕发村民自豪感，增强村民的文化认同。同时，针对现在很多乡村的年轻人都流入城市打工，只留下老人和孩子（"3869"部队）的现象，新乡贤文化还能倡导乡村孝道文化、关爱幼儿文化、互帮互助文化，使人口空心村不再成为精神空心村，激发村民的乡土情感和集体归属感。

乡贤在乡村治理中，一方面，利用自身的人格魅力来感染周边的人，用村民能够接受的方式来传递现代知识；另一方面，他们具有新知识、新眼界，能用村民可以接受的方式来传递现代知识，让现代的法律和契约精神与传统的价值和伦理得以协调。[1] 江苏丰县梁寨镇陈光庄村"乡贤"王文彬已年过八旬，老人自办"农家书屋"20年，每天坚持剪报张贴，向群众宣传时事新闻。他还倾情关心下一代教育和普法工作，先后被评为"全国五五普法中期先进个人""全省关心下一代工作先进工作者"等。[2] 在处理村民矛盾纠纷问题上，江苏徐州市贾汪区乡贤与村民座谈，耐心讲解相关政策，将矛盾化解在萌芽之中；乡贤携手工作组接访93件，成功调解92件，调解成功率达98%，其中，最有社会影响的历史纠纷老案32件，占总件数

---

① 张颐武：《重视现代乡贤》，《人民日报》2015年9月30日第7版。
② 石培明、张道平：《三千名乡贤解民忧——江苏丰县"乡贤工作室"开创乡村治理新模式》，《中国县域经济报》2015年7月30日第7版。

的 30%。①

第四，新乡贤文化有利于乡村社会和谐。和谐社会需要和谐文化。古代"乡贤"在为地方社会发展和文化建设"惠政"的同时，和谐社会的功能自然融入其中。现代"乡贤"在为国家、社会、家乡做出贡献的同时，发挥着和谐社会的重要作用，与和谐文化建设是相通相融的。从文化意义上说，和谐文化建设的过程，必须继承和发扬一切优秀的文化，这自然包括古代优秀的"乡贤"文化。

新乡贤文化倡导团结和睦、求善尚美、尊老爱幼、邻里和睦、团结互助等中华民族优秀传统美德，开展新乡贤文化活动，可以营造存善念、怀善心、行善举的良好社会氛围，并以其积极的价值追求孕育出了一批关爱民生福祉的新乡贤，使村民在新乡贤的带领下，自动汲取新乡贤倡导的文明理念，进而融入丰富的农村活动中，以在农村形成和谐的生产生活氛围。让广大村民在耳濡目染的环境氛围中将和谐、崇德、向善的优秀思想真正做到内化于心、固化于行。同时，新乡贤文化的推动下，许多村落成立了乡贤理事会或乡贤参事会等组织形式，它们是促进社会主义新农村建设和农村治理的民间组织资源，这些组织通过发挥乡土人才的作用，及时解决了农村存在的矛盾纠纷，促进了农村社会的和谐。

比如，近年来，在城镇化为代表的现代化进程中，农村社会受到冲击，出现一些难以预料的矛盾，如项目建设征地拆迁、土地补偿及土地流转以及宅基地调整等问题。许多村落建立了乡贤参事会、乡贤工作室、乡贤调解室等，由经济文化能人、老党员、老教师、老干部等当地有声望、有能力、威望高、口碑好，熟谙并热心村中事务，办事公正公平，为村民所信服的乡贤充当协调员、"和事佬"或"大老支"，并且在全国各地乡村形成了一些口碑好、形象佳、效果好的调解品牌。如浙江诸暨老杨调解室、上虞"百姓（兴）调解室"、柯桥"杨大妈爱心服务队"，以及江苏徐州丰县的梁寨镇 20 个行政村建立的乡贤工作室等。

---

① 王应举等：《乡贤携手"三解三促"工作组共创和谐》，《江苏法制报》2015 年 12 月 3 日第 3 版。

他们通过发挥其亲缘、人缘、地缘优势，既充当一些政策方针上传下达的"传声筒"，同时在消除村民与村民、村民与村干部、村民与开发商之间的误会、隔阂方面起到了桥梁和纽带的作用。①

第三节　弘扬乡贤文化，推进乡村治理现代化

改革开放 40 年来，中国的乡村社会发生了巨大变化。一方面，乡村从过去"一大二公"的旧体制中解放出来，逐步走向现代化；另一方面，乡村治理并未实现现代转型，面临着经济失衡、乡规失范、人才流失、文化失语等诸多新的困境。一般来说，乡村治理的完善与创新可通过内部突破、外力干预和内外结合三种方式进行。随着改革开放和新型城镇化的不断推进，一个兼具乡村与城市、传统和现代基因的新乡贤群体开始产生，新乡贤群体的出现正是作为第三种方式进入乡村治理。作为新社会力量的新乡贤群体既熟悉乡村又熟悉城市，既具备一定的传统性又具备一定的现代性，为优化乡村治理结构，跨越乡村治理困境，提供了一个新的选择。

一　营造新乡贤文化

从历史上看，乡贤文化作为传统文化的重要组成部分，包含着丰富的乡村治理理念和经验，是千百年来促进农村和谐发展的一块基石。随着中国城镇化建设步伐的加快，我国农村社会结构发生了深刻变化，大批农村青壮劳动力与土地分离，导致乡村精英严重流失，农村人去地荒，包括乡贤文化在内的传统文化受到冲击。农耕时代形成的守望相助、抱团取暖的生活习惯被打破，大量农民进城务工，以前以耕读传家的习俗不复存在，乡村社会的各种文化信息发生了很大变化，乡贤文化的载体和空间发生了根本的改变。由此可见，要积极妥当地发挥新乡贤在当代中国乡村治理中的作用，必须在文化建设上下大力气。

---

① 刘淑兰：《乡村治理中乡贤文化的时代价值及其实现路径》，《理论月刊》2016 年第 2 期。

营造新乡贤文化一定要继承与光大古乡贤的精神遗产。乡村社会要结合本地的实际，如果确有古乡贤留存的遗迹，就应花大力气去整理相关的文献，发掘可能存在的文物，像浙江上虞区那样，成立必要的古籍整理与文物保护工作小组，组建乡贤研究会，专门研究总结历代乡贤的精神遗产。还要借助各种平台和载体，尤其是在幼儿教育、小学教育的相应读物和文化活动中，以简单明了、通俗有趣的故事来传播古乡贤的嘉言懿行。如果还有留存的乡贤祠，应积极组织修缮，以便时人游访和瞻仰。如果本地确实没有古乡贤的遗迹或没有记载的古乡贤人物，不仅可以在更大的区域去学习、汲取古乡贤的精神，还可以整饬族谱和祠堂，从家族发展史的角度去探寻值得后人感念的先人的事迹或文物典章。通过上述措施，不仅使我们睹物思人，更要效仿先贤的精神而化为建设美丽乡村的具体行动。梁漱溟的乡村建设理论和行动继承的就是《吕氏乡约》，而吕氏兄弟并非梁漱溟故乡的先贤。他主要借助"乡农学校"来进行改造中国乡村之运动。他在《乡村建设理论》一书中说："所谓乡农学校这个东西，是补充改造后的《乡约》中自然要有的机关。这个机关主要的是讲求进步；而同时我们即以乡农学校来表示《乡约》，表见我们的组织。"这说明，当下倡导新乡贤在乡村治理中发挥更大的作用，并不取决于本土是否有古乡贤，而在于对贤人或者精英的尊重，在于对德才兼备者的敬仰与期待，在于形成尚贤、用贤、爱贤的人才观与淳厚民风。

二 培育新乡贤群体

乡村治理是一项复杂的系统工程，需要发动社会各方力量的积极参与。然而，随着城镇化和现代化进程的推进，乡村出现了社会组织碎片化、人口流动超常规化、村落"空心化"等倾向。乡村治理主体弱化的困境，迫切需要乡村贤达之人和有识之士的回归。新乡贤群体的基础是本土乡贤，通过发掘本土乡贤，充实新乡贤群体。本土乡贤长期生活在乡村，对乡村有很强的认同感与归属感；外出乡贤是新乡贤群体的新生力量，在一定发展阶段对新乡贤群体的建设能起到决定性作用。与本土乡贤相比，外出乡贤一般具有更高的专业技能，社会能力更强，同样具备为村民服务的公心，缺点在于难以一直在村生活，但现代科学技术的进步一定程度上弥补了这一缺点，乡村治理具有更多借助外出乡贤力量的优势。

如何塑造新时代的新乡贤呢？

（一）情感认同

其一，以故土情来激发本地民众或者吸引在外地工作生活的同乡对家乡的热爱、眷恋，使他们积极去参与、支持乃至组织建设美丽乡村的各种事业。比如，可以通过组织庙会、祭祀、赛龙舟等传统项目吸引外出乡贤进入乡村生活。很多外出乡贤并不是不支持乡村发展，而是没有合适的手段和方式参与乡村治理，新乡贤组织作为一个中介，能更有效地将外出乡贤纳入新乡贤群体。

其二，要充分考虑当下在乡村推行的各项政策制度的制定和调整，是否是以普通人的具体情况为出发点和落脚点，是否契合了民众的喜、怒、哀、乐。只有这样，我们在乡村推行的各项举措时，才可能引起民众包括新乡贤的情感上的共鸣与认同。

（二）价值引领

中国古代的乡贤，一方面，"他们在地方上热心公益，保家卫国，造福一方"；另一方面，积极"推行以儒家为主的社会价值观，维护乡村社会秩序的稳定"。① 那么，我们今天的社会主义核心价值观是否能够扎根乡村？依靠什么样的力量和载体来扎根乡村？当下农村出现的基督教文化盛行现象，从一个侧面隐性地反映了农民当前信仰缺失这一令人深忧的问题。因此可以说，在中国广大的乡村社会，民众面临着安身立命的价值如何构建的重大问题。到底构建什么样的价值观来促进乡村治理呢？我们认为，应从乡土性、人本性、仁德性和现实性等要素来综合思量、培育和传播乡村社会的发展目标，使之成为本土的文化共识，使之成为"与基层治理相适应的价值文化与社会认同"。② 一般而言，友善、诚信、公道、互助、和睦、安康是村民乐于接受、愿意遵守和易于传承的价值信条。我们应该以多样化的方式来

---

① 胡彬彬：《乡贤文化与核心价值观》，《光明日报》2015 年 5 月 21 日第 11 版。
② 文军：《社会文化共识是基层治理的支点》，《文汇报》2014 年 5 月 8 日第 10 版。

涵养、弘扬与巩固它们，使其真正内化于心，外化于行，融贯于各种举措之中。新乡贤正是熔铸和传播这些价值的积极力量和重要支柱。

（三）完善新乡贤组织

从组织架构上，完善新乡贤群体，建立新乡贤自治组织，制定组织章程，完善组织决策和管理程序。本土乡贤组织在乡村可称为理事会、议事会或参事会等。

（四）荣誉激励

"乡贤"在中国古代社会本身就是对有德行、有贡献的社会贤达去世后予以表彰的荣誉称号，是对他们人生价值的肯定，是一种荣誉认可。古乡贤及其事迹已经不可复原和再现，但他们的道德精神与力量通过文献和文物代代相传，这就形成了乡贤文化传统。地方上还建有供奉他们的乡贤祠，以便世人铭记他们的嘉言懿行，学习他们的献身精神，怀念他们的恩德善行。当下，我们培育和凝聚新乡贤，不仅利在当代，更是功在千秋。对新乡贤的事迹通过颁发牌匾、汇编成曲、载入方志等多样化的形式加以激励，形成新时代的新乡贤文化。这样，他们的道德精神和力量才可以传承下去，才可以成为培育乡风、敦化民风、淳厚人心的持久力量。

三 发挥新乡贤作用

党的十九大报告指出：加强农村基层基础工作，健全自治、法治、德治相结合的乡村治理体系。社会主义新农村的建设和乡村振兴，既离不开党的领导、政府的良性引导，也离不开村民的积极参与，而村民的积极参与又离不开新乡贤的引领。党组织在农村发挥着政治核心作用，村委会作为村民自治组织发挥着社会服务作用，新乡贤作为新的乡村治理主体之一，在政治、经济、文化、社会等方面协助两者更好地发挥作用。不仅能促进乡村的德治和法治，更能促进乡村自治的有序推进。首先，发挥新乡贤群体带头遵守各项法律法规和村规民约，将依法治村与基层自治结合起来，树立宪法法律和村规民约的权威。其次，新乡贤群体可以积极推动乡规民约的制定，将新乡贤文化融入村规民约之中。新乡贤群体可运用专业知识或利用外界力量对村规民约进行一定的合法性审查，同时，村规民约也不能完全摒弃道德，要契合乡村实际，将道德条文放入村规民约之中。

古代乡贤治理主要通过社学等民间机构进行道德教化，宋代以来，开始注重以村规民约治村，如《吕氏乡约》《南赣乡约》《乡甲约》《福惠全书》等，但这些乡规民约中大多数仍只是道德礼仪条文，如《吕氏乡约》中"德业相劝、过失相规、礼俗相交、患难相恤"等条文都含有强烈的道德教化内容，古代乡贤治村的核心依然是道德治村。随着历史的变迁，中国社会经历了从身份社会到契约社会的嬗变，当前新乡贤从过去更注重习惯、道德治村转向更注重从法治层面参与乡村治理。新乡贤应该成为乡村的"人大代表"，成为村民民情、民意的汇聚者和代言人，使乡村社会的各种意见、乡村村民的各种声音得以公开表达，促成各种符合本土实情的发展建设决议在新乡贤的支持下得以出台和执行。新乡贤应该积极参与基层民主自治，想方设法增加民众参与治理的机会、渠道。比如，在法律法规的允许下，新乡贤可以主动担任乡村管理机构的顾问，根据他们自身的特点和长处，再分成各种顾问小组，增强乡村议事组织的专门性和专业性，让新乡贤为乡村的治理建言献策；也可以像有的学者建议的那样，新乡贤可以直接挂职"村官"和乡镇长助理①，让新乡贤用新乡贤文化来推动乡村的可持续发展。在乡村中，还可以直接选举他们担任乡村管理机构的有关职务，具体参与乡村决策和治理，改善乡村治理的干部结构，提高决策和治理的民主化、科学化水平。江西省万载县积极探索乡村治理新方法，在法治的框架下，最大限度地发挥乡镇非公经济人士、退休教师、退休干部、宗教界人士以及在家族或"屋场"有影响力、有威望的人士等乡贤的德治作用，在全县 17 个乡（镇、街道）创建了乡村党外民间人士工作室。工作室共聘请 541 名乡贤参与辅助村级事务管理，扭转乡村治理主体弱化的现状，促进乡村社会治理转型，为社会主义新农村建设发挥了不可替代的作用。②

---

① 黄海：《人民日报刷新见解：用新乡贤文化推动治理现代化》，《人民日报》2015 年9 月 30 日第 7 版。

② 黄磊、欧阳思伟：《以德治村有乡贤——党外民间人士助推乡村治理转型侧记》，《宜春日报》2015 年 8 月 29 日第 2 版。

现代乡村治理中，很多公共事务主要由村委会承担，新乡贤在其中主要发挥着有益的补充作用。从全国各地的乡贤组织实践来看，新乡贤作为乡村基层中实际的管理者和代理者，凭借他们在乡村中的天然威望、"缘人情顺人性"的优势，能够很好地提升村民的凝聚力和向心力，有效、合理地缓解基层矛盾，营造和谐的社会主义新农村社会环境。如江苏省丰县梁寨镇一些退休干部、老党员、老教师等，自发成立了志愿者服务队，收集民情民意，调解群众纠纷，宣传党的政策，起到了积极向上的作用。镇党委、镇政府为促进乡风文明建设，在梁寨镇设立了乡贤工作室，老同志积极发挥余热，化解社会矛盾，深受群众欢迎。① 浙江省德清县着力培育一种维护社会公共利益、促进基层民主自治的农村社会组织——乡贤参事会，在基层党组织领导下，充分发挥其参与社会管理、公共服务的作用，成为群众参与基层治理、加强党群联系的新平台。② 江苏省徐州市贾汪区筹建乡贤工作室，为民办实事、化解基层社会小摩擦。③ 安徽泗县通过建立乡贤志愿工作站，用"百姓法平百姓事"化解矛盾纠纷；再如湖北湾潭乡成立以乡贤命名的"矛盾调解室"，用乡贤"软治理"来破解农村"硬难题"。④ 可以看出，新乡贤在乡村中具有较高的民间威信，通过新乡贤调解的乡村基层矛盾，不仅大多数都能有效解决，而且能够有效降低矛盾解决的时间和成本。总之，近年来，全国各地"乡贤"回报社会、回报故乡的感人事例不断涌现，主要体现在各类公益事业、筹措资金、发展地方经济文化、兴办企业以解决农村剩余劳动力等方面。新乡贤在各自地区以不同形式发展起来，致力于乡村治理的发展，为社会主义新农村建设贡献自己的"中国力量"。

① 石培明、张道平：《三千名乡贤解民忧——江苏丰县"乡贤工作室"开创乡村治理新模式》，《中国县域经济报》2015年7月30日第7版。
② 袁艳、德清：《给村两委配"智囊团"——乡贤，村务好帮手》，《浙江日报》2014年12月11日第7版
③ 王应举等：《乡贤携手"三解三促"工作组共创和谐》，《江苏法制报》2015年12月3日第3版。
④ 林美辰、钟杭娣、刘淑兰：《乡贤组织：转型期文明乡风塑造的有效载体》，《长春理工大学学报》（社会科学版）2017年第2期。

第七章　传统节日文化与社会主义
核心价值观培育

节日文化是一个民族拥有悠久历史和灿烂文明的象征。曾有人说:"传统的生命力,没有任何地方比在节庆的历史中,有更明显的表现。"我国传统节日于农耕文明中孕育,在人类原始崇拜、祭祀、禁忌等思想观念中催生,是中华民族在几千年历史长河中的精神和情感寄托,是中华传统文化生生不息、源远流长的生动体现。社会主义核心价值观作为中华民族赖以维系的精神纽带,是建设社会主义文化强国的灵魂,是社会主义精神文明建设的核心。运用传统节日文化培育社会主义核心价值观,能有效地助推新农村乡风文明建设,实现新农村、新面貌、新风尚。

第一节　传统节日的起源与演变

传统节日是一个国家或民族的历史文化长期积淀的产物,是民族文化、民族精神的重要传承载体,是一个国家或民族重要的标志性文化。它在一定的时间节点上集中地体现了民众的生存智慧、家国理想和社会传统维系机制。保护、传承和发展优秀传统节日文化,在一定程度上关系着国家文明脉络的延续、民族精神的凝聚和社会发展的和谐。我国传统节日历史悠久,形式多样,内容丰富,影响深刻,是中华文明的重要组成部分。如所有的民俗文化事象一样,传统节日一刻也不曾脱离开政治、经济、社会、文化的影响,始终与它们共同变迁演进,与此同时,节日也以其特殊的方式影响着政治、经济、社会、文化的发展变迁。了解和把握中国传统节日文化的发展特点和趋向，推动传统节日文化与现代社会的无缝连接和良性整合，进而更加自觉和科学地推动节日文化的传承、保护和发展，对于我们认识中国文化，传承文明精神，构建和谐社会，推动科学发展有着重要的理论价值和实践意义。

一 传统节日的起源

中国传统节日体系萌芽于先秦北朝时期，成长于秦汉魏晋南时期，定型于隋唐两宋时期。在这一漫长的历史演进过程中，节日体系一直是中国社会上下一体遵循的基本时间框架，协调着人与自然、人与神（鬼、祖先）、人与人的关系，它既为社会提供时间容器，也是塑造社会的时间模具。它依据的历法主要是阴历，也有阳历，中国人重视阴阳平衡、天人合一、顺其自然的哲学思想，欣赏柔美、重团圆的美学和伦理观念，都蕴含在中国独特的节日体系之中。① 节日作为将特殊名称、特殊时间、特殊空间、特殊活动以及特殊体验与情感有机集合起来的社会安排，是人们时间生活的重要组成部分。

（一）农事生产活动的孕育

中国古代以农业立国。自先秦始，古代帝王无不重视农业生产，奉行"农，天下之大本也，民所恃以生也"的思想。而我国传统节日最初就是孕育在民间农事生产活动之中的，并最终随着农耕文化的发展而不断完善。

"节日的前身就是节气，节气就是观象授时时代的节日。"② 要论述我国传统节日的起源，就必须先了解我国的二十四节气。在生产力和科学技术并不发达的时代，"山中无历日，寒暑不知年"，人们只能在长期的农事生产活动中观象授时，凭借长时间的经验累积，认识到自然世界的时序变化规律，并紧随这一规律进行农耕、休憩。人们按照自然界的时序规律，用土圭测日影长短，将一年分为了春、夏、

① 高丙中：《文化自觉与中国节假日制度的改进》，转引自周星主编《国家与民俗》，中国社会科学出版社 2011 年版，第 179 页。

② 刘宗迪：《从节气到节日：从历法史的角度看中国节日系统的形成和变迁》，《江西社会科学》2006 年第 2 期。

秋、冬，"四时"；每一"时"又分为"两节"，即立春、春分、立夏、夏至、立秋、秋分、立冬、冬至，共"八节"，随后，又根据地球公转每15°所到的二十四个位置，将全年分为包括立春、雨水、惊蛰"等在内的二十四个段落，即"二十四节气"，以显示全年不同时节的气候、降水等变化。二十四节气最早于先秦时期开始确定，最终于汉代形成并成为指导农事生产活动的指南针。

观象授时时代，每年二十四节气是否准确在很大程度上成为关乎人们农耕与收成的重大因素，因此，在传统节日还未形成之时，节气就代替了节日本身的意义，每逢节气，人们就会举行向下一个节点过渡的仪式和庆典活动。"立春"，为"二十四节气"之首，自秦代以来就一直代表孟春时节的来临。因此，人们习惯于在这一天观天候、测风云、望征兆以占卜来年丰歉。《吕氏春秋·孟春纪》记载："立春之日，天子亲帅三公、九卿、诸侯、大夫，以迎春于东郊。还，乃赏公卿、诸侯、大夫于朝。命相布德和令，行庆施惠，下及兆民。"①

（二）人类思想观念的催生

如果说农事生产活动为传统节日的产生提供了孕育的土壤，那么人类有关崇拜、祭祀、禁忌等的传统思想观念则是催生传统节日的"阳光雨露"。原始社会，动物是人类生存的必需品，先民常常把某些动物奉为神明加以崇拜，很多原始氏族也将动物作为自身的图腾。中华民族自诩为"龙的传人"，历代皇帝都自称为龙的化身，穿的衣服称"龙袍"，睡的床称"龙床"，皇后怀的胎叫"龙胎"，由此可见，龙一直作为中国一种神圣而尊贵的"生物"存在着。据考证，早在八千年前，我国就已经出现了龙形图案。《说文解字》中对于龙的解释是"龙，鳞虫之长，能幽能明，能巨能细，能短能长，春分而登天，秋分而潜渊"。"龙"是中华儿女幻想出来并历代相传的最为重要的精神图腾。这种龙图腾崇拜是中国传统节日形成的渊源之一。早在汉代，我国已经形成了形式比较完整的龙舞，每逢重大节气，无论宫廷还是民间都会舞龙以祈求风调雨顺，古代吴越人每年在端午节这一天

---

① 《礼记译解》（上），中华书局2001年版，第197页。

都要举行祭祀龙图腾的"龙舟竞渡"活动。

祭祀活动与我国传统节日的产生也具有不可分割的关系。古代，人们对自然现象充满了神秘感、敬畏感和恐惧感，由此产生了人类最原始的两种信仰——天地信仰和祖先信仰。原始信仰也衍生了各种祭祀活动。《说文解字》曰："祭：祭祀也，从示，以手持肉也。""示，神事也。"祭祀对象一般分为三类：天神、地祇、人鬼。祭祀活动也分为三种：祭天神、祭地祇、祭人鬼。一方面，我国是个多神信仰的国家，由此产生了一系列大大小小以祭祀天神为主题的传统民俗节日。如正月五日路头神生日；二月一日太阳生日，祀太阳神；二月二日龙抬头日，又为土地神诞辰；二月三日文昌帝君诞辰等。另一方面，我国又是一个极为强调慎终追远、敬祖孝宗的国家，由此也产生了一系列以祭祀祖先为主题的传统节日，如清明节、端午节、寒食节、中元节、重阳节等。祭祀，在某种意义上已成为中华民族精神世界的庄严典礼，千百年来，人们通过祈求神明和祖先保佑，以祈祷风调雨顺、降福免灾。

禁忌之说也是促成我国传统节日产生的重要因素。古代由于科学技术的落后，人们习惯将一系列不能解释的现象用神鬼禁忌之说和迷信观念掩盖。在中国，鬼文化源远流长，在原始社会初期出现的图腾崇拜中，就融入了鬼图腾崇拜。在甲骨文《说文解字》里也已经产生了"鬼"字并有所诠释。甲骨文里，鬼是象形字，字形下面是一个"人"字，上面像一个可怕的脑袋（似人头上戴着一个很大的恐怖面具），是人们想象中的似人非人的怪物。而在《说文解字》中则释为"鬼，人所归为鬼。从人，象鬼头。鬼阴气贼害，从厶"。鬼文化起初只是人们口耳相传，后代逐渐出现文字记录，无论是先秦时期的《左传》《楚辞》，还是春秋时期的《论语》、六朝时期的《博物志》、清代的《聊斋志异》等，都是我国鬼文化的重要典籍。鬼文化之所以能够长期存在，既是因为它真切地描绘和反映了当时的社会现实，也因为它巧妙地融入了中华传统文化的主流，成为我国传统节日文化产生与发展的助力器。例如，人们认为，人死后为鬼魂，经久不灭，会危害于人，需要以神镇之，而门神就是人们最早的精神寄托。门神是人们在过新年时贴在门上守卫门户的神灵。早在周代就已经出现了和"祀门"的仪式，《山海经》中记载，神荼和郁垒是最早的门神，神荼和郁垒本是两兄弟，居住于桃树之下，主管万鬼。为祈求平安，人们便用桃木做门，并将神荼和郁垒的画像分贴在门的两旁。随着时代的发展，门神被赋予了新的意义，人们更多地用门神来表达内心的崇拜。一系列如包公、秦琼等为代表的文官武将的画像也成了门神。除了门神，作为驱鬼必备的桃木也因此流传下来，延续至今。每逢除夕、元宵节时，人们会将桃木置于门旁，用来寄托人们对家宅平安的期冀，但桃木对于驱鬼的实际作用，也只是人们迷信的认识罢了。

二　主要传统节日及其风俗的演化

传统节日，在今天一直作为不言自明的概念被使用，但人们对它的内涵的认识并不统一，主要有三种观点：一是认为传统节日是指春节、清明、端午、中秋等以汉族为主体的节日，不包括少数民族节日；二是认为传统节日是以"××节"为名的节日，不包括庙会、祭会；三是认为传统节日是相对于现代节日而言的，是指传承有一定时间的节日，至少是 1949 年以前就有的节日。

应该说，以上三种观点都不够全面。《现代汉语词典》中"节日"词条将其解释为"传统的庆祝或祭祀的日子，如春节、清明节等；纪念日，如五一国际劳动节"。单一的族群维度下的传统节日范畴，有悖于当今世界文化多样性的追求和中华民族多元一体的历史与现实，既不利于我们全面认识中华民族文化的整体性和丰富性，也不利于民族的团结和发展。以狭义的"节"的名称来定义节日，忽略了不同文化体系中没有"节"这一对应词汇但却有同样功能意义的民俗的实际，如壮族三月三、苗族鼓藏节等。以 1949 年这样的时间作为划定传统节日的条件也相对呆板，赫哲族乌日贡、满族颁金节、锡伯族西迁节、塔塔尔族撒班节等民族节日，由于历史的原因存在着失传、断裂和近二三十年再造的问题。考虑到这些再造的节日在这些民族历史上能找到一定的文化源头，也坚持传承了二三十年，而且各民族都希望保有本民族特有节日的心理，我们认为，这些节日也应划归为传统节日。

综上所述，在综合考量民族、时间、地域等维度的基础上，可以将"传统节日"定义为具有群体性、周期性以及相对稳定的内容和程式的特殊时日。在此定义下，我们所说的"传统节日"包括：①春节、清明、端午、中秋等以汉族为主体的节日；②各少数民族节日，包括历史上没有，但各民族自治区结合传统的文化要素再造的节日，如赫哲族乌日贡等；③传统的祭会、庙会、歌会，如祭黄帝陵、三月三歌会等。

中国作为世界四大文明古国之一，在几千年历史长河进程中逐渐形成了包括寒食节、上巳节、浴佛节、腊八节等多种节日在内的传统节日体系。在众多传统节日中，又以"七节"最为人所熟知。2010年6月，在中央文明办的支持下，以传承和光大中华民族传统节日为主旨的"中华民族七大传统节日文化论坛"在西安举行，作为重要成果，论坛讨论并发布了《七节纪要》，《七节纪要》明确指出，春节、元宵节、清明节、端午节、七夕节、中秋节、重阳节七大传统节日，是中华大地自然节律与中华民族人文思想相互融合的产物，千百年来已成为海内外中华儿女共同的生活习俗、文化遗产和精神家园。

下面我们主要介绍春节、元宵节、清明节、端午节、七夕节、中秋节、重阳节七大传统节日的起源及其风俗的演化。

（一）春节

春节，俗称"年节"，又称为农历新年、阴历年等，是中华民族历史最悠久的传统节日，也是最主要、最盛大的传统节日之一。与端午节、清明节、中秋节并称中国四大传统节日。

殷商时期，岁末年初的祭祀神与祖的活动是春节的最初形式。年是时间的标志，但在古文中"年"则是谷物成熟的意思，古人谓谷子一熟为一"年"，五谷丰收为"大有年"。一年一度的庆丰收活动最早可追溯至西周初年。在历史的长河中，随着中华文化的不断整合，春节的习俗也日益完善。

北宋时期，春节习俗逐渐走向成熟，"腊八""祭灶"等节俗开始蔓延，"腊八粥"起始于北宋"十二月初八日，街巷中游僧尼三五人，作队念佛。以银、铜、沙罗或好盆器，坐一金铜或木佛像，浸以香水，杨枝洒浴，排门教化。诸大寺作浴佛会，并送七宝五味粥与门徒，谓之腊八粥"。①"祭灶"活动虽在唐朝就已经出现，但是，直到北宋时期，才得以广泛开展，"祭灶"最早被称为"醉司命"，《东京梦华录》载："都人至夜请僧道看经，备酒果送神，烧合家替代纸钱，帖灶马于灶上，以酒糟涂抹灶门，谓之醉司命。"除"腊八"和"祭灶"的定型之外，北宋时期，春节贴门联、十五吃汤圆等节俗也开始出现。随着"腊八""祭灶"节俗的产生和定型，标志着春节架构的完备。

春节，不仅是汉族的传统节日，各少数民族由于其自身地理位置、气候风貌、社会风俗等的不同，形成了各不相同的独具自身特色的"春节"。

彝族的春节被称为"彝年"。彝族是一个十分敬仰崇拜祖先的民族，彝年的起源就与祭祀祖先有关。彝年，其实也是汉族的称呼，彝语称为"库斯"，"库"代表"轮回"，"斯"有"始"的意味，代表"新的开始"，一般持续三天。据悉，由于各个地区彝族历法的推算方法不同，因此，不同地区的彝族聚居群落，彝年的时间各不相同。其中，如越西等高寒地区的彝族群，他们十一月就过年，而像凉山等地的彝族群，他们的彝年要等到腊月。彝年在彝族人的眼中，就是一个"吃喝玩乐"的节日，在过年的这天，人们会杀猪灌香肠、吃心肺三鲜汤、串门喝酒、参加社日活动、荡秋千、跳舞、摔跤等。彝年的风俗活动主要围绕三项重大的活动展开即祭祖、杀猪和尔擦苏（清洁）。其中，祭祖一般在大年三十晚上开始，彝族人十分注重父系亲属，他们点燃柴火，用缕缕青烟将过世的"阿普"（爷爷）、"阿博"（父亲）迎回家。而杀猪活动和尔擦苏活动一般在大年初一举行，是为祭祖仪式服务的。值得一提的是，在彝族的杀猪活动中，"翁色尔古"（杀猪能手）一般是严格按照长幼尊卑的顺序来依次宰杀的，体现了彝族人们尊老爱幼的高尚品质。

苗族的春节被称为"苗年"，在苗语中为"能央"，是苗族最重

---

① 孟元老、邓之诚注：《东京梦华录注》，中华书局1982年版，第249页。

要、最隆重的传统节日。由于全国各地气候差异，作物成熟的时间不一，各地苗年的时间也不相同，但苗族继承了秦汉时期以 10 月为新年的习俗，因此，苗年大多在农历十月左右，且节期较长，一般持续一周左右。苗年是苗族人民经过了一年的劳作之后载歌载舞喜迎丰收的日子。过年前，人们会提前准备过节所需的如甜酒、米面等节庆物品，有的还会杀猪宰牛，祭祀祖先。到了过节的那天，锣鼓声、芦笙声、鞭炮声不绝于耳。人们会在一片热闹欢腾的景象中吹笙踩堂，走亲访友，爬杆对歌等。

藏族的春节被称为"藏历年"。藏历年是按照藏族历法推算出的新年，是藏族最重大的传统节日。但藏历年其实是汉族的称呼，藏族则自称为"洛萨"。据李凤彩《藏纪概》载："乌斯藏恭奉正朔，尊时宪历行，同于岁以建寅孟春为岁首，元旦为一岁之第一日。"迎新年，是藏族人民最忙碌的日子，藏族人常说"洛萨玛日，来萨日"，汉语翻译过来就是"洛萨并不是新年，是辛苦日啊"。通常过年前，藏族人民会进行庭院的大扫除，即所谓"拖机"以除尘消灾；准备节庆点心如卡赛、青稞酒等；准备节庆礼佛需要的供品如酥油灯、德嘎、卓素切玛等。到了大年三十"囊噶"日，所有藏族女性都会依次沐浴，准备节庆新衣，并对家里再做一次彻底的清扫。每年这天，家家户户都会挂上长条的帘子"香布"，以祈求吉祥如意。大年初一早上，藏民比以往起得更早，笑容满面地对所遇之人道声"扎西德勒"。他们会先来上一碗热热的"滚丹"（一种煮沸的青稞酒，里面有红糖、酥油、奶渣、人参果），然后举行一系列的礼佛仪式，有称，如果在大年初一这一天能有幸到大昭寺朝拜释迦牟尼，就能为自己添福。过去，藏民还会举行"抢新水"的活动，由家庭主妇到河中背回新水，而现在，由于家家户户都有充足的水，因此，"抢新水"活动也渐渐地被简化为在水龙头上挂上洁白的哈达以示尊敬了。初二依始，藏民开始走亲访友，互相拜贺。初三，人们除穿着盛装参加各种聚会、跳舞等民俗活动外，布达拉宫还会举行一年一度的"乃琼降神仪式"。"降神"是藏族地区有名的宗教仪式，而只有在重大的传统节日中才会举行"降神问卦"仪式。据朱少逸《拉萨见闻录》载：

"哲蚌寺乃琼（护法神）每年于此日降神一次，预年岁丰歉时事吉凶，亦涉及政教事务，据云甚是灵验。"

（二）元宵节

古人称正月为"元月"，而"宵"则是"夜"的意思，因为正月十五，是一年中的第一个月圆之夜，因此被称为"元宵节"。"元宵节"又被称为"上元节""灯节"。虽然没能入围"中国四大传统节日"，但它仍然是中华民族精神的重要载体，是中华儿女文化记忆中的重要部分。

"元宵节"作为春节中重要的时间节点，起源于道教的"三元"学说，最初形成于秦朝，汉文帝在位时，明确将每年的正月十五定为"元宵节"。

元宵节看灯会的习俗是帝王礼佛思想的具体体现，这一习俗最早在东汉已经出现，东汉明帝命令每逢正月十五夜晚，在宫廷和寺庙中点灯，以敬畏佛祖。逐渐地，正月十五点灯的习惯延续到了民间，并最终成为民间"元宵节"的一大盛事。到宋朝时期，"元宵节"赏灯的习俗进一步发展，出现了新的游玩形式，即"猜灯谜"。

除赏灯之外，一到"元宵节"，人们一定会吃上一碗甜甜的"元宵"。"元宵"一开始称为"浮圆子"，后来又被称为"汤圆"。"圆"与"元"同音，具有"团圆""美满"的意味。

在历史的长河中，"元宵节"的节庆日期不断加长，从汉代的一天，到唐代的三天、宋代的五天、明代的十天。清代"元宵节"虽然节庆日期减少到了四五天，但是，节庆的习俗得到了充分扩展，出现了舞狮舞龙、踩高跷等内容。

"狂欢"是"元宵节"最重要的文化内涵，这不仅体现在"元宵节"颠覆了人们日常的作息时间，通宵达旦地热闹欢腾，更是因为"元宵节"打破了以往的空间观念和制度的束缚，使无论民间还是宫廷、仆人还是雇主、男女老少都聚集起来，共同观看精妙的舞蹈、漫天的焰火、满目的灯花。正如辛弃疾诗中所言："宝马雕车香满路，凤箫声动，玉壶夜转，一夜鱼龙舞。"

（三）清明节

清明节是我国唯一一个与节气同名的传统节日。一到清明时节，气温回升，雨水充分，正是春季耕种的大好时机。因此，古有谚语"清明前后，种瓜点豆"。可见，其对于农事耕种的重大意义。所谓"一年之计在于春"，春天自古就被看作万物复苏、新的开始，清明则正是在仲春与暮春之间，《淮南子·天文训》中描述："春分后十五日，斗则已，则清明风至。"

清明节源于春秋纪念介子推而设立的寒食节。据载，晋国忠臣介子推给予了流亡的晋国太子重耳很大的帮助，但当重耳（晋文公）继位时，犒赏众人，却唯独忘记了自己的恩人，介子推心灰意冷，背着自己的母亲躲进了绵山。有人为介子推叫屈，重耳才想起了自己的疏忽，于是派军队寻找介子推，介子推不肯出山，重耳听从了旁人的建议，放火烧山想要逼介子推出山，结果介子推与母亲双双抱着柳树被烧死，因此，重耳（晋文公）下令，将这一天设为寒食节，且不准点火。当第二年晋文公率领重臣一起登山祭奠介子推时，发现柳树竟然又活了过来，于是"便赐老柳树为'清明柳'，并晓谕天下，把寒食节的后一天定为清明节"。清明节植树、插柳等习俗随之产生，清明节也因此具有了缅怀、祭奠的思想内涵。

唐代杜牧写道："清明时节雨纷纷，路上行人欲断魂。"之所以"断魂"，既是由于对思念亲人不能归家的伤感，更是由于未能向祖先祭祀而内疚。这首千古绝唱，不仅是"生身不忘宗，千里赶上坟"景象的描绘，更是对清明"慎终追远、明德归厚"精神的最好体现。

在唐代，清明节成为与寒食节相并论的节日。白居易在《寒食望野吟》中写道："乌啼鹊噪昏乔木，清明寒食谁家哭。"宋元时期，清明节逐渐取代了寒食节。

到现代，清明节禁火的习俗已淡出了人们的视野，但其缅怀、祭奠的思想内涵却深入人心。每到清明节，扫墓、祭祀、踏青、插柳成为人们必做的事。值得一提的是，清明节作为两岸共同的节日，更是深化两岸人民民族认同的重要精神纽带。每年清明，众多台湾同胞也会回到家乡，寻根祭祖。由此可见，清明节不仅是中华民族崇根敬根、仰慕先贤思想的凝聚，更是中华儿女对生命的延续、对国家和家族不灭的依恋。

（四）端午节

端午节，又称"端阳节"，因在每年农历五月五日，因此，也被称为"重五节"。2009 年 9 月，联合国教科文组织正式审议并批准将中国端午节列入世界非物质文化遗产，中国端午节申遗成功，成为中国首个入选世界非物质文化遗产的节日。

关于端午节的起源专家学者众说纷纭，现存最主要较权威的说法有纪念介子推说、纪念伍子胥说、纪念屈原说、祭龙说、夏至说、玄宗生日说等。不过，就目前可考而言，较为客观可信的说法是夏至说。

在古代中国，二十四节气追根究底就是农事节气，《荆楚岁时记》记载："夏至节日食粽。"晋代周处在《风土记》中提到："仲夏端五，烹鹜角黍。端，始也。谓五月五日。"① 闻一多先生曾在《端午考》中也对夏至和端午的关系做了细致的说明，他认为，夏季的节俗主要集中在夏至，而随着岁时节俗体系的完善，夏至节俗大多转移到了端午的节俗中。

由于五月阴阳二气相争，蛇虫鼠蚁众多，暑毒难耐，因此，五月也被称为恶月，其中，夏至为阴阳消长最急剧的时期，瘟疫疾病也猖狂蔓延，正如《礼记·月令》："是月也，日长至，阴阳争，死生分。"② 为祈求和顺、去凶化吉、避灾免难，人们在夏至这一天会即兴各种禁忌和祈福的活动。汉朝甚至将五月五日的祈福活动，视为国家性的庆典。

《后汉书·礼仪志》记载："仲夏之月，万物方盛。日至夏至，阴气萌作，恐物不茂。其礼：以朱索连荤菜，弥牟朴蛊钟；以桃印长六寸、方三寸，五色书文如法，以施门户，代以所尚为饰。夏后氏金行，作苇茭，言气交也。殷人水德，以螺首，慎其闭塞，使如螺也。

---

① 周处《风土记》今佚，此见于《艺文类聚》卷四《岁时部》中"五月五日"条，上海古籍出版社 1982 年版，第 74 页。《初学记》卷四《岁时部》下"五月五日"条下引《风土记》作"端午"，中华书局 1962 年版，第 73—75 页。

② 孙希旦撰，沈啸寰、王星贤点校：《礼记集解》，中华书局 1989 年版，第 453 页。

周人木德，以桃为更，言气相更也。汉兼用之，故以五月五日，朱索五色印为门户饰，以难止恶气。

关于端午节起源还有一个受众甚广的说法，就是纪念屈原说。屈原一生为了楚国呕心沥血，却无奈楚怀王听信谗言，下令将屈原流放沅湘流域，当屈原在流放途中听说郢都被破，悲愤无比的他于五月五日投江而亡。南朝吴均在《续齐谐记》中记载："屈原五月五日投汨罗而死，楚人哀之，每至此日，竹筒贮米投水祭之。

在中华文化几千年的传承中，端午节始终保持着避灾免难、追念先贤的两大精神核心，也是其最主要的文化内涵。因此，端午节的习俗作为其核心精神的衍生，也包含祈福和祭祀的意义，如驱疫、采杂药、吃粽子、赛龙舟等。

（五）七夕节

农历七月七日，为传统的七夕节，又称为"乞巧节""小儿节""重七节"，在古代，"七"有"吉"的意思，因此，七夕也被视为"双吉"之日。又因"七"与"妻"同音，七夕自古以来就带有独特的女性意味。

一般认为，七夕节源于西汉，据《西京杂记》记载："汉彩女常以七月七日穿七孔针于开襟楼。""至七月七日，临百子池，作于阗乐。乐毕，以五色缕相羁，谓之相连爱。"由此可见，在西汉已经出现了七月七日这个时间节点及其相关节俗。

晋代，七夕节俗得到了进一步发展，其中，暴晒衣物成为必不可少的一个。七月七日，正值秋高气爽的时节，《岁时广记》载："七月七日，法当暴衣。"唐代，宫廷之中嫔妃、宫女都以七夕节穿针、喜蛛应巧来检验自己是否心灵手巧，《开元天宝遗事》记载："嫔妃各以九孔针、五色线向月穿之，过着为得巧之候。""帝（唐玄宗）与贵妃每至七月七日夜，在华清宫游宴。时宫女辈陈瓜花酒馔列于庭中，求恩于牵牛织女星也。又各捉蜘蛛于小合中，至晓开视蛛网稀密，以为得巧之候。密者言巧多，稀者言巧少。"这些七夕习俗也被士民所效仿，在民间广为流传。

"七夕节"一词有史可依最早出现于宋太祖手札中。"朕亲提六师，问罪于党云云，末有回日，今七夕节在近，钱三贯与娘娘充作剧钱，千五与皇后、七百与妗子充节料。"北宋时期，官府对七夕节的重视程度，以及七夕节习俗的丰富程度都达到了巅峰。宋太宗颁布《改用七日为七夕节诏》："七夕佳辰，著于式令。近代多用六日，实紊旧章，讹俗相承，未之或改。自今宜以七日为七夕，仍令颁行天下为定制。"将七夕节作为法定的节日，并由官方拨款举办"晒书会"，所谓"晒书会"其实是魏晋时期暴晒衣物习俗的演变，因为北宋时期雕版印刷技术迅速发展，书籍数量得到了飞跃式的提高，为更好地保存这些书物典籍，人们在七月七日这一天，会将其暴晒。北宋七夕的繁荣，还突出表现在"乞巧市"的繁华上，据《岁时广记》卷二十六记载："东京潘楼前有乞巧市，卖乞巧物。自七月初一为始，车马喧阗，七夕前两三日，车马相次壅遏，不复得出，至夜方散。"

明清时期，虽也有七夕节事及其相关习俗，但北宋之后，七夕节的地位和规模逐渐衰落，也再不复当时的盛况了，虽然 2006 年七夕节被列为我国首批非物质文化遗产，但是，由于西方情人节的冲击，以及七夕习俗的繁复性等，仍难以恢复到当时普天同庆的高度了。

（六）中秋节

中秋节源于远古时期人们对于自然的崇拜。古代人们将一年分为春、夏、秋、冬四季，早在先秦时期，古代帝王在春、秋两季就会举行祭祀活动，春季祭日，秋季祭月。而每一季又根据时间顺序分为孟、仲、季三部分，中秋正位于秋分，因此也被称为"仲秋"。秋分时节正是祭月的这一天，为避免秋祭日无月，因此，后来又将秋祭日固定在每年的八月十五日。

中秋节具体产生的时间至今尚无定论，各方学者专家争论主要在唐代和宋代之间。唐代以前，古文中并没有关于中秋节的叙述，唐代时，虽然中秋节并没有形成固定节俗，但已有了约定俗成的时间以及特定的赏月玩月之风。玄宗朝时期，中秋节日益兴盛。唐玄宗大力扶植道教，道教兴崇道求仙、神仙怪异之风，因此，唐代的玩月习俗中，也出现了众多关于玄宗游历月宫的描述。《唐逸史》记载："公远奏曰：'陛下莫要至月中看否？'乃取拄杖，向空掷之，化为大桥，其色如银，请玄宗同登，约行数十里，精光夺目，寒色侵人，遂至大城阙。公远曰：'此月宫也。'见仙女数百，皆素练宽衣，舞于广庭，明皇问曰：'此何曲也。'曰'霓裳羽衣也'。"唐代道教之风大多存于上层社会，民间对于中秋、月宫认识的普及，主要归功于千秋节。千秋节，始于唐玄宗开元十七年（729），据《旧唐书》记载："八月癸亥，上以降诞日，谦百僚于花萼楼下。百僚表请以每年八月五日为千秋节，王公以下献镜及承露囊，天下诸州咸令谦乐，休假三日，仍编为令，从之。"每值千秋节，全国都会以千秋镜为礼物，互相传送，千秋镜亦称"宝镜"，有众多种类，其中最出名的要数月宫镜。崔鹰在《金镜赋》中提到："元蟾跃影于藻井，姮娥飞艳于前窗。"唐代千秋节虽不与现代意义的中秋节完全吻合，但也为中秋节的订立奠定了社会基础。

晚唐，中秋节除是道教思想的衍生外，更是人们抒发现实苦难、祈盼团圆的精神寄托。"安史之乱"造成了社会大动荡，百姓流离失所。正如杜甫《千秋节有感二首》云："自罢千秋节，频伤八月来。"五代十国时期，人民对安稳、团圆的期盼更甚，殷文圭《八月十五夜》云："万里无云镜九州，最团圆夜是中秋。"

南宋吴自牧在《梦粱录》中首次提到"中秋节"的称谓，并对各阶层人民喜迎中秋的相关节俗做了详细的叙述："八月十五中秋节，此日三秋恰半，故谓之中秋，此夜月色倍明于常时，又谓之月夕，此际金风荐爽，玉露生凉，丹桂香飘，银蟾光满。王孙公子，富家巨室，莫不登危楼，怡轩玩月，或开广榭，玳筵罗列，琴瑟铿锵，酌酒高歌，以卜竞夕之欢。至如铺席之家，亦登小小月台，安排家宴，团圆子女，以酬佳节。虽陋巷贫寡之人，解衣市酒，勉强迎欢，不肯虚度。此夜天街买卖，直至五更。玩月游人，婆娑于市，至晓不绝。盖金吾不禁故也。"而最出名的要数苏轼的《水调歌头》了，一句"但愿人长久，千里共婵娟"成为寄托中秋团圆念想的传世名篇。

（七）重阳节

农历九月九日为传统的重阳节，又称为登高节、菊花节等，由于在重阳节的传承发展中，融合了现代敬老爱老的孝义文化，因此重阳节也被称为"敬老节"。

据说重阳节起源于先秦时期的九月农作物丰收时期的祭祖庆典，但现在并无详尽的文案可考证。有较为充分的史料证明重阳节在东汉时期产生。《四民月令》中有载："九月九日可采菊花。"不仅提到了九月九日，更提到了"采菊"等重阳习俗，由此可证明，东汉时期已有重阳节出现。曹丕在《九日与钟繇书》中也写道："岁往月来，忽复九月九日。九为阳数，而日月并应，俗嘉其名，以为宜于长久，故以享宴高会。""重阳"即指"九九"，在古代，阳具有明、正面之意，而阴具有暗、背面之意。九是阳之至，因此，九月九日被称为重阳。

重阳节有着自身的最具代表性的习俗，即登高、赏菊、插茱萸。《燕京岁时记》中记载："每届九月九日，则都人士提壶携磕，出郭登高，南则在天宁寺、陶然亭。龙爪槐等处……赋诗饮酒，烤肉分糕，洵一时之快事也。"

随着历史的发展推进，自20世纪80年代以来，重阳节敬老爱老的精神不断凸显，自1987年北京市将每年农历九月九日作为当地的敬老日开始，全国各地纷纷效仿。2012年重阳节被正式命名为全国通用的"老人节""敬老节"。

第二节　传统节日的文化内涵

中华传统文化是我们民族的生存之根、立世之魂、传承之本。我国历代劳动人民创造和传承的传统节日文化，可谓是最具活力、影响力、最具民族特色和个性的文化，它集中体现了中华传统文化的核心价值，生动地展示了广大民众的精神世界。"中国传统节日，凝结着中华民族的民族精神和民族情感，承载着中华民族的文化血脉和思想精华，是维系国家统一、民族团结和社会和谐的重要精神纽带，是建设社会主义先进文化的宝贵资源。"① 今天，我们要利用传统节日弘扬中国传统文化，不仅要倡导文明、和谐、喜庆、节俭的过节理念，充实和丰富传统节日的内容和形式，更重要的是要深入挖掘传统节日的文化内涵，使广大民众了解传统节日的源流及所蕴含的文化精神，唤起民众参与节庆活动的热情，并形成守护精神家园的文化自觉，使中国传统节日成为展示和传播优秀民族文化的重要阵地，成为弘扬和培育伟大民族精神的重要载体，成为满足人民精神文化生活需要的重要渠道。中国传统节日的文化内涵主要体现在以下四个方面：

一　注重天人合一的自然文化

发掘传统节日的内涵，首先要从本源上追溯其自然文化维度，理解它如何配合着宇宙运行的节拍，追求与自然和谐一致，汲取天地自然之精华，于生命愉悦中得到精神的升华。因此，我们研究中国传统节日的文化内涵，不能撇开先民建构节日文化的自然和物质基础。即使是在当今高度现代化的时代，从自然文化的角度去探求节日的文化内涵依然十分重要。

中国传统节日日期的选择与设定是古人依据天候、物候和气候的周期性转换而约定俗成的，都对应着特定的节气和农时。早在先秦时期，人们就有了"国之大事在农"的观念，并在长期的农耕生活中认识到：人类要生存、庄稼要收成就必须观察和掌握天象（日月星辰的变化）、物象（动植物随季节而生的变化）和气象（寒暑雨雪的变化）及其规律，顺应天地运行的节奏和气候变化的秩序，来合理地计划和安排其农业生产及日常生活。

四季佳节的娱乐庆典和烹饪饮食，也是适时合令、因时而设、应季而生的。如春节的燃放鞭炮、扭秧歌、耍社火、逛庙会，确能给寒冬里的人们增添不少激情和欢乐的气氛；夏秋之时，正是各种水果成熟的季节，此时的节日，如中秋节、重阳节等，人们的餐桌上，苹果、蜜桃、石榴、葡萄等各色水果便成了主角。传统节日的娱乐饮食

---

① 中央宣传部、中央文明办、教育部、民政部、文化部：《关于运用传统节日弘扬民族文化的优秀传统的意见》（中央文明办〔2005〕11 号）。

等诸多节庆民俗，都是与自然保持着一种和谐、协调的关系。

以自然节气的规律性变化为依托的中国传统节日，充分体现了人们尊重自然节律，顺应自然时序，感悟天、地、人"三才"的贯通一气，追求和升华"天人合一"的观念。中国传统节日从时序安排上宛如一条由自然节气生成而贯穿春夏秋冬的"文化链"，"四时节庆，纷至沓来"。春天，大地回暖，万物复苏，春节、元宵节、中和节、清明节等节日如约而至。人们在新的一年到来之际，合家团聚、拜年庆贺、舞龙观灯，尽情欢庆新春的到来；祭奠先祖、尽孝寻根、踏青赏春，在慎终追远中享受新春的赐福。炎炎夏日，端午节接踵而至。人们佩艾采药、驱邪避毒，凭吊屈原、裹粽竞渡，以期安度酷夏、消除邪恶。时至秋季，秋高气爽、丹桂飘香，七夕节、中元节、中秋节、重阳节等纷至沓来。人们通过乞灵巧、赏秋月、放河灯、登高辞青等方式庆贺丰收、祭奠亡灵、祈福纳祥。严冬降临，瑞雪飘飞，腊八节、小年、除夕，人们扫洒除疫、送灶祭祖、团圆守岁，品味着"田增五谷人增岁"的喜悦。四时吉庆的和谐有序、错落有致，集中地体现了人与自然的融洽互动。

"如果说，有些民族的节日体系是以宗教纪念日作为核心的话，那么，我们的民族传统节日和其他某些民族的传统节日有很大的区别，我们民族传统节日的重要特征在于，这些节日是以协调我们和自然的关系为核心而建立的。"① 中国传统节日表达了我国各族人民应时而作、张弛有度的自然生活节律和独特的审美心理定式；反映了先秦以来历代人民在社会生活实践中，不断认识和改造自然，追求"天人合一"的理想境界。

二 崇尚人际和谐的社会历史文化

从远古走来的中国传统节日，是"感自然节律而成，蕴人文精神而丰"。中国传统节日形成阶段所遵循的自然节律，在后来的历史演化中，逐渐由其社会历史文化意义占据主导地位。因此，仅仅从自然文化层面来解读中国传统节日的文化内涵是不够的，与节日有关的各

---

① 刘魁立：《中国节典》，安徽教育出版社 2008 年版，序言，第 5 页。

种历史典故、传说、民间信仰、宗教仪式等都蕴含了中华民族的文化精神。

传统节日的社会历史文化属性包含两方面的内容：一是人们在自然节日的基础上附会社会人文的特色，增添与节日有关的人物传说等；二是几乎所有传统节日的起源都与民间信仰有关，本身即具有神圣意味。传统节日的社会文化属性，它承载着一个民族国家鲜活的历史与文化记忆，既是一个民族的价值观与信仰体系的具体体现，也是增强国家凝聚力的精神纽带。

以端午节为例，它首先是一个神圣时间。有学者指出，端午节的最早渊源有三个：一是五月信仰及其相关习俗；二是夏至习俗；三是龙图腾民族的祭祀习俗和新年习俗。① 乌丙安在《中国民俗学》一书中指出：端午节本是围绕着"镶毒祛瘟进行的"，是一个典型的"祭祀节日"，但是，在后来的发展过程中"扩大了它纪念屈原"的内容，使端午节增强了"纪念性"，同时它还兼具"游艺性质"，从而成为"综合性大节"。② 端午节俗活动之一的"龙舟竞渡"，按《荆楚岁时记》的解释是"俗为屈原投汨罗日，伤其死，故并命舟楫以拯之"。而按其古老渊源，乃是由于重五是恶日，于是人们以各种方式来驱疫逐晦，较有特色的湖北省黄石市于端午节举行的"西塞神舟会"，用纸扎彩船顺江而下送瘟神，这一习俗沿袭至今。其次，同其他中国传统节日一样，端午节有着浓厚的社会文化属性，是人们广泛参与欢度的重要节日。这是因为，它不仅有着悠久的传承历史，更在于它在民众化、生活化的历史进程中，不断汲取、吸纳着中华民族不同时代、不同地区的文化元素，使其文化内涵不断地丰富、拓展，从而具有穿越历史时空的强大生命力。爱国爱民的忧患意识、团结协力的共进精神和应对灾害的生活智慧，形成了端午节在传统节日体系中最突出的文化特色。

中国传统节日文化是一个内容丰富、体系完整的系统。在精神文

---

① 孙正国：《端午节》，中国社会出版社 2006 年版，第 158 页。
② 乌丙安：《中国民俗学》，辽宁大学出版社 1985 年版，第 299 页。

化层面上，中国传统节日浓缩着我国数千年文明进程的丰富内涵，集中体现了中华民族优秀的精神风貌，寄托着古往今来中国人的理想情怀，蕴含着人们对美好生活的不懈追求、对大自然的感恩与敬畏、对家庭团圆与世间和谐永恒的企盼。可以说，每个传统节日都有其特定的文化内涵与价值。在行为文化层面上，中国传统节日是各种民俗活动和民间艺术集中展示的平台，这个平台荟萃着祭奠、礼仪、表演、技艺、游戏等丰富多彩的行为文化，构成了一道亮丽的风景线。春节作为中华民族的第一大节日，就是各种民俗活动的集大成者，自古祭祀和庆典仪式就十分丰富。在物质文化层面上，在传统节日文化系统中，外显的、有形的物质文化也十分丰富，既有四季飘香的节令佳肴，更有纷繁多样的装饰品，还有大自然赐予的植物、花卉等，这些物质载体通常具有多种功能，不仅能满足佳节中民众的某种生理需求、社交需求、审美需求等，而且以其特有的象征性和富含的文化蕴意，满足人们避瘟驱邪、祈福纳祥、健康平安等各种美好的心理企盼和精神欲求。

传统节日的社会历史文化属性，反映了我国传统节日强烈的社会教化功能，而且随着社会历史的发展，节日原初的自然文化属性越来越被淡化，而被人们附加的社会历史文化属性却越来越受到重视和强调。虽然各类节日都是围绕着特有的主题而展开，但在传承发展过程中，又不断渗入新的内容和形式，一个节日中常常包含了多种性质的民俗活动，通常由多个节日主题、多项民俗活动所构成，其丰富的内容也使这些节日承载着更为丰厚的文化内涵。它们交互作用、彼此依托，构成了中国节庆文化博大精深的独特魅力。

三 热爱生命的人本精神

节日，其实质是个体生命的文化体验，这种体验首先是个体生命参与、领悟节日的自然文化、社会历史文化。[1] 天地之间人为贵，以人为中心，人是主导，人追求与万物的和谐，这是我国传统文化以人

---

① 周文：《传统节日：文化、仪式与电视传播》，《中国地质大学学报》（社会科学版）2010 年第 5 期。

为本的精神和基调。

传统节日是古代人们在社会生产活动中形成的，源于对自然秩序的遵循和崇拜，并在社会变迁中，不断地将自身生命意义寄托于其中，通过一系列的祭祀、仪式、活动等表达出来，赋予特定时空内的生命以特定意义和表达形式。比如在年复一年、代代相传的传统节日中，人始终是节日的主体，节庆活动的内容主要是以满足人的需要、和谐天人关系、展示人的才艺、进行人际交往为主。人们在节日中，或合家团聚、欢庆交流，或探亲访友、男女相会，或祭祀祖先、追念先贤，或结伴出游、踏青赏月，或尊老爱幼、扶贫济困，等等。清明春游踏青、放风筝，在大自然中体验生命的畅快与快乐；端午节的龙舟竞渡，让人体悟到生命的奔放与豪迈；清明祭祖、端午祭屈原，则使个体生命在节日的社会历史文化中寻找到集体、民族、国家的价值认同和归宿。人们在尽情享受节日的欢娱中，追求着人与自然、人与人的和谐；在"平安吉祥""健康快乐"的美好祝福中，谱写着一曲曲对生命的颂歌。

传统节日作为不同民族文化的载体，充分体现了各民族对待生命的不同态度、价值观念和行为方式。一方面，同一节日在不同地域或民族间具有多元性，人们根据自身生命体验赋予节日独有的寓意和形式；另一方面，不同地域或民族拥有自己独有的民族节日，并赋予其独特的生命寓意。因此，度过这些传统节日，或者体验这些不同的节日，实际上是个体体验生命多元性的过程。需要注意的是，这种多元并非混乱无序的多元，其内部统一存在于共同体对生命的敬畏、尊重和人文关怀，体现了对生命之善的追求，体现了生命的勃勃生机。当我们在过某些传统节日时，身心虔诚地投入到一系列的仪式活动中，以真诚的态度面对其中所涉及的生命要素，才能真切地体会到传统节日中所蕴含的生命真谛，发现自身生命的终极价值和意义。①

四　蕴含中华民族的传统美德

"传统节日承载着丰厚的历史文化内涵，是民众精神信仰、审美

---

① 张士闪、李松：《中国民俗文化发展报告（2015）》，山东大学出版社2016年版，第143页。

情趣、伦理关系与消费习惯的集中展示与传承的文化空间。"① 中国传统节日蕴含的德育资源极为丰富，应当得到充分重视。

（一）和谐的价值取向

中华民族是一个十分讲究与人为善、追求和谐的民族，自古以来就有关于丰富的和谐思想传统。在中国传统节日文化中，重视、倡导和谐的理念彰显得十分充分。春节是个欢乐祥和的节日，也是亲人团聚的日子，离家在外的游子哪怕历经千里万里之遥、千辛万苦之难，都要赶回家来与家人团聚。正是这一份亲情，是千百年来世代相传的祖根文化在个体、家族、群体乃至整个社会烙印下的文化命脉。随着历史变迁和社会发展，中秋节、春节、端午节等又进而被赋予了民族大团结、祖国统一等深层次内涵，而其中包含的"和谐"也从家庭延展到集体和社会。"家和万事兴"，"户家"为小，"国家"为大，万千家庭的团圆寓意着全社会的同乐，家家户户的和谐催生着全社会的和谐。"节日成为互相表达良好祝愿，密切人际交往，维系人际情感的特殊的精神纽带，形成一种与人为善、和谐相处的人际关系。"② 重亲情、讲孝道、求和睦、享天伦成为我国传统节日的基本伦理内涵，也成为人们追求、社会广为倡导的理想生活状态。

（二）敬老孝亲的伦理教化

中国传统节日中蕴含的忠、孝、礼、义等伦理教化，是至今影响和规范人们行为的中华传统价值观念的核心部分。"仁义"与"孝悌"是中华民族传统道德的核心，孝悌的基本内容则是父慈子孝、兄友弟恭，并由此推及尊老爱幼等。比如，春节、端午节、元宵节、中秋节、重阳节等，大多以家庭聚会的方式度过，人们在特定的节庆时空中，尽情地释放和传递对亲人的关怀、孝道、问候和祈福。春节给长者拜年，为长辈送上可心的礼物，节日宴席上对长者座次的优先考虑，为长辈敬酒祝福；以祈福求寿为重要内容的重阳节，自 1989 年

---

① 肖放：《传统节日：一宗重大的民族文化遗产》，《北京师范大学学报》（社会科学版）2005 年第 5 期。

② 刘惠：《传统节日：青少年德育的重要载体》，《教育导刊》2010 年第 6 期。

便成为国家法定的"老人节"，尊老爱老已成为节日的新主题。孩童幼儿更是节日的宠儿，春节长辈要给"压岁钱"；端午节要给孩子涂雄黄、佩香囊等，这些习俗都寄托着人们对后代的祝福与期望。中国的传统节庆活动中处处体现着对长者的尊敬和对幼儿的宠爱，使节日弥漫着浓浓的亲情。

（三）敬祖孝先的感恩情怀

敬祖孝先是中华民族的传统美德，中华民族对自己的祖先历来有着异常浓厚的感情。《礼记》载："亲亲故尊祖，尊祖故敬宗。"慎终追远的情怀成为中华文明的一条重要根脉，每逢佳节都要虔诚地祭祀祖先，以表达对祖先的孝思和怀念。春节、清明节、中元节等，都有祭祖的仪式和内容，在祭奠与追思中，寄托着人们对祖先、对故世亲人的怀念，也抒发着对先辈的感恩情怀。"以家庭为中心组成的血缘纽带的社会关系结构，为个体生命提供了早期必要的物质生活和精神生活保障，提供了爱的关怀，也提供了生命的祖先源头和子孙繁衍的链条。在这样的血缘社会结构文化的解释下，个体的人认识到，是历代祖先赐给了自己生命和爱的关怀，自己应该心怀感激地去崇拜祖先、敬重祖先。"① 从清明节的起源传说和端午节赛龙舟的起源传说，更为明了地诠释了古人对先烈忠贤的敬重和感恩之情。作为春节和清明节的重要习俗，人们祭奠先辈，悼念英烈，感恩始终是一以贯之的永恒主题，从血脉相传中维系着中华民族的根，也内含着一种赤诚爱国的文化精神。

第三节　传统节日文化在新农村乡风文明建设中的时代意蕴

传统节日文化是中华优秀传统文化的重要内容，承载着中华民族的文化血脉，充分展示了中华文化深厚的文化内涵与民族精神。但

---

① 杨培德：《中华民族的多元祭祖》，《中国民族报》2009 年 4 月 3 日第 3 版。

是，随着社会转型和城乡一体化进程的加快，农村传统节日氛围日趋淡化、传统节日内涵日益外化、传统节日形式日益商化、传统节日习俗日多退化的现象突出，传统节日文化在农村日渐式微。为此，我们要深刻认识到传统节日文化在新农村乡风文明建设中的时代意蕴，积极推进中国传统节日文化在农村的传承与发展。留住传统文化的根与源，留住乡愁，成为当今新农村建设的迫切任务。

一　传承民族优秀传统文化血脉

农村地区是传统节日的发源地和传承地，各具特色的传统节日是传承中华传统文化的重要载体。农村地区的传统节日文化是中华优秀文化的根脉和重要内容，承载着中华民族的文化血脉，凝结着中华民族的民族情感，充分展示了中华民族的优良传统与民族特色。留住农村乡土文化，才能留住传统文化的根，才能留住乡愁，才能延续民族文化血脉。在传统节日的周期性开展中，各种民间技艺、节庆风俗、饮食文化、伦理道德等代代相传，使传统文化得以不断传承。在传统节日中，各具地方特色的戏曲、秧歌、旱船、舞龙等民间文艺会演，充分展示了农民群众的精湛技艺以及自强不息的追求；节日中的剪纸、花灯、年画、刻板等传统手工作品彰显着农民群众的智慧和审美情趣；月饼、粽子、年糕、元宵等各种节日特色食品展示着多姿多彩的饮食文化。春节守岁拜年、元宵闹红火、清明祭祖扫墓、端午赛龙舟等，通过节日期间各种各样的习俗活动，优秀的传统文化基因不断延续下来。只有传承与保护好传统节日文化，才能保住中华传统文化的根基，才能延续民族优秀传统文化的血脉。

二　涵养社会主义核心价值观

2014 年 2 月 24 日，习近平总书记在中共中央政治局第十三次集体学习时的讲话中指出："要认真汲取中华优秀传统文化的思想精华和道德精髓，大力弘扬以爱国主义为核心的民族精神和以改革创新为核心的时代精神，深入挖掘和阐发中华优秀传统文化讲仁爱、重民本、守诚信、崇正义、尚和合、求大同的时代价值，使中华优秀传统文化成为涵养社会主义核心价值观的重要源泉。"

任何一个国家和民族都有自身独特的文化传统。这种文化传统既表征着一个国家和民族的历史渊源，又彰显着其特有的精神气质。培育和践行社会主义核心价值观，必须重视中国传统文化特别是中华优秀传统文化不可替代的文化前提作用。培育和弘扬社会主义核心价值观的必须立足于中华优秀传统文化，使中华优秀传统文化成为涵养社会主义核心价值观的重要源泉。农村地区的传统节日文化，是中华灿烂文化的根脉和重要组成部分，是传承中华民族精神的重要载体，集中体现了中华民族贵和尚美、团结和睦的价值追求，尊祖孝先、尊老爱幼的传统美德，勤劳勇敢、热爱生活的精神风貌，自强爱国、弘扬正义的爱国传统以及尊重自然、与自然和谐相处的理念。传统节日中所蕴含的价值观念与社会主义核心价值观的国家、社会、个人层面的内容是密切关联、一脉相承的。新时期推进传统节日文化在农村的传承与发展，实现对传统节日文化的合理扬弃，古为今用，推陈出新可以进一步对接和契合社会主义核心价值观，为核心价值观提供丰富的营养，使农村优秀传统文化成为核心价值观的重要源泉。同时，充分利用传统节日的平台，开展节俗文化活动，传播、宣传、推广社会主义核心价值观，可以使社会主义核心价值观更加贴近广大农民群众，更加容易被农民接受并逐渐深入民心，以致使文化基因得以传承。

同时，中华优秀传统文化并不是仅仅存在于历史之中的文化经典，而是一种活的文化，它本身也随着中国历史的发展而发展。中华优秀传统文化的当代生命力，表现为其既能续接历史传承又能适应中国近现代社会转型需要，既能服务于社会主义价值导向又能面向现代世界。用中华优秀传统文化涵养社会主义核心价值观，不是直接将社会主义核心价值观"植根于"中国传统文化，而是在当下时代发展中、在促进中华优秀传统文化创造性转化和创新性发展的基础上使两者形成真正的合力，共同塑造现代中国的时代精神。

三　丰富农村群众精神文化生活

农村地区的传统节日，一直以来都是农民群众精神文化生活的集中反映与具体表现，也是繁荣农村文化、丰富群众精神文化生活的重要载体与平台。农村的传统节日中有着丰富多彩的文化活动，如民间舞蹈、戏曲、秧歌、高跷、旱船、舞龙等民俗文艺表演，绘画、剪纸、泥人、陶瓷、花灯等手工艺术，还有节日中的各种游艺、灯会、庙会等民俗活动，是农村千百年来传承与享用的民俗文化，具有鲜明的地方特点和乡土特色，充分展现着人们精湛的技艺和积极向上的精神风貌，这些节庆活动有利于推动和发展农村文化，丰富农民群众的精神文化生活。新时期以来，随着农村经济的迅速发展以及人们物质生活水平的提高，农民的精神文化需求也在不断增长。现阶段，农村文化建设相对滞后，文化活动相对较少，无法满足农村群众日益增长的精神文化需求。因此，积极推进传统节日文化在农村的传承与发展，使传统节日中的各种民俗文化活动得以传承并不断推陈出新，开展农民喜闻乐见的民俗节庆活动，有利于推动和发展农村文化，激发广大农民群众创作和参与民俗文化的积极性，丰富农民群众的精神文化生活。

四 促进农村乡风文明建设

乡风文明建设主要是"引导农民树立文明意识和科学文化观念，提高农民的思想道德素质，倡导健康文明风尚，促进农村社会的和谐"。[①] 传统节日中蕴含着中华民族的传统美德，承载着优秀的礼乐文化，展示着高尚的道德伦理。通过节日期间的各种仪式、活动的展开，有助于引导农民树立正确的价值观，提高农民的道德水平，树立农村文明风尚。

（一）有利于构建和谐村民关系

和谐村民关系是和谐新农村的基础。自古以来，我们就倡导"以和为贵"，对中国人而言，传统节日就意味着团聚、放松和欢乐，正如冯骥才先生所说，"民间文化的本质是和谐"。弘扬传统节日文化，对于构建和谐村民关系具有重要意义。每逢传统节日，村民总是齐聚在一起，或举办庆祝仪式，或闲聊，或共享美食、共享欢乐。

2016年6月8日，正值端午时节，遵义绥阳县郑场镇伞水村街上，粽子飘香，当地村民把家里门板拆下，拼凑摆起约长300米的"千人长桌宴"，全村老小近2000名村民共同举起幸福的酒杯，在觥

---

① 董欢：《乡风文明：建设社会主义新农村的灵魂》，《兰州学刊》2007年第3期。

筹交错的欢笑声中，共度佳节。同样是在 2016 年，中国历史文化名村——高平良户村，举办了一场盛大的庆祝元宵——村民篝火文艺晚会，伴着优美的旋律和璀璨的千年铁花，围着熊熊燃烧的篝火，在绚烂的彩灯照耀下，村民手拉着手跳起了欢快的舞蹈，尽享无限的快乐。传统节日所带来的这种放松的心情、团聚的乐趣，映照在村民们交谈的笑意和举办活动时欢乐的神情里，在这样美好的日子里，不仅生活中的琐事与邻睦间的细小摩擦显得无关紧要，村民对们传统节日文化所蕴含的天人合一、慎终追远、睦邻友好、尊老爱幼等精神内核，所弘扬的社会主义、爱国主义、集体主义等价值观念也有了更深刻的理解与认识。

（二）有利于提升村民精神风貌

"文化是民族的血脉，是人民的精神家园。"① 我国传统节日文化，是中华民族的几千年历史文化积淀的成果，是以爱国主义为核心的民族精神在社会生活中的具体体现。继承与弘扬传统节日文化，对于充实村民文化生活，提升乡村精神风貌具有重要意义。

自 2006 年起，成都市双流县以"家家学、家家建、家家创"三家活动经验为引领，扎实开展乡风文明建设，形成了"一镇一品"的乡风文明建设格局，走出了一条不断提升农民思想文化素质、培养新型农民、促进乡风文明建设的新路子。"三家"活动作为农村精神文明建设的典型，引起了社会科学工作者的重视和研究的热情。"三家"活动充分利用七夕节、重阳节等传统节日，深入开展"晚辈和长辈互表亲情""邻里之间互表友情""夫妻之间交心谈心""拒绝陋习，倡导文明"等主题活动的做法，也有效地促进了社会和谐，极大地提升了群众的思想素质和精神风貌。② 2015 年，中央文明办召开"我们的节日"主题活动座谈会，进一步指出："春节之喜庆、清明之缅怀、端午之追忆、七夕之忠贞、中秋之团圆、重阳之敬老，在这些中华传

---

① 中共中央办公厅、国务院办公厅：《关于实施中华优秀传统文化传承发展工程的意见》，2017 年 1 月 25 日发布实施。

② 中央文明办调研组、江苏省文明办编：《农村精神文明建设工作典型经验》，江苏科学技术出版社 2011 年版，第 171 页。

统节日开展'我们的节日'主题活动，是传承中华文化、建设精神文明的响亮品牌。"为深入贯彻落实党中央重要指示精神，进一步培育社会文明新风，全国各地掀起了深入开展"我们的节日"系列主题活动的高潮。通过深化主题、创新形式，真正把节日办成了"爱国节、文化节、道德节、情感节、仁爱节、文明节"。这些以传统节日文化为主题的系列活动不仅活跃了节日气氛，更弘扬了中华民族的优秀传统，展现了现代村民的精神风貌，打造了中国人民的精神家园。

（三）有利于形成健康的生活方式

中国的传统节日历经岁月的积淀和历史的传承形成了自身独特却又丰富的风俗活动体系。龙，作为中华民族古老的图腾，自古以来就被赋予了祈福消灾、祥瑞和顺的代表意义。每到春节、元宵节，全国各地都会在阵阵锣鼓鞭炮声中举行舞龙活动。浙江温州泰顺县溪东村就是碇步舞龙文化的聚集地。在这里，村民自发组建了自己的舞龙队，碇步舞龙、提线木偶等非物质文化遗产项目的排练和演出，不仅锻炼了村民们的身体，更成为村民不可或缺的精神盛宴。

每年一到端午节，湖南、江浙等地都会举办纪念屈原赛龙舟比赛。1980 年，赛龙舟成为中国国家体育比赛项目，从 1991 年起，湖南每年定期举办国际龙舟赛。2011 年，赛龙舟被列入《第三批国家非物质文化遗产名录》。赛龙舟这一衍生于传统节日的体育活动，以其强烈的竞技娱乐性深受民众喜爱。除此之外，清明节踏青放风筝、中秋节赏月、重阳节登高等风俗活动，都是中华民族智慧的结晶和精神的载体，客观上也有利于人民形成健康的生活习惯。

推进传统节日文化在农村的传承与发展，有利于将节日中的优秀价值观念在新时期继续融入人民的生活，使农民形成良好的道德风尚，提升农村居民的道德素质，促进农村社会和谐，树立农村文明风尚。

第四节　传承传统节日文化，培育
社会主义核心价值观

建设乡风文明的新农村，就必须要以建设文化新农村为途径，加强农村精神文明建设。继承和弘扬传统节日文化，是涵养和践行社会主义核心价值观，加强新农村乡风文明建设的重要途径。

一　弘扬传统节日文化，践行社会主义核心价值观

（一）以传统节日文化浓厚社会主义核心价值观的文化底蕴

传统节日文化是中华文明的"活化石"，是社会主义核心价值观精神基因的重要载体，两者具有同承一脉的文化修养、精神内涵。传统节日文化是我国优秀传统文化的重要载体和主要内容，培育与践行社会主义核心价值观，必须从传统节日文化中汲取丰厚的营养，以传统节日文化作为社会主义核心价值观的文化底蕴。

春节，承载着社会主义核心价值观国家层面的文明与和谐，反映了社会主义核心价值观社会层面的平等，寄托着社会主义核心价值观个人层面的爱国与友善。同时，作为我国历史最悠久的传统节日，春节的文化内涵，绝不仅于此。它还包含着团圆、感恩、祝福、祥和等精神价值，是中华民族生命力的尽情张扬，是中华民族集体潜意识的外化，是人际和睦的人本精神的体现，凝聚着人们对于美好生活的价值追求，展现着东方民俗文化的独特魅力。人们不仅能在以春节为代表的传统节日中体会到社会主义核心价值观，更能感受它的根源，领略传统节日文化所带来的丰厚的文化滋养、文化底蕴。

（二）以传统节日文化推进社会主义核心价值观宣传教育

扎实开展宣传教育是引导社会全体成员践行社会主义核心价值观的关键。正如《关于培育和践行社会主义核心价值观的意见》所要求的："一切文化产品、文化服务和文化活动，都要弘扬社会主义核心

价值观，传递积极人生追求、高尚思想境界和健康生活情趣。"① 文化
礼堂作为浙江省农村地区基层文化建设的重要平台，是公共文化服务
的创新之举，承载着推进社会主义核心价值观宣传教育、将文明新风
尚播进村民心田的重大责任。2013 年 4 月以来，浙江省嘉兴市紧紧围
绕"文化地标、精神家园"的目标，加强农村文化礼堂建设，近几年
来，嘉兴市屠甸镇在农村文化礼堂创新推出"寻味屠甸"系列民俗活
动，借助春节、元宵、清明、端午、中秋等传统节日契机，将传统文
化巧妙地融进吃、游、玩中，使村民在传统节日的轻松愉快的氛围中
丰富自身的精神文化生活，培育友善、文明、和谐等社会主义核心价
值观。

宣传教育是党领导人民取得革命和建设胜利的法宝，也是培育和
践行社会主义核心价值观的基本途径。充分利用传统节日，开展多形
式的宣传教育，是弘扬社会主流价值观念，实现社会主义核心价值观
人知人晓、入心入脑的重要方式。

（三）以传统节日文化丰富社会主义核心价值观实践活动

要想淡化形式教育、注重精神实质，切实推动社会主义核心价值
观在全社会深入人心，助力全民族的思想道德建设，就必须广泛开展
涵养社会主义核心价值观的实践活动，让人们在实践中去感知它、领
悟它。"发挥重要节庆日传播社会主流价值的独特优势"②，传统节日
作为最贴近农村实际、农民生活、农民群众的文化形式，充分利用传
统节日文化，开展社会主义核心价值观教育普及活动，借助传统节日
特色鲜明、气氛浓郁的节日文化，传播、宣传、推广社会主义核心价
值观具有重要意义。

2017 年，四川省自贡市在"我们的节日"系列主题文化活动中，
创新开展了"道德银行"实践活动，通过记录发生在村民中的好人
好事，切实移除不良习气，传播社会正能量，促进村民道德素质的

---

① 中共中央办公厅：《关于培育和践行社会主义核心价值观的意见》，《人民日报》
2013 年 12 月 24 日第 1 版。
② 同上。

提高，使村民在节日文化的潜移默化中树立"勿以善小而不为，勿以恶小而为之"的价值观念，感受文明乡风，丰富自身的精神世界。广东省中山市，切实将社会主义核心价值观外化在节日主题活动中，按照传统节日顺序，每年依次推出慈善文化月、邻里文化节、公共文明践行月等实践活动，切实将核心价值观与节事活动融为一体。

以传统节日文化丰富社会主义核心价值观的实践活动，有利于实现大化（社会教化）与自化的结合，实现外在教化与内在修养的统一，切实在传统节日祥和的氛围以及一系列生动有趣的实践活动中实现社会主义核心价值观的渗透，使村民强化认知认同、自觉遵守社会主义核心价值观。

（四）以传统节日文化助力社会主义核心价值观落细落小落实

习近平总书记在中央政治局第十三次集体学习中强调："一种价值观要真正发挥作用，就必须融入社会生活。"要切实将社会主义核心价值观化虚为实，做到落细落小落实，真正落地生根，就必须将社会主义核心价值观融入老百姓生活，使其日常化、具体化、形象化、生活化，贯穿于社会生活的方方面面，实现"润物细无声"，在长时间的渗透和不经意的强化中将社会主义核心价值观内化为人民的精神追求，外化为人民的自觉行动，实现人民群众的"知情意行"。

春节期间，珙县以社会主义核心价值观为主题，结合传统节日文化要素，借助苗族特色花山节、踩山节、送春联、秧歌闹春、民俗文化排街、花灯连枪表演等传统文化样式，营造出欢度节日、人人践行核心价值观的浓厚氛围，通过一系列节目表演和现场互动体验，将和谐、友善等社会主义核心价值观落实到百姓的日常生活当中，细化到互帮互助等具体行为中。

二　以社会主义核心价值观引领传统节日文化建设

建设社会主义文化强国是实现中国特色社会主义现代化的必由之路，传统节日文化建设是实现社会主义文化强国梦的必然要求。正如习近平总书记所强调的，"要把培育和践行社会主义核心价值观作为凝魂聚气强基固本的基础工程"，社会主义核心价值观作为社会主义先进文化的精髓，决定着中国特色社会主义的发展方向。我国的传统节日文化建设，必须坚持以社会主义核心价值观为引领，在社会主义核心价值观的指导带动下传承创新。

（一）社会主义核心价值观是传统节日文化的传承升华

任何时代的社会意识都与以往的社会意识相联系，具有一定的历史性。社会主义核心价值观作为一种社会意识形态，作为当代中国繁荣兴盛的内在精神支撑，必然继承了几千年来中华民族传统文化的思想精髓，是中华民族精神核心的凝聚。端午节流传着的大诗人屈原以身殉国的故事，正是"爱国"价值观的真切反映；睦邻友好、合家团圆的价值理念，既是我国传统节日的既定内涵，更是"和谐""友善"价值观的生动体现。今天，我们倡导弘扬传统节日文化，深化传统节日文化建设，就是新时代对社会主义核心价值观的理解与践行，是在社会主义核心价值观的引领下对传统节日文化的传承和升华。

（二）社会主义核心价值观是传统节日文化建设的灵魂

传统节日文化建设是提升我国文化软实力，建设中国特色社会主义文化强国的重要路径。习近平总书记曾精辟指出："核心价值观是文化软实力的灵魂、文化软实力建设的重点。这是决定文化性质和方向的最深层次要素。"因此，我国传统节日文化建设，必须以社会主义核心价值观为内在核心和灵魂。

随着经济全球化的不断发展，不同的价值观念、思想理念充斥着人们的生活，我国文化多元化趋势日益明显，在这种多元化的文化格局中，要想保证我国文化的健康、和谐、繁荣，必须坚持以马克思主义为指导，必须保证思想的纯正、统一。"传承发展中华优秀传统文化，就要大力弘扬讲仁爱、重民本、守诚信、崇正义、尚和合、求大同等核心思想理念。"① 传承传统节日文化，大力开展传统节日文化建设，就是要借助传统节日文化契机，弘扬社会正能量，凝聚共识，引导人民树立和坚持正确的历史观、民族观、国家观、文化观。社会主

---

① 中共中央办公厅、国务院办公厅：《关于实施中华优秀传统文化传承发展工程的意见》，2017 年 1 月 25 日发布实施。

义核心价值观作为一座标杆、一面旗帜，就是其核心和灵魂所在。

（三）社会主义核心价值观助推传统节日文化改革创新

传统节日本是中华民族普天同庆的良辰吉日，然而，一些至今仍然存在的陈规陋习却平添了几分忧患。春节期间燃放烟花爆竹，不仅污染环境，更易引发火灾。据统计，2016 年除夕，因燃放烟花爆竹引起的火灾高达 54 起，其中山东省德州市德城区九龙庙村一村民家的烟花爆竹发生爆炸，酿成 5 人死亡的悲剧。清明节期间路边焚烧纸钱，虽然寄托了对亲人的哀思，残留的灰烬却也严重影响了村容村貌。

提倡文明过节是传统节日文化建设的重要内容。社会主义核心价值观"与中国特色社会主义发展要求相契合，与中华优秀传统文化和人类文明优秀成果相承接，是我们党凝聚全党全社会价值共识作出的重要论断"。[①] 社会主义核心价值观助推传统节日文化移除陋习，改革创新，具有重要的现实意义。2017 年清明节，临沭县石门镇政府以社会主义核心价值观为引领，认真引导群众自觉破除以往丧葬陋俗、抵制封建迷信，营造出顺畅、安全、文明、和谐的祭祀环境，创造出"绿色清明，文明丧葬"的节日新风尚，切实推动了移风易俗工作再上新台阶。

传统节日文化是中华民族几千年历史发展的血脉，它扎根于人民的日常生活，影响着人民的思想观念、行为方式。社会持续进步，传统节日文化也需不断摒除陋习、改革创新。"社会主义核心价值观是当代中国精神的集中体现，凝结着全体中人民共同的价值追求。"[②] 只有充分发挥社会主义核心价值观的引领作用，才能更好地加强传统节日文化建设、助力新农村新面貌新风尚。

---

① 中共中央办公厅：《关于培育和践行社会主义核心价值观的意见》，《人民日报》2013 年 12 月 24 日第 1 版。

② 习近平：《决胜全面建成小康社会　夺取新时代中国特色社会主义伟大胜利——在中国共产党第十九次全国代表大会上的报告》，人民出版社 2017 年版，第 42 页。

参考文献

1. 《中共中央国务院关于实施乡村振兴战略的意见》,人民出版社 2018 年版。

2. 习近平:《决胜全面建成小康社会 夺取新时代中国特色社会主义伟大胜利——在中国共产党第十九次全国代表大会上的报告》,人民出版社 2017 年版。

3. 《中共中央国务院关于推进社会主义新农村建设的若干意见》,《光明日报》2005 年 12 月 31 日。

4. 中共中央文献研究室:《十六大以来重要文献选编》(上),中央文献出版社 2005 年版。

5. 中共中央文献研究室:《十六大以来重要文献选编》(中),中央文献出版社 2006 年版。

6. 中共中央文献研究室:《十六大以来重要文献选编》(下),中央文献出版社 2008 年版。

7. 胡锦涛:《在中国共产党第十七次全国代表大会上的报告》,人民出版社 2007 年版。

8. 本书编写组:《党的十七届三中全会精神学习读本》,研究出版社 2008 年版。

9. 费孝通:《乡土中国》,北京出版社 2008 年版。

10. 钟敬文:《民俗学概论》,高等教育出版社 2010 年版。

11. 章沧授:《中国民俗文化》,安徽大学出版社 2014 年版。

12. 柯玲:《中国民俗文化》,北京大学出版社 2011 年版。

13. 陶思炎:《都市民俗学》,东南大学出版社 2004 年版。

14. 陈勤建:《中国民俗学》,华东师范大学出版社 2014 年版。

15. 钟敬文：《民俗文化学：梗概与兴起》，中华书局 1996 年版。

16. 费孝通：《乡土中国生育制度》，北京大学出版社 1998 年版。

17. 罗国杰：《伦理学》，人民出版社 1989 年版。

18. 李敏：《当前农村不良社会风气的态势、成因及对策》，《西北农林科技大学学报》（社会科学版）2018 年第 3 期。

19. 白元生：《山西省农村文化活动的现状和对策研究》，《山西农业大学学报》（社会科学版）2012 年第 3 期。

20. 崔震彪：《现阶段我国农村群众文化活动的困境与出路研究》，硕士学位论文，山东大学，2017 年。

21. 肖聪聪：《浙东农村乡风文明建设的困境及其引导》，硕士学位论文，浙江海洋大学，2017 年。

22. 高飞：《社会主义新农村建设中的乡风文明问题研究》，硕士学位论文，东北林业大学，2013 年。

23. 《辞海》，上海辞书出版社 1989 年版。

24. 姚林香：《我国农村公共文化服务财政政策绩效的实证分析》，《财政研究》2018 年第 4 期。

25. 闫秀丽：《社会主义新农村视域下的乡风文明建设》，硕士学位论文，浙江大学，2017 年。

26. 黄雁：《农村文化建设政府财政投入研究——以宿迁市为例》，硕士学位论文，浙江海洋大学，2017 年。

27. 中华人民共和国文化部：《中国文化文物统计年鉴》，国家图书馆出版社 2015 年版。

28. ［美］L. V. 贝塔朗菲：《普通系统论的历史和现状》，《国外社会科学》1978 年第 2 期。

29. 钱学森：《论系统工程》，湖南科学技术出版社 1982 年版。

30. 常绍舜：《系统科学方法概论》，中国政法大学出版社 2004 年版。

31. 魏宏森、曾国屏：《系统论的基本规律》，《自然辩证法研究》1995 年第 4 期。

32. 苗东升：《系统科学精要》，中国人民大学出版社 1998 年版。

33. 朱启臻等：《农村社会学》，中国农业出版社 2007 年版。

34. 张国民等：《论新农村乡风文明之系统特征》，《系统科学学报》2013 年第 5 期。

35. 侯菊英等：《新农村乡风文明建设应正确处理的几个关系》，《河南理工大学学报》（社会科学版）2010 年第 11 期。

36. 朱建堂：《试论乡风文明建设的路径》，《湖北大学学报》（社会科学版）2007 年第 3 期。

37. 张国民：《新农村建设之系统工程简论》，《系统科学学报》2009 年第 2 期。

38. 周振：《我国农业农村经济形势及发展展望》，《宏观经济管理》2018 年第 3 期。

39. 王德胜：《我国社会主义新农村建设的路径选择与制度安排研究》，博士学位论文，中国农业大学，2016 年。

40. 田韵、王贝：《成都市城乡基层治理模式比较研究》，《农村经济与科技》2018 年第 1 期。

41. 桂晓红：《经济全球化背景下农村社会保障制度完善路径》，《农业经济》2017 年第 5 期。

42. 程红艳、周金山：《传统文化复兴与教育中国化的探索》，《教育科学研究》2018 年第 3 期。

43. 毛泽东：《毛泽东选集》第二卷，人民出版社 1991 年版。

44. 邓小平：《邓小平文选》第三卷，人民出版社 1993 年版。

45. 李卫东：《邓小平论中国传统文化》，《长江大学学报》（社会科学版）2012 年第 4 期。

46. 《习近平谈治国理政》，外文出版社 2014 年版。

47. 孙婉竹：《我国农村乡风文明建设研究》，硕士学位论文，东北农业大学，2013 年。

48. 李刚：《四川成都"七健全"探索城乡融合新路》，《农村工作通讯》2018 年第 4 期。

49. 周玲：《区域文化教育助推新农村"乡风文明"》，《社会科学家》2007 年第 7 期。

50. 曹英：《关于新时代城乡融合的几点思考》，《国家治理》2018 年第 2 期。

51. 《习近平在文艺工作座谈会上的重要讲话学习读本》，学习出版社 2015 年版。

52. 赵碧原：《如何营造乡风文明》，《中国党政干部论坛》2018 年第 2 期。

53. 蔡志荣：《民俗文化的当代价值》，《西北民族研究》2012 年第 1 期。

54. 李朝阳：《民俗文化的产业开发及对策研究——以甘肃庆阳香包产业为例》，《北方经济》2017 年第 8 期。

55. 朱堂：《试论乡风文明建设的路径》，《湖北大学学报》（社会科学版）2007 年第 3 期。

56. 李亚萍：《特色民俗村旅游开发研究——以天祝藏族自治县天堂村为例》，硕士学位论文，西北民族大学，2015 年。

57. 乌丙安：《中国民间信仰》，长春出版社 2014 年版。

58. 金泽：《中国民间信仰》，浙江教育出版社 1995 年版。

59. 张紫晨：《中国民俗与民俗学》，浙江人民出版社 1988 年版。

60. 唐家路：《民间艺术的文化生态论》，清华大学出版社 2006 年版。

61. 吕大吉：《宗教学纲要》，高等教育出版社 2003 年版。

62. 李心记主编：《乡风文明与农民礼仪道德》，哈尔滨工程大学出版社 2010 年版。

63. 尹伊君、王国武：《民俗文化的特征、功能与传承》，《学术交流》2009 年第 1 期。

64. 萧放：《中国民俗文化特征论》，《宝鸡文理学院学报》（社会科学版）2003 年第 2 期。

65. 董欢：《乡风文明：建设社会主义新农村的灵魂》，《兰州学刊》2007 年第 3 期。

66. 张中文：《我国乡村文化传统的形成、解构与现代复兴问题》，《探讨与争鸣》2010 年第 1 期。

67. 赵霞：《传统乡村文化的秩序危机与价值重建》，《中国农村观察》2011 年第 3 期。

68. 李三辉、范和生:《乡村文化衰落与当代乡村社会治理》,《长白学刊》2017 年第 4 期。

69. 朱启臻:《乡风文明是乡村振兴的灵魂所在》,《农村工作通讯》2017 年第 24 期。

70. 朱建堂:《试论乡风文明建设的路径》,《湖北大学学报》(哲学社会科学版) 2007 年第 3 期。

71. 金泽:《能否和谐发展: 民间信仰面临的挑战与选择》,《福建省社会主义学院学报》2006 年第 1 期。

72. 林国:《关于中国民间信仰研究的几个问题》,《民俗研究》2007 年第 1 期。

73. 高丙中:《民俗文化与民俗生活》, 中国社会科学出版社 2001 年版。

74. 赵晓峰:《改革开放后的农村民间宗教研究: 回顾与前瞻》,《学习与实践》2009 年第 1 期。

75. 费孝通:《美国与美国人》, 三联书店 1985 年版。

76. 张士闪:《中国民俗文化发展报告 (2012)》, 北京大学出版社 2013 年版。

77. 张士闪:《中国民俗文化发展报告 (2013)》, 北京大学出版社 2014 年版。

78. 张士闪:《中国民俗文化发展报告 (2014)》, 北京大学出版社 2015 年版。

79. 张士闪、李松:《中国民俗文化发展报告 (2015)》, 北京大学出版社 2016 年版。

80. 张士闪:《中国民俗文化发展报告 (2016)》, 北京大学出版社 2017 年版。

81. 张祝平:《我国民间信仰的当下状态与趋向》,《中国民族报》2009 年 8 月 11 日第 6 版。

82. 王小盾:《原始信仰和中国古神》, 上海古籍出版社 1989 年版。

83. 朱海滨:《民间信仰: 中国最重要的宗教传统》,《江汉论坛》2009 年第 3 期。

84. 马莉:《现代性视域下民国政府宗教政策研究》,中国社会科学出版社 2010 年版。

85. 庄恒恺、从淳熙:《〈三山志〉看唐宋福建民间信仰的若干特点》,《福建省社会主义学院学报》2014 年第 3 期。

86. 李德英:《从民国温江县档案看抗战时期国民政府对乡村民间信仰的抑制与利用》,《宗教学研究》2014 年第 3 期。

87. 朱爱东:《民国时期的反迷信运动与民间信仰空间——以粤西地区为例》,《文化遗产》2013 年第 2 期。

88. 张祝平:《当代中国民间信仰的历史演变与依存逻辑》,《深圳大学学报》2009 年第 6 期。

89. 金泽、邱永辉主编:《中国宗教报告(2010)》,社会科学文献出版社 2010 年版。

90. 金泽、邱永辉主编:《中国宗教报告(2012)》,社会科学文献出版社 2012 年版。

91. 高师宁:《当代中国民间信仰对基督教的影响》,《浙江学刊》2005 年第 2 期。

92. 张祝平:《中国民间信仰的当代变迁与社会适应研究》,中国社会科学出版社 2014 年版。

93. 刘大可:《传统与变迁:福建民众的信仰世界》,社会科学文献出版社 2011 年版。

94. 张祝平:《论民间信仰文化力》,《中央民族大学学报》(哲学社会科学版)2011 年第 5 期。

95. 黄新宇:《民间信仰与乡村和谐社会的构建》,《黑龙江社会科学》2017 年第 6 期。

96. 沈费伟、刘祖云:《发达国家乡村治理的典型模式与经验借鉴》,《农业经济问题》2016 年第 9 期。

97. 金泽:《能否和谐发展:民间信仰面临的挑战与选择》,《福建省社会主义学院学报》2006 年第 1 期。

98. 徐姗娜:《民间信仰与乡村治理——一个社会资本的分析框架》,《东南学术》2009 年第 5 期。

99. 洪文、静曲、安弈、曹明、党晋云：《"广府庙会"的现状及存在的问题》，《黑龙江史志》2015 年第 11 期。

100. 陈明文：《试论民间信仰在现代社会中的价值与作用》，《常德师范学院学报》（社会科学版）2003 年第 3 期。

101. 陈振华：《浅议民间信仰活动的引导和管理》，《中国宗教》2013 年第 11 期。

102. 冯永泰：《民间信仰与和谐社会的构建——基于非物质遗产视角》，《东岳论丛》2014 年第 4 期。

103. ［美］鲁斯·本尼迪克特：《菊与刀》，黄学益译，中国社会科学出版社 2008 年版。

104. 黄进发：《注重正面引导　发挥积极作用——福建省民间信仰管理工作见成效》，《中国宗教》2017 年第 1 期。

105. 林玉鹏：《开展场所创建活动　引导发挥积极作用》，《中国宗教》2018 年第 3 期。

106. 张祝平：《论民间信仰文化生态系统的当代建构》，《浙江学刊》2013 年第 3 期。

107. 马新、齐涛：《汉唐村落形态略论》，《中国史研究》2006 年第 2 期。

108. 冯骥才：《传统村落的困境与出路——兼谈传统村落是另一类文化遗产》，《民间文化论坛》2013 年第 1 期。

109. 胡彬彬、吴灿等：《"江河流域"传统村落文化保护现状与建议》，《光明日报》2015 年 4 月 2 日第 7 版。

110. 周乾松：《城镇化过程中加强传统村落保护的对策》，《城乡建设》2014 年第 8 期。

111. 周建明：《中国传统村落：保护与发展》，中国建筑工业出版社 2014 年版。

112. 广西民族传统建筑实录编委会：《广西民族传统建筑实录》，广西科学技术出版社 1991 年版。

113. 《中国传统村落蓝皮书：中国传统村落保护调查报告（2017）》，社会科学文献出版社 2017 年版。

114. 罗德胤：《传统村落——从观念到实践》，清华大学出版社 2017
年版。

115. 麻勇恒：《苗族村落社会中的文化生态嬗变研究——以纪巧村
1989 年以来春节习俗的渐变为列》，《民俗研究》2013 年第
2 期。

116. 张志勇：《乡村振兴战略拓宽古村落活化之路》，《中国艺术报》
2018 年 1 月 8 日。

117. 周乾松：《城镇化过程中加强传统村落保护的对策》，《城乡建
设》2014 年第 8 期。

118. 彭松：《从建筑到村落形态——以皖南西递村为例的村落形态研
究》，硕士学位论文，东南大学，2004 年。

119. 刘馨秋、王思明：《中国传统村落保护的困境与出路》，《中国农
史》2015 年第 4 期。

120. 刘伟玮、闵庆文等：《农业文化遗产认定对农村发展的影响及对
策研究——以浙江省青田县龙现村为例》，《农业世界》2014 年
第 6 期。

121. 熊超、夏健：《村民参与式古村落保护模式研究——基于社会网
络的建构》，《现代城市研究》2016 年第 1 期。

122. 慎海雄：《以历史为镜鉴，汲取治国理政智慧》，《瞭望》2014
年第 46 期。

123. 陆益龙：《农民中国——后乡土社会与新农村建设研究》，三联
书店 1989 年版。

124. 饶旭鹏：《中国农村社会结构演变的历程——从乡土社会到新乡
土社会》，《开发研究》2012 年第 5 期。

125. 王先明：《"新乡贤"的历史传承与当代建构》，《光明日报》
2014 年 8 月 20 日第 1 版。

126. 邹小站：《乡贤文化应在当今有所作为》，《决策探索》（下半
月）2015 年第 3 期。

127. 王泉根：《中国乡贤文化研究的当代形态与上虞经验》，《中国文
化研究》2011 年冬之卷。

128. 费孝通：《中国绅士》，中国社会科学出版社 2006 年版。

129. 徐祖澜：《乡绅之治与国家权力——以明清时期中国乡村为背景》，《法学家》2010 年第 6 期。

130. 张兆成：《论传统乡贤与现代新乡贤的内涵界定与社会功能》，《江苏师范大学学报》（哲学社会科学版）2016 年第 4 期。

131. 王先明：《乡贤：维系古代基层社会运转的主导力量》，《北京日报》2014 年 11 月 24 日第 19 版。

132. 胡彬彬：《培育当代乡贤重建乡土社会》，《社会治理》2016 年第 2 期。

133. 陈秋强：《乡贤：乡村治理现代化的重要力量》，《社会治理》2016 年第 2 期。

134. 何倩倩：《"乡贤治村"调查》，《决策》2015 年第 4 期。

135. 余新忠：《清中后期乡绅的社会救济——苏州丰豫义庄研究》，《南开学报》1997 年第 3 期。

136. 李巨澜：《试论民国时期新乡绅阶层的形成及其影响》，《华东师范大学学报》（哲学社会科学版）2003 年第 4 期。

137. 王先明：《变动时代的乡绅——乡绅与乡村社会结构变迁（1901—1945）》，人民出版社 2009 年版。

138. 杨国勇、朱海伦：《"新乡绅"主政与农村民主政治建设》，《社会科学战线》2006 年第 6 期。

139. 李建兴：《乡村变革与乡贤治理的回归》，《浙江社会科学》2015 年第 7 期。

140. 杨军：《"乡贤文化"在推进践行社会主义核心价值观中的作用探究》，《西安文理学院学报》（社会科学版）2015 年第 2 期。

141. 牛铭实：《中国历代乡约》，中国社会出版社 2005 年版。

142. 陈寒非、高其才：《乡规民约在乡村治理中的积极作用实证研究》，《清华法学》2018 年第 1 期。

143. 周家明、刘祖云：《传统乡规民约何以可能——兼论乡规民约治理的条件》，《民俗研究》2013 年第 5 期。

144. 周俊华、刘素燕：《研究者视角下乡规民约的理论发展与演化》，

《云南师范大学学报》（哲学社会科学版）2017 年第 3 期。

145. 周铁涛：《村规民约的历史嬗变与现代转型》，《求实》2017 年第 5 期。

146. 杨建华：《传统基层社会治理文化的现代转型》，《中国特色社会主义研究》2015 年第 5 期。

147. 刘淑兰：《乡村治理中乡贤文化的时代价值及其实现路径》，《理论月刊》2016 年第 2 期。

148. 范忠信、武乾：《"枫桥经验"与法治型新农村建设》，中国法制出版社 2013 年版。

149. 刘志奇、李俊奎：《改革开放以来中国乡规民约的创新与重构——以河北省林西县为例》，《河北学刊》2018 年第 1 期。

150. 秦晖：《传统十论》，复旦大学出版社 2005 年版。

151. 赵秀玲：《中国乡里制度》，社会科学文献出版社 1998 年版。

152. 颜德如：《以新乡贤推进当代中国乡村治理》，《理论探讨》2016 年第 1 期。

153. 刘伟：《村落解体与中国乡镇治理的路径选择》，《中国行政管理》2014 年第 6 期。

154. 李金哲：《困境与路径：以新乡贤推进当代乡村治理》，《求实》2017 年第 6 期。

155. 郭超：《用乡贤文化滋养主流价值观——访北京大学教授张颐武》，《光明日报》2014 年 8 月 15 日第 2 版。

156. 刘祁：《"三农"视角下乡贤文化的现代价值及其实现路径》，《老区建设》2016 年第 14 期。

157. 俞祥波、宁化：《乡贤投资项目助推产业转型升级》，《三明日报》2014 年 11 月 10 日第 1 版。

158. 王志良：《继承和弘扬乡贤文化践行社会主义核心价值观》，《光明日报》2014 年 7 月 23 日第 1 版。

159. 游开余：《新乡贤文化涵育文明新风尚》，《思想政治研究》2015 年第 9 期。

160. 张颐武：《重视现代乡贤》，《人民日报》2015 年 9 月 30 日第

7 版。

161. 石培明、张道平：《三千名乡贤解民忧——江苏丰县"乡贤工作室"开创乡村治理新模式》，《中国县域经济报》2015 年 7 月 30 日第 7 版。

162. 王应举等：《乡贤携手"三解三促"工作组共创和谐》，《江苏法制报》2015 年 12 月 3 日第 3 版。

163. 胡彬彬：《乡贤文化与核心价值观》，《光明日报》2015 年 5 月 21 日第 11 版。

164. 文军：《社会文化共识是基层治理的支点》，《文汇报》2014 年 5 月 8 日第 10 版。

165. 黄海：《人民日报刷新见解：用新乡贤文化推动乡村治理现代化》，《人民日报》2015 年 9 月 30 日第 7 版。

166. 黄磊、欧阳思伟：《以德治村有乡贤——党外民间人士助推乡村治理转型侧记》，《宜春日报》2015 年 8 月 29 日第 2 版。

167. 石培明、张道平：《三千名乡贤解民忧——江苏丰县"乡贤工作室"开创乡村治理新模式》，《中国县域经济报》2015 年 7 月 30 日第 7 版。

168. 袁艳、德清：《给村两委配"智囊团"——乡贤、村务好帮手》，《浙江日报》2014 年 12 月 11 日第 7 版。

169. 林美辰、钟杭娣、刘淑兰：《乡贤组织：转型期文明乡风塑造的有效载体》，《长春理工大学学报》（社会科学版）2017 年第 2 期。

170. 高丙中：《文化自觉与中国节假日制度的改进》，转自周星主编《国家与民俗》，中国社会科学出版社 2011 年版。

171. 刘宗迪：《从节气到节日：从历法史的角度看中国节日系统的形成和变迁》，《江西社会科学》2006 年第 2 期。

172. 孟元老、邓之诚注：《东京梦华录注》，中华书局 1982 年版。

173. 缪启愉：《四民月令辑释》，中国农业出版社 1981 年版。

174. 《后汉书志第五》，中华书局 1965 年版。

175. 《艺文类聚》卷四《岁时部》，上海古籍出版社 1982 年版。

176. 《初学记》卷四《岁时部》，中华书局 1962 年版。

177. 孙希旦撰，沈啸寰、王星贤点校：《礼记集解》，中华书局 1989 年版。

178. 刘魁立：《中国节典·序言》，安徽教育出版社 2008 年版。

179. 孙正国：《端午节》，中国社会出版社 2006 年版。

180. 乌丙安：《中国民俗学》，辽宁大学出版社 1985 年版。

181. 周文：《传统节日：文化、仪式与电视传播》，《中国地质大学学报》（社会科学版）2010 年第 5 期。

182. 肖放：《传统节日：一宗重大的民族文化遗产》，《北京师范大学学报》（社会科学版）2005 年第 5 期。

183. 刘惠：《传统节日：青少年德育的重要载体》，《教育导刊》2010 年第 6 期。

184. 杨培德：《中华民族的多元祭祖》，《中国民族报》2009 年 4 月 3 日第 3 版。

185. 中央文明办调研组、江苏省文明办编：《农村精神文明建设工作典型经验》，江苏科学技术出版社 2011 年版。

186. 习近平：《把培育和践行社会主义核心价值观作为凝魂聚气强基固本的基础工程》，《人民日报》2014 年 2 月 26 日第 1 版。

后　记

　　随着城镇化的加速推进，农村的变化非常大，"三农"问题越来越呈现新的面貌和特质。特别是十八大以来，无论在经济、政治、文化、生态等各个方面，农村的变化可以说是日新月异。随着我国社会主要矛盾的转化，党和国家对乡村建设的要求更高，人民对美丽乡村建设充满期望。乡村乡风文明不仅反映农民对美好生活的需要，也是实现"两个一百年"和实现中华民族伟大复兴的中国梦的重要条件。作为"四川新农村乡风文明建设研究中心"的主任，我和我的团队一直关注"三农"问题，长期致力于农村的精神文明建设研究，形成了一系列的研究成果。

　　本书是教育部人文社会科学研究专项任务项目（中国特色社会主义理论体系研究）"以民俗文化推进新农村乡风文明建设的机理及路径研究"（16JD710045）的最终研究成果。本书以新农村乡风文明建设面临的困境为问题导向，揭示了农村优秀民俗文化对新农村乡风文明建设产生积极作用的内在机理。在理论研究和现实问题分析的基础上，提出了如何继承和发扬优秀民俗文化的作用，加强新农村乡风文明建设的路径，以期为乡村振新战略背景下的乡风文明建设提供有益的借鉴。

　　课题研究及本书完稿前后两年有余，驻足回顾，实属不易。在整个研究过程中，感谢课题组的安勇副教授、庾永博士、王贝教授参与本书的讨论和指导；感谢我的研究生张文婷、吴伊灿、万明龙、杨舒婷、杨丽萍、崔帅帅所做的前期调研、资料收集和整理工作；感谢家人的关心和支持；感谢朋友们的鼓励和帮助。正是因为有了你们，我才能克服重重困难完成研究工作。

万远英

2018 年 9 月于西华大学